Russland
Kasachstan
Usbekistan
Turkmenistan
China
Afghanistan
Iran
Irak
Pakistan
Nepal
Saudi-
Arabien
Oman
Bangla-
desch
Indien
Myanmar
Laos
Thailand
Jemen
Äthiopien
Sri Lanka
Somalia
Malediven
Seychellen
Komoren
Madagaskar

Elias Bierdel

Ende einer Rettungsfahrt

CAP ANAMUR

Elias Bierdel

Ende einer Rettungsfahrt

Das Flüchtlingsdrama der Cap Anamur

VERLAG
RALF LIEBE

Weilerswist, 2006

Lektorat: Amir Shaheen
Herstellung: Buchmanufaktur Handpresse, Weilerswist

Verlag Ralf Liebe
Kölner Str. 58
53919 Weilerswist
Tel.: 0 22 54 / 33 47
Fax: 0 22 54 / 16 02
info@verlag-ralf-liebe.de
www.verlag-ralf-liebe.de

ISBN 3-935221-65-7

Zur Erinnerung an Mohammed Yussif,
der bei einem erneuten Versuch, in die Festung Europa zu gelangen,
im April 2006 im Mittelmeer ertrank.

für Sophie und Lotte

Vorwort

Vertreibung, Flucht, verzweifelte Versuche, aus einem Leben in Not auszubrechen – ständig spielen sich an den Außengrenzen der Europäischen Union menschliche Tragödien ab. Regelmäßig erfahren wir durch die Medien von den lebensgefährlichen Wegen, über die Flüchtlinge versuchen, Europa zu erreichen. Europa, das für die Hoffnung auf ein besseres Leben steht. Eine Hoffnung, die allzu häufig nicht in Erfüllung geht. Wie viele Menschen allein auf dem Seeweg von Nordafrika nach Europa bisher ihr Leben lassen mussten, weiß keiner genau, denn das „Geschäft" ist ein illegales. Mafiöse Schlepperbanden verfrachten die Flüchtlinge auf kleine, seeuntüchtige und überfüllte Boote, die ihr Bestimmungsziel häufig nicht erreichen.

Flucht und Migration sind wahrlich keine neuen Phänomene. Aber sie haben im Zeitalter der Globalisierung, in der die Welt – bildlich gesprochen – immer näher zusammenrückt, eine neue Dimension bekommen. Positiv ist, dass es zunehmend auch so etwas wie eine menschliche Seite der Globalisierung gibt. Die emotionale Betroffenheit und praktische Solidarität der Bürgerinnen und Bürger nach der Tsunami-Katastrophe in Asien im Dezember 2004 hat das offenbart.

Müssen wir uns wundern, dass die Flüchtlingsdramen (noch) nicht mit einer ähnlichen Betroffenheit und Solidarität verfolgt werden? Wohl nicht, denn das Mitfühlen bei den Schicksalen von Flüchtlingen und Migranten wird häufig überlagert von Ängsten der Bedrohung des eigenen Wohlstandes und der eigenen Werte. Dabei sollten wir Deutsche und Europäer uns eher von dem eigenen historischen Gedächtnis leiten lassen, das sehr genau weiß, wie schmerzhaft, wie existenziell bedrohlich der Verlust der Heimat sein kann.

Unverzichtbar sind weitsichtige politische Lösungen. Europäische Politik muss bei den Ursachen ansetzen. Die beste Politik, um der Migration zu begegnen, ist eine als Friedens- und Strukturpolitik verstandene Entwicklungspolitik, die hilft, der Armut und Not in vielen afrikanischen Ländern effektiv zu begegnen. Sehen die Menschen Perspektiven für sich und ihre Familien, dann gibt es weniger Gründe, das eigene Land zu verlassen. Und auch die Potenziale von Migration gilt es zu erkennen und zu nutzen. Es wird immer mutige und motivierte Menschen geben, die Chancen auf ein besseres Leben woanders suchen wollen. Abschottung kann da auf Dauer keine Lösung sein und sie wäre nicht einmal in unserem eigenen Interesse.

Kluge politische Lösungen brauchen eine ehrliche und offene Debatte.

Deshalb ist es wichtig über die vielschichtigen Hintergründe von Migration heute aufzuklären. Die Erfahrungen, die persönlichen Einsichten und auch die spürbare Empathie von Elias Bierdel in diesem Buch sind dazu ein wertvoller Beitrag.

Heidemarie Wieczorek-Zeul
Bundesministerin für wirtschaftliche
Zusammenarbeit und Entwicklung

Zu diesem Buch

Im Sommer 2004 machte die Rettung von 37 afrikanischen Schiffbrüchigen durch das deutsche Hilfsschiff „Cap Anamur“ im Mittelmeer kurzfristig Schlagzeilen. Die italienischen Behörden verweigerten der „Cap Anamur“ die Einfahrt in einen sicheren Hafen. Schnell wurde der Fall zu einem europäischen Politikum. Der damalige Bundesinnenminister Otto Schily und sein italienischer Amtskollege Beppe Pisano erklärten am Rande einer EU-Innenministerkonferenz in Sheffield, es gehe nun darum, „einen gefährlichen Präzedenzfall zu verhindern“!

Was damit gemeint war, zeigte sich wenig später. Als nach zehn Tagen der Blockade auf See die Lage an Bord unerträglich wurde und die ersten Geretteten damit drohten, sich ins Meer zu stürzen, rief der Kapitän den Notfall aus – und verlangte ultimativ die Genehmigung zum Einlaufen. Die Behörden signalisierten zunächst ein Einlenken – um anschließend nur um so härter zuzuschlagen:

Die 37 geretteten Schiffbrüchigen wurden umgehend in Abschiebelager gebracht und entgegen allen geltenden Rechtsnormen buchstäblich aus dem Land geprügelt. Die Verantwortlichen von der „Cap Anamur“ sperrte man unter dem Vorwurf des Menschenschmuggels ins Gefängnis, das Schiff wurde als „Tatwerkzeug“ beschlagnahmt und an die Kette gelegt.

Während in Italien ein breites Bündnis aus Oppositionsparteien, Gewerkschaften und Kirchen gegen dieses Vorgehen demonstrierte, nahm die deutsche Öffentlichkeit nur Bruchstücke des Geschehens wahr – und das auch noch im Zerrspiegel einer zum Teil hämischen und verleumderischen Medienberichterstattung.

Hier wird erstmals die ganze Geschichte der „Cap Anamur“ – vom Umbau im Lübecker Hafen bis zur Beschlagnahme in Porto Empedocle auf Sizilien erzählt. Dies vor allem, um an tausende Flüchtlinge zu erinnern, die bisher bei ihren verzweifelten Versuchen, von Afrika nach Europa zu gelangen, namenlos den Tod gefunden haben.

Zugleich soll es das Schicksal jener vor Augen führen, die ihnen noch folgen werden. Denn das große Sterben vor den Toren unserer Wohlstands-Festung geht weiter.

Elias Bierdel
Köln, im August 2006

Inhalt

„Ich bin der Meinung, daß man Menschenleben retten soll, wo man sie retten kann. Und keine Institution, die Leben zu retten vermag, darf auf offener See Selektion betreiben. Das hieße ja, Menschen willkürlich zum Tode zu verurteilen."

Heinrich Böll, *Der Spiegel*, 19.10.1981

Radikale Humanität:
Die Geschichte des Komitee Cap Anamur/Deutsche Notärzte e.V.

„Ich finde, daß bei all diesen Überlegungen, Auseinandersetzungen, Kontroversen vergessen wird, daß es sich um Ertrinkende handelt (...) und sich keiner, aber wirklich keiner anmaßen darf zu sagen, der muß ertrinken, der soll ertrinken, der nicht."

Heinrich Böll im *WDR*-Interview 1979

Das Komitee entstand 1979 in Köln aus einer spontanen Rettungsaktion für vietnamesische Boat People. Tausende Flüchtlinge versuchten damals in kleinen Booten über das chinesische Meer in eine bessere Zukunft zu entkommen. Viele bezahlten diesen Versuch mit dem Leben. Rupert Neudeck, seine Frau Christel und zahlreiche Mitstreiter – unter ihnen auch der Literatur-Nobelpreisträger Heinrich Böll – charterten ein Schiff, um den von Piraten und Militärpatrouillen bedrängten Menschen zu Hilfe zu kommen: die „Cap Anamur", benannt nach einer Landzunge an der türkischen Mittelmeerküste. Auch die in der Folge gecharterten Schiffe fuhren unter diesem Namen. Mehr als 11.000 Vietnamesen konnten in drei Jahren aus Lebensgefahr gerettet und überwiegend nach Deutschland in Sicherheit gebracht werden. Doch die Rettungsfahrten stießen auf wachsenden politischen Widerstand. 1982 beschlossen die Ministerpräsidenten der Länder schließlich, keine weiteren Flüchtlinge von der „Cap Anamur" mehr aufzunehmen; die Rettungsaktion im chinesischen Meer mußte eingestellt werden.
Unter dem Namen „Komitee Cap Anamur/Deutsche Notärzte e.V." hat die Organisation in den 25 Jahren ihres Bestehens in zahlreichen Ländern medizinische Nothilfe und Entwicklungsarbeit geleistet. 2003 verließ Rupert Neudeck auf eigenen Wunsch die von ihm gegründete Organisation und gab den Vorsitz an Elias Bierdel ab. Die Aktivitäten wurden anschließend erheblich ausgeweitet. 2004 waren Ärzte, Pfleger und Techniker des Komitees weltweit vor allem in elf Projekten im Einsatz:
Afghanistan (Krankenhäuser, Schulbau, Wasserversorgung), Angola (Krankenhaus, Kinderheim, Schule), Haiti (Kliniken, Wiederaufforstung), Irak (Ambulanzen, Wiederaufbau von Schulen und kriegszerstörten Häusern), Kenia (Straßenkinder-Projekt), Liberia (Krankenhaus), Sierra-Leone (Ambulanzen, Kinderheim, Brunnenbau), Sudan (Krankenhaus), Tschetschenien (Kinderkrankenhaus), Uganda (Flüchtlingshilfe).
Die im Februar 2004 in Dienst gestellte „Cap Anamur" war das erste eigene Schiff der Organisation. *Cap Anamur* finanziert sich ausschließlich aus privaten Spenden und lehnt öffentliche Gelder prinzipiell ab, um jede staatliche Einflußnahme auf die Projekte von vornherein auszuschließen.

„Wenn die Rettungsfahrten der ‚Cap Anamur' abgewürgt sind, dann wird der Moment kommen, wo man sich schämen wird, wo man ach und weh schreit, wenn man zusieht wie die Menschen ersaufen."

Rupert Neudeck, *Süddeutsche Zeitung*, 19.11.1981

Vorgeschichte

Im Juni 2003 waren wir mit dem gecharterten Fährschiff „Madame Monique" von Sierra-Leone aus mit einer Ladung Reis, Öl, Milchpulver, Zucker, Salz, Trinkwasser und Medikamenten in die liberianische Hauptstadt Monrovia gefahren – mitten hinein in den dort tobenden Bürgerkrieg. Es waren die letzten, schrillen Takte des über dreizehn Jahre währenden Totentanzes in Liberia. Die Hauptstadt war von Rebellentruppen umlagert. Diktator Charles Taylor und seine überwiegend aus drogensüchtigen Kindersoldaten bestehende Armee hielten die Viertel um den Präsidentenpalast und die Betonruinen der Regierungsgebäude nur noch mit Mühe. Hunderttausende Flüchtlinge suchten in Monrovia Schutz vor Terror, Mord, Plünderungen und Vergewaltigungen. Die Versorgung in der völlig überfüllten Stadt war restlos zusammengebrochen. In den Straßen herrschten Gewalt und Anarchie. Für ein Stück Brot oder eine Handvoll Reis, so erzählte man uns, waren hier schon Menschen erschlagen worden.

In einer Kampfpause konnten wir in einer dramatischen Aktion knapp 100 Tonnen der dringend benötigten Lebensmittel und Hilfsgüter ausladen, kurz bevor das Hafenviertel erneut von schweren Gefechten verwüstet wurde. Arne Perras, ein mutiger Redakteur der *Süddeutschen Zeitung*, war als Augenzeuge dabei. Er sollte mit seinen aufrüttelnden Artikeln über unseren Einsatz und die Lage in Monrovia (u.a. „Das lange Warten auf Charlyman – Liberia: Unterwegs in einem geschundenen Land", *Süddeutsche Zeitung* vom 21. Juli 2003) später dazu beitragen, daß sich auch die europäischen Regierungen endlich stärker für dieses Thema zu interessieren begannen – und einige Wochen später endlich eine UN-Friedenstruppe nach Liberia entsandt wurde.

Während mit Hochdruck die Säcke vom Schiff in bereitgestellte Container verladen wurden, löste sich aus einer Gruppe von Menschen, die abseits vor einem der zerschossenen Lagerschuppen kauerten, ein älterer Mann und kam direkt auf mich zu.

„Woher kommt euer Schiff?", fragte er im breiten Westafrika-Englisch.

„Aus Freetown", antwortete ich.

„Und wohin wird es fahren, wenn ihr hier fertig seid?"

„Wieder zurück nach Freetown."

„Sir, ich flehe euch an: Bitte nehmt uns mit!", sagte der Alte ohne die Stimme zu heben. „Wir sind Leoner, die im Krieg hier gestrandet sind. Wir wollen nach Hause! Rettet uns!"

Es waren etwa 120 bis 150 ausgemergelte Menschen, darunter viele Frauen und Kinder, die vor der Blechwand des glutheißen Schuppens hockten. Offenbar waren sie einst vor dem in ihrer Heimat wütenden Bürgerkrieg ins damals ruhigere Nachbarland Liberia geflohen. Hier befanden sie sich als Fremde nun in höchster Not. Was gab es noch zu überlegen? Selbstverständlich würden wir seinen Leuten helfen! Ich erklärte John Saidu, dem Kapitän der „Madame Monique", daß wir die Hilfesuchenden für die Rückfahrt an Bord nehmen würden. Doch der ansonsten leutselige Seemann zögerte, murmelte etwas wie „das muß ich erst klären" – und verschwand in der Funkecke. Quälend lange Minuten vergingen. Schließlich hatte Master Saidu seinen Boß, den libanesischen Besitzer der „Madame Monique", in Freetown erreicht. Er kehrte zurück mit schlechten Nachrichten: „Tut mir leid, ich darf die Leute nicht an Bord lassen! Tut mir wirklich leid. Aber da ist nichts zu machen."

Die Zeit drängte. Es begann bereits zu dämmern und schon waren die ersten Schüsse in gefährlicher Nähe zu hören. Am Flughafen wartete das Kleinflugzeug, daß unser Team aus dieser Hölle herausbringen sollte. Der Pilot drohte, ohne uns abzufliegen. Auch die „Madame Monique" mußte so schnell wie möglich die Leinen losmachen, wollten wir nicht Leben und Schiff riskieren. Wir waren aufgebracht. Gemeinsam drangen, redeten, schrien wir auf Kapitän Saidu ein. Doch selbst Hassan Basmah, mein Begleiter aus Freetown, der in schweren Bürgerkriegsjahren mit und für *Cap Anamur* in Sierra-Leone schon so viel erlebt und bewegt hatte, mußte sich am Ende geschlagen geben. Weder Geld noch gute Worte, weitere Telefonate, Drohungen oder Appelle an seine patriotische Gesinnung konnten den sichtlich unglücklichen Kapitän umstimmen. Er hatte von seinem Reeder unter Androhung fristloser Entlassung die eindeutige Order erhalten, niemanden in Monrovia an Bord zu lassen. Es war zum Heulen, aber nicht zu ändern. Als die „Madame Monique" schließlich ablegte, überließ sie die Verzweifelten im Hafen ihrem Schicksal.

Erst Monate später sollten wir erfahren, daß die Regierung in Sierra-Leone hinter dem Verbot steckte. Hochrangige Funktionäre hatten wohl befürchtet, daß sich unter den Evakuierten auch bewaffnete liberianische Kämpfer verstecken könnten.

Mit welchen Gefühlen mochten die jämmerlichen Gestalten, von der Betonrampe vor dem Lagerschuppen aus, dem Schiff nachgesehen haben, als es vor ihren Augen leer nach Freetown – in den Frieden! – zurückfuhr, während ringsum im Hafen von Monrovia die Kalaschnikows losratterten und den zusammengedrängten Menschen eine weitere Nacht in Angst und Schrecken ankündigten? Diese Vorstellung quälte mich wochenlang. Es durfte einfach nicht sein, daß humanitäre Helfer wehrlose Männer, Frauen und Kinder in einer solchen Situation derart schmählich im Stich lassen mußten!

Vor allem dieses Erlebnis gab letztlich den Anstoß, erstmals in der 25-jährigen Vereinsgeschichte über ein eigenes Schiff für Cap Anamur nachzudenken. Bisher waren ausschließlich gecharterte Schiffe im Einsatz gewesen. Aber nie wieder sollte uns ein Außenstehender vorschreiben können, wer gerettet werden durfte und wer nicht! Die Angelegenheit wurde bei einem Komitee-Treffen im November 2003 heftig und kontrovers diskutiert – schließlich brach das Projekt mit den heiligsten Prinzipien des Gründers Rupert Neudeck, wonach der Verein kein Eigentum erwerben dürfe. Ich argumentierte dagegen, daß zahllose Fahrzeuge, Jeeps, Lkw und sogar Panzer (zum Minenräumen in Angola) weltweit für uns im Einsatz gewesen waren. „Genauso sollte man auch das Schiff betrachten: als ein Werkzeug für unsere Arbeit!" Auch die gewaltige Summe von knapp zwei Millionen Euro für die Anschaffung, die manchem Mitstreiter Angst machte, würde am Ende billiger kommen als fortgesetzte Charterkosten. Und der Kaufpreis wäre ja auch nicht verloren: Wenn das Schiff unsere Erwartungen nicht erfüllte, könnten wir es ohne Wertverlust wieder verkaufen.

Die Entscheidung im Verein fiel schließlich ohne Gegenstimme. Von der Idee bis zur Übernahme des Containerschiffes „Andra" im Dezember 2003 vergingen nicht einmal fünf Monate. Wiederum ein Vierteljahr später sollte die neue „Cap Anamur", umgerüstet zu einem weltweit einzigartigen Hilfs- und Rettungsschiff, ihren Heimathafen Lübeck zur Jungfernfahrt in Richtung Liberia verlassen können.

Im Januar 2004 jedoch sprach zunächst wenig dafür, daß sich dieser verwegene Plan zeitgerecht verwirklichen lassen würde. Neben dem Aufbau des Bordhospitals auf dem hinteren Lukendeckel, der Ausstattung der Brücke mit neuester Navigations- und Kommunikationstechnik, Reparaturen an Tanks und Maschine, der Generalüberholung der elektrischen Anlagen und zahllosen anderen technischen Arbeiten war es vor allem der

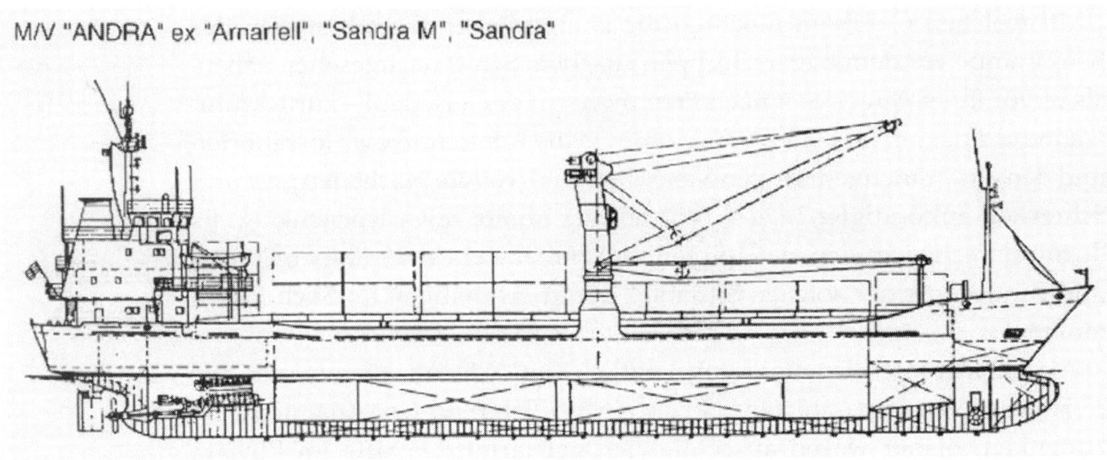

Die spätere „Cap Anamur" – Baujahr: 1983; Geschwindigkeit: 13,5 kn; Länge über Alles: 89,80 m; Breite: 14 m; Tonnage gesamt: 2.605 t; Containerplätze: 174

Erste Besichtigung des Containerfrachters „Andra" in Rotterdam, Oktober 2003, mit dem Reeder Dr. Dietmar Brandt (l.) und Henk Arts (†).

Papierkrieg mit diversen Ämtern, der unserem Elan immer wieder empfindliche Dämpfer versetzte. Ständig tauchten neue Vorschriften, Richtlinien und Bestimmungen auf, die die Arbeiten verzögerten. Noch wenige Tage vor der Ausfahrt der „Cap Anamur" drohte ein beflissener Staatsdiener, das ganze Unternehmen wegen einer angeblich „falsch eingebauten Treppe" platzen zu lassen! Allerdings gab es in den Amtsstuben auch manchen stillen Helfer, der uns auf kurzen Dienstwegen behilflich war.

In seinem Büro direkt unterhalb der Brücke behielt Kapitän Stefan Schmidt in dem ganzen Gewusel die Ruhe und den Überblick. Manchmal jedoch wirkte er in diesen Tagen angesichts von immer neuen Auflagen, technischen Problemen und anderen ungeahnten Schwierigkeiten eher skeptisch. Ich hingegen hielt unser Vorhaben für rundum plausibel. Die „Cap Anamur" sollte als neues Flaggschiff des Komitees vor allem drei Zwecken dienen: Sie würde Hilfsgüter in unsere küstennahen Projekte in Afrika bringen, gleichzeitig medizinische Einrichtungen für den weltweiten Katastropheneinsatz an Bord bereithalten und ausreichend Platz bieten zum Transport einer größeren Zahl von Menschen, für die Rückführung (Repatriierung) von Flüchtlingen in ihre Heimatländer oder mögliche Evakuierungen aus Krisengebieten.

Der Umbau des Frachters „Andra" zur neuen „Cap Anamur" auf dem Gelände der traditionsreichen *Lübecker Maschinenbau Gesellschaft (LMG)* war in der Hansestadt nicht lange unbemerkt geblieben. Schnell zeigten die Bürgerinnen und Bürger der Stadt große Sympathie für unser Projekt. Fast täglich meldeten sich Neugierige beim Kapitän und ließen sich über unsere Pläne informieren. Viele fragten auch, ob sie nicht behilflich sein könnten. Natürlich freuten wir uns über jede Unterstützung. Deshalb war Anfang Februar 2004 neben unserem Team, den Fachleuten der Werft, den Ingenieuren der *Niederelbe Schiffahrtsgesellschaft (NSB)*, eine der größten deutschen Reedereien, die uns von Anfang an technisch und organisatorisch liebevoll unter ihre Fittiche genommen hatte, und Technikern diverser Spezialfirmen auch eine wachsende Zahl freiwilliger, ehrenamtlicher Helfer rund um das Schiff engagiert.

Bei meinen nun immer häufigeren Besuchen an Bord mußte ich mir bald durch eine Vielzahl unbekannter Gesichter einen Weg auf die Brücke bahnen: Da bauten freundliche Rentner seefeste Regale und Tische in die Kammern für die Schiffsbesatzung ein, Hobby-Heimwerker reparierten Lampen und Duschgarnituren, Bühnenmaler des Stadttheaters (darunter

mur" – Schi…
Dienst gestellt

de bei der Schiffstaufe von der 17-jährigen Hai Ly Bui aus München an das Schiff geworfen. Ihr Vater Tan Lan Bui war seinerzeit vor Vietnam gerettet worden.

…von Lübeck aus au…
…urs weltweite Hilf…

…estern hat das Komitee …Anamur erstmals seit …en ein eigenes Schiff, …athafen der „Cap … ist Lübeck. Hai Ly …n Vater 1980 von …Flüchtlingsboot …wurde, gab dem …den Namen.

Kapitän Stefan Schmidt (l.) und Retter-Chef Elias Bierdel vor ihrem Frachter.

Die zehnköpfige Crew stammt aus Deutschland, Russland, Polen, …lippinen, der Südsee. Ka…midt (62), lange …

Beim „open ship" auf der „Cap Anamur" durften gestern die Hil… einrichtungen begutachtget werden – auch das Rettungsboot.

…Moment lang …980. Damals, …etnam, wur…von einem …p Anamur …Meer ge…päter war …i Ly (17), …fen eine …p Ana…sten ei…

macht, immerhin ist es sehr viel Geld", sagte Elias Bierdel, Vorsitzender des Komitees. 24 Jahre lang hat das Komitee ausschließlich mit gecharterten Schiffen gearbeitet. „Das gab manchmal Probleme mit den Eignern, die nicht alles erlauben, was wir gerne wollten", erinnert sich Bierdel an eine Situation, in der hunderte von Flüchtlingen auf das Schiff wollten – es aber nicht durften.

„Wir können jetzt ganz anders operieren, das wird auch unserer Arbeit eine neue Qualität geben", betont Elias Bierdel – und auch, dass die „Cap Anamur" wohl das einzige Schiff auf den Weltmeeren ist, auf dem alle 14 Besatzungsmitglieder zu einem Einheitslohn von 1100 Euro im Monat arbeiten. Auch Dr. Volker Neuhoff aus …tuttgart, auf dem Hilfsschiff Chef…zt, Assistenzarzt und Anästhesist …einer Person. Seine Praxis hat der …-jährige Allgemeinmediziner auf…geben, „ich wollte etwas Neues ma…en, aber auch etwas Sinn…", …schreibt er seine M… Kapitän Ste…

Lübeck kann es kaum erwarten, ab…zulegen. „Aber wir haben noch vie… zu tun, noch sind nicht alle Karton… ausgepackt." Trotzdem, wer wollte, durfte gestern den Hospitalbereich des Schiffes besichtigen. Das Hospital hat acht Betten, bei Bedarf können unter Deck weitere Betten aufgestellt werden. Edith Fischaller, ärztliche Koordinatorin an Bord, ist mit ihrem Team auf alles vorbereitet, „wir behandeln Bauchschmerzen ebenso, wie Beinbrüche."

Wichtigster Ausrüstungsgegenstand ist der große Bordkran, „damit kann sich das Schiff selbst be- und entladen und ist nicht auf Hilfe von Land angewiesen, manchmal gibt es auch gar keine Kräne an Land oder keinen Strom", erklärt Elias Bier… Zwei Unimogs, ein Cont… und ein Sanitäts… mit zur A… die …

…großen Fahrt: Auch „Landratten" können helfen

Lübecker Schiff als Symbol der Hoffnung

Die Mannschaft der „Cap Anamur" bereitet sich und den 20 Jahre alten Frachter auf den ersten Einsatz im Krisengebiet vor.

Von Christine Gottlob

Jutta Wahlens Mutter steckt zu Hause bald ein neues Fähnchen auf die Weltkarte: Westafrika, da war ihre Tochter noch nie. Dass Jutta monatelang kaum erreichbar sein wird, kennt ihre Familie schon von den anderen Fahrten der 22-Jährigen auf den Weltmeeren. Aber dieses Mal begleitet die junge Schiffsmechanikerin nicht einen einfachen Handelstransport. Dieses Mal ist sie mit einem Frachter voller Hilfsgüter in ein Krisengebiet unterwegs. Jutta Wahlen hat auf der „Cap Anamur" angeheuert, dem ersten, eigenen Schiff der …

3000 Tonnen Ladung kann der 1470 PS-starke ehemalige Fisch-Frachter aufnehmen. „Wir machen noch Halt in Rotterdam, Lissabon und Las Palmas, um zu laden oder Treibstoff aufzunehmen", sagt Kapitän Stefan Schmidt.

Der 62-Jährige ist in Lübeck aufgewachsen und fährt nach 27 Jahren wieder raus auf See. Erfahrung hat er jede Menge gesammelt: auf zahlreichen Frachtern, als Kapitän des Feuerschiffs Fehmarnbelt oder als Lehrer an der Seemannsschule auf dem Priwall. Die Fahrt für die Hilfsorganisation „Cap Anamur" ist …

…namur" überwältigt: 700 Schreibmaschinen für Afrika
…Spender tragen schwer

Peter Jansen (67) aus Lübeck bringt seine Schreibmaschine, die er 40 Jahre lang benutzt hat, mit dem Rad vorbei.

Wieder nützlich statt eingemottet: Die Schrei… Emanuel-Geibel-Realschule liefert Hausmeister … persönlich bei „Cap Anamur"-Kapitän Stefan Sc…

Hunderte spendeten ihre Schreibmaschine für Westafrika: Der Hilfsgüter-Frachter „Cap Anamur" bringt die Maschinen nun in Krisengebiete.

Von Christine Gottlob

Berichte aus den Lübecker Nachrichten *vom Februar 2004.*

Moritz Schmidt, einer der Söhne unseres Kapitäns) überpinselten die alten Schriftzüge auf Schornstein, Bug und Heck, und stille Helfer wie der EDV-Spezialist Uli Stocker versuchten stoisch, unsere immer neuen Ideen über die Vernetzung der Bordcomputer mit den Gesetzen der Physik in Einklang zu bringen.

Nachdem die *Lübecker Nachrichten* auf der Titelseite in großer Aufmachung über unser Schiff berichtet hatten (*„Hilfe aus Lübeck für die ganze Welt“*, 8. Februar 2004), nutzten viele Familien das sonnige Winterwetter am folgenden Wochenende zu einem Ausflug auf die künftige „Cap Anamur“. Der Andrang wurde schließlich so groß, daß der Kapitän die Notbremse ziehen mußte und an der Gangway ein Schild anbringen ließ: „Heute keine Besichtigung“. Die Anteilnahme und Hilfsbereitschaft der Bevölkerung in unserem Heimathafen Lübeck begeisterte uns derart, daß wir beschlossen, vor der Ausfahrt noch allen Interessierten bei einem „Open Ship“ Gelegenheit zum Besuch an Bord zu geben.

Die Berichte von einer neuen „Cap Anamur“ machten an der Küste rasch die Runde, schon vor den *Lübecker Nachrichten* hatte, von uns zunächst unbemerkt, der halbamtliche *Tägliche Hafen-Bericht* über den Umbau des Frachters „Andra“ geschrieben. So war auch ein Hamburger Reeder auf uns aufmerksam geworden, der mich nun unbedingt treffen wollte. Es gehe „um eine Angelegenheit von größter Wichtigkeit“, kündigte er am Telefon an.

Matthias Reith, ein hagerer Mittfünfziger im dunklen Anzug, stellte sich als Geschäftsführer und Miteigentümer der *Orion*-Reederei vor, die derzeit acht große Frachtschiffe rund um den Globus im Einsatz habe. „Bitte sehen Sie sich das an!“ Reith legte mehrere Bündel zusammengehefteter Papiere auf den Tisch. „Rescue at sea – refugees/migrants“ stand darauf – „Rettung von Flüchtlingen und Migranten auf See“. Es handelte sich um eine von ihm selbst erstellte Dokumentation jener Dramen, die sich – von der Öffentlichkeit weitgehend ignoriert – täglich auf den Weltmeeren abspielen. Von tausenden Todesopfern war da die Rede, von Verdursteten und Ertrunkenen. Erschütternde Fotos illustrierten das Elend. Schon auf der ersten Seite waren die Seegebiete aufgezählt, in denen Handelsschiffe damit rechnen müssen, überfüllten Flüchtlingsbooten zu begegnen. Die Meerenge von Gibraltar stand an erster Stelle, das gesamte Mittelmeer, der Atlantik vor der westafrikanischen Küste, selbst der Ärmelkanal – aber auch die Gewässer um Haiti und Kuba vor der US-amerikanischen Ostküste.

fm: orion hamburg, techn. dept.
to: masters all vessels

A

Re: rescue at sea – refugees/migrants

Dear Captain,
you have to expect to sight people in distress at sea, especially in following areas:

1. The English Channel
2. The Strait of Gibraltar and wide areas west and east of the Strait of Gibraltar in the Atlantic respectively in the Mediterranean because whilst the part of the boats is tries to cross the Strait of Gibraltar another part of the boats tries to circumvene the Strait of Gibraltar and make wide circles to the Atlantic respectively into the Mediterranean in their attempt to reach Europe from North Africa.
3. The Strait of Otranto
4. The Adriatic Sea
5. Waters between Turkey and Greece
6. From Libya, Tunisia, and other points in North Africa to Italy
7. Mediterranean Sea in general
8. Africa to Canary Islands
9. North Africa/Atlantic side of North Africa
10. West African waters
11. The Gulf of Aden
12. Bab el Mandeb (Narrow between Eritrea, Djibouti and Yemen)
13. Waters off Yemen (both, Red Sea and Gulf of Aden)
14. Waters off Somalia
15. Waters off Eritrea, Djibouti
16. Arabian Sea
17. Waters off Haiti
18. Haiti to Bahamas
19. Bahamas to Florida
20. Waters off Cuba
21. Florida Strait
22. The Carribean Sea in general
23. Gulf of Mexico (completely)
24. US-Gulf (completely)
25. Around Central America (Atlantic and Pacific side)
26. From Ecuador north to Guatemala and Mexico
27. Malacca Strait
28. Waters off Indonesia and Australia
29. The South China Sea in general
30. From south east Asia to the northern Coast of Australia
31. River Oder, Oder-Haff, and on the Baltic Sea

This instruction serves to:
- re-alarm you when navigating in these areas,
- to encourage rescuing,
- to assure you that the Company will provide all possible assistance once people are rescued,

Also:

1. Instruct all your crew (not only seamen but also engine-, catering department, etc.) as well as any and all relievers joining the vessel BEFORE DEPARTURE to pay best possible attention, to be alert, vigilant and to inform you of any sightings and distress calls.

2. Take any and all measures for ensuring best possible attention, e.g.:
   a) good look-out, i.e. not only looking forward but to cover a 360 degree circle. Use good and clean binoculars
   b) before entering respective sea areas as mentioned above, increase number of crew for look-out (whilst also complying with the necessary hours of rest as per STCW) and assign sectors to the respective look-outs,
   c) take care that look-outs

Mit dieser selbstverfaßten Broschüre macht Matthias Reith die Schiffsbesatzungen der Orion-Reederei *auf mögliche Begegnungen mit Flüchtlingsbooten aufmerksam.*

„Glauben Sie mir, man trifft sie praktisch überall. Kleine Boote, manchmal auch größere Schiffe, die wenigsten davon richtig seetüchtig. An Bord sitzen irgendwelche armen Teufel, die dem Elend ihrer Heimatländer entkommen wollen. Die riskieren ihr Leben für diese Überfahrt! Und sehr viele Menschen sterben."

Seit fast zwanzig Jahren beschäftigte sich Matthias Reith mit diesem schrecklichen Thema. Bis hinauf zur UNO versuchte er, endlich verbindliche Regeln für die Rettung und Anlandung Schiffbrüchiger durchzusetzen. Denn bisher, so der Hamburger Reeder, sei zwar jeder Kapitän zum Helfen verpflichtet – aber kein Staat müsse die Geretteten anschließend an Land lassen! Die Folgen dieser Rechtsunsicherheit machten ihm am meisten zu schaffen: „Viele Schiffsbesatzungen wenden sich ab, anstatt zu helfen, weil sie Angst vor Schwierigkeiten haben!" Das aber sei mit den Traditionen der Seefahrt nicht zu vereinbaren – und schon gar nicht mit seinem Gewissen als gläubiger Christ. Deshalb habe die *Orion-Reederei* ihre Schiffsbesatzungen angewiesen, in den genannten Zonen verstärkt nach Flüchtlingsbooten Ausschau zu halten. „Stellen Sie sich doch nur mal vor, einer unserer Kähne würde zum Beispiel nachts über so eine elende Nußschale drüberfahren – nicht auszudenken!"

Matthias Reith beschwor uns ebenso ernst wie freundlich, rechtzeitig über diese Fragen nachzudenken – und unter allen Umständen darauf zu achten, daß auch unsere Besatzung entsprechend sensibilisiert und ausgerüstet sei. Zum Schluß ließ er sich unsere eben erst angeschafften Ferngläser zeigen. Die seien keineswegs ausreichend, um bei trübem Wetter kleinere Boote auszumachen, befand er.

„Ich werde Ihnen etwas Vernünftiges besorgen – als Spende, versteht sich!", versprach er. Auch um erstklassige Nachtsichtgeräte wollte er sich kümmern. Damit verabschiedete sich unser Gast aus Hamburg und ließ uns einigermaßen verblüfft zurück.

Natürlich hatte ich von der weltweiten Tragödie der Boat People schon gehört. Mein letzter Besuch unseres Projektes auf Haiti im September 2003 war mir noch frisch in Erinnerung. In Môle Saint Nicolas hatte mir ein Fischer von den kleinen Segel-Schaluppen erzählt, mit denen verzweifelte Haitianer auf der Suche nach einem besseren Leben nach Florida zu gelangen versuchten. Manche würden von der US-Coastguard abgefangen und im Lager Guantanamo auf Kuba interniert, bevor man sie nach Haiti zurückverfrachtete. Das seien noch die Glücklicheren. „Aber viele von unseren Leuten kommen niemals irgendwo an, das Meer verschluckt sie", hatte der Mann berichtet.

Auch über Dramen auf dem Mittelmeer war über Jahre hinweg immer wieder sporadisch berichtet worden – meist in kleinen Meldungen auf den hinteren Seiten der Tageszeitungen, wo die Ankunft oder der Untergang von Flüchtlingsbooten vermerkt wurde. Kurz nach meiner Rückkehr von Haiti hatte es ein ‚Totenschiff', das von der Küstenwache in den Hafen der italienischen Insel Lampedusa geschleppt worden war, sogar in Deutschland in die Schlagzeilen geschafft. Das ganze Unterdeck lag voller Leichen. Die wenigen Überlebenden berichteten, wie ihr Holzboot nach dem Ausfall der Maschine tagelang auf dem Meer herumgedümpelt war. Das wenige Trinkwasser an Bord war rasch zur Neige gegangen. Mindestens 80 Afrikaner, darunter viele Frauen und Kinder, hatten die Fahrt nicht überlebt.

Auf der geplanten Jungfernreise von Lübeck über Rotterdam, Lissabon, die Kanaren, Sierra-Leone und Liberia bis nach Namibia würde die „Cap Anamur" praktisch permanent durch Seegebiete fahren, die in den Unterlagen der *Orion-Reederei* als „besonders kritische Zonen" gekennzeichnet waren! Eins stand fest: Selbstverständlich würde die „Cap Anamur" wann und wo immer sie auf Menschen in Seenot traf, diese retten und an Bord versorgen.

Am 14. Februar feierten wir im Lübecker Stadthafen die Indienststellung unseres neuen Schiffs. Ursprünglich hatten wir für den nächsten Morgen die Ausfahrt zur Jungfernreise geplant. Doch der Termin war nicht zu halten gewesen, denn leider waren wir schließlich doch nicht mit allen Arbeiten rechtzeitig fertig geworden. Beispielsweise konnte der Rumpf wegen des naßkalten Wetters nicht gestrichen werden, und unter dem schmutzigen Grau des 20 Jahre alten Frachters kam doch so mancher Rostfleck hervor. Also würde die „Cap Anamur" nach der Feier noch einmal für zwei Wochen an die Pier der *Lübecker Maschinenbau Gesellschaft* zurückkehren müssen. Wir trösteten uns mit dem Gedanken, daß es auch kaum zu uns gepaßt hätte, wenn es anders gewesen wäre. Traditionell war und blieb beim Komitee vieles improvisiert. Das würde wohl auch im kommenden Vierteljahrhundert so bleiben.

„Die ‚Cap Anamur' ist – wie man leicht sehen kann – eben kein Traumschiff, sondern ein mit einfachen Mitteln hergerichtetes Arbeitsgerät", sagte ich in meiner kleinen Ansprache im Saal der *Media-Docks*. „Aber bedenken Sie, daß es sehr wohl zum ‚Traumschiff' werden könnte für jene Menschen, denen wir damit Hilfe bringen wollen." Ich dankte allen freiwilligen Helfern, die sich über die letzten Wochen hinweg so überwältigend engagiert hatten. Im Gegenzug versprach Bürgermeister Bernd Saxe, die Lübeckerinnen und Lübecker würden uns auch weiterhin ihre Sympathie und Hilfsbereitschaft erweisen, „denn ein solches Schiff haben wir in 850 Jahren Geschichte in unserem Hafen noch nicht gesehen! Es wird aufbrechen in die Krisenregionen der Welt, um dort Unterstützung zu leisten..." Das Stadtoberhaupt wünschte uns „allzeit die berühmte Handbreit Wasser unterm Kiel" und überreichte zum Zeichen der Verbundenheit anschließend die Flagge der Hansestadt Lübeck an den sichtlich gerührten Kapitän Stefan Schmidt.

Auf der Suche nach einer würdigen Patin für die Umbenennung des Schiffes, die mit der symbolischen Taufe und der obligaten Flasche Schaumwein vollzogen werden sollte, fiel mir Hai-Ly Bui ein. Ich hatte sie im Januar bei der Neujahrsfeier der vietnamesischen Gemeinde in München kennengelernt. Die Eltern der 17-Jährigen waren seinerzeit selbst als Boat People aus dem chinesischen Meer gerettet worden. „Wenn die ‚Cap Anamur' damals nicht gewesen wäre, dann würde es mich heute nicht geben", hatte sie lächelnd gesagt. Es brauchte nicht allzu hohe Überredungskunst, um die junge Frau und ihren Vater für eine spontane Wochenendreise nach Lübeck zu gewinnen. „Wissen Sie übrigens, was der Name meiner Tochter, Hai-Ly, bedeutet?", fragte mich Tan-Lan Bui am Telefon. Ich wußte es natürlich nicht. „Die Übers-Meer-Geflohene!"

Am Nachmittag versammelten sich mehrere hundert Menschen am Kai, um Zeugen der kleinen Zeremonie zu werden. Unter dem historischen Ladekran spielte in traditioneller Seemannskleidung (blaue Hemden, rote Halstücher, weiße Seglerschuhe; nur die übergezogenen Thermowesten waren ein Zugeständnis an die kalte Neuzeit) der in der Region weithin bekannte und beliebte Shanty-Chor *Möwenschiet* auf – allerdings ohne das übliche Honorar zu verlangen! Im Gegenteil: Die Sänger hatten sogar noch privat Geld zusammengelegt und überreichten uns eine gut gefüllte Sammelbüchse – mit den besten Wünschen für eine erfolgreiche Jungfernreise und eine glückliche Rückkehr in den Heimathafen Lübeck.

Gemeinsam mit Bürgermeister Bernd Saxe traten wir anschließend vor den Bug des Schiffes. Hai-Ly griff die dort an einem Seil hängende Sektflasche (eine Spende des Hafen-Gastronomen) und gab der alten „Andra"

Pressekonferenz zur Indienststellung der „Cap Anamur“, Lübeck, 14. Februar 2004, mit Kapitän Stefan Schmidt (l.) und der medizinischen Koordinatorin des Komitees, Dr. Edith Fischnaller (r.).

Die 17-jährige Münchnerin Hai-Ly Bui tauft unser Schiff. Ihre Eltern waren einst als Boat People aus dem chinesischen Meer gerettet worden.

nicht nur einen neuen Namen, sondern auch gleich noch einen Auftrag mit auf den Weg: „Ich wünsche diesem Schiff alles, alles Gute. Auf daß es viele Menschen rettet und ihnen eine schöne Zukunft bescheren möge!"

Einmal prallte die Flasche von der Bordwand zurück. Doch ein zweiter, kraftvoller Wurf ließ sie unter dem Beifall der Besucher zerplatzen. Über die gewaltige 20-Meter-Gangway (die hatte uns das Bundesmarine-Arsenal in Wilhelmshaven überlassen, mit freundlicher Genehmigung des Verteidigungsministeriums) strömten anschließend die Interessierten zu der langerwarteten Besichtigung aufs Schiff. Dort standen Besatzungsmitglieder für alle Fragen bereit, die Folk-Band *Wullgras* spielte als ‚Bordkappelle' plattdeutsche Lieder. Während die Kinder unter Aufsicht in einem unserer signalroten Schlauchboote herumtollen konnten, ließen sich die Erwachsenen die aus fünf weißen Spezialcontainern bestehende Klinik zeigen, die wir an Deck aufgebaut hatten: Ein Behandlungsraum als Ambulanz, zwei Stationszimmer mit jeweils sechs Betten und eine große Sanitäreinheit mit Waschgelegenheiten, Duschen und Toiletten waren auf dem hinteren Lukendeckel über dem Frachtraum montiert. Durch eine seitliche Verbindungstür gelangte man von der Ambulanz aus in einen weiteren Container. Voller Stolz führte unsere Komitee-Ärztin Edith Fischnaller die Besucher in den von ihr ausgestatteten Operationssaal. Auf engstem Raum enthielt er alles, um hier im Notfall auch komplizierte Eingriffe vornehmen zu können.

Am Abend berichtete das *ZDF* in seinen *heute*-Nachrichten von unserer kleinen Lübecker Feier. Millionen Zuschauer sahen zunächst die neue „Cap Anamur", wie sie sich für die erste Reise nach Westafrika bereit machte, und dann noch einmal historische Aufnahmen aus den 70er und 80er Jahren von den Rettungsfahrten im chinesischen Meer. Rund 11.000 Vietnamesen, die in kleinen Booten aus ihrer Heimat geflohen waren, bedrängt von Piraten und verfolgt von der Küstenwacht, konnten damals gerettet werden. Viele begannen seinerzeit in Europa oder in den USA ein neues Leben. Dann stellte der Reporter die neue „Cap Anamur" ausführlich vor. Die Bilder ähnelten sich auf verblüffende Weise, doch es gab einen für mich entscheidenden Unterschied: Die Rettungsfahrten im chinesischen Meer waren auf gecharterten Schiffen unternommen worden. Nun aber würden wir zum ersten Mal mit einem eigenen Schiff unterwegs sein! Und welche Aufgaben auch immer auf uns zukommen mochten, wir konnten sie nun auch zur See weitgehend unabhängig von Bürokraten und Bedenkenträgern angehen.

Bundesrepublik Deutschland
Federal Republic of Germany

SEE-BERUFSGENOSSENSCHAFT

VORLÄUFIGER FAHRTERLAUBNISSCHEIN
Preliminary Sailing Permit

Ausgestellt nach den Bestimmungen der
UNFALLVERHÜTUNGSVORSCHRIFTEN FÜR UNTERNEHMEN DER SEEFAHRT
(im folgenden als "UVV See" bezeichnet)
Issued under the provisions of the
ACCIDENT PREVENTION REGULATIONS FOR SHIPPING ENTERPRISES
(hereinafter referred to as "UVV See")

Name des Schiffes .... **CAP ANAMUR**
Name of ship

Unterscheidungssignal .... **D N R E**
Distinctive number or letters

Heimathafen .... **Lübeck**
Port of registry

Bruttoraumzahl/-gehalt ....
Gross tonnage

Schiffsart

2. Folgende Beschränkungen, Bedingungen und Auflagen sind beim Betrieb des Schiffes zu beachten:
The following operational restrictions, conditions and injunctions have to be observed:

humanitarian non commercial rescue supply and support vessel

3. Die Fahrterlaubnis ruht, solange das Schiff in erheblichem Maße unterbemannt oder solange se Seetüchtigkeit durch einen Schaden beeinträchtigt ist. Reeder und Kapitän sind verpflichtet. ie

.... 13.04.1982
... of the ship
...struction

Klassifikationsgesellschaft und Klassenzeichen .... **GL + 100 A5 E2 G + MC AUT**
Classification Society and Character

Ganz amtlich: Die „Cap Anamur" ist das einzige „humanitäre, nicht-kommerzielle Rettungs-, Versorgungs- und Hilfsschiff" der Welt.

Kurs Afrika

+++ 29.02. +++ Lübeck +++

Das Schaltjahr 2004 hatte der ersten Ausfahrt der neuen „Cap Anamur" zu einem denkwürdigen Datum verholfen. Am 29. Februar begann nun endlich das Abenteuer. In den Tagen zuvor war der Winter noch einmal mit skandinavischer Kälte eingefallen. Über Nacht hatte es heftig geschneit und so mußten zunächst die Winden, Treppen und Gänge von Eis und Schnee befreit werden. Unsere Afrika-Expedition begann ihren Arbeitstag deshalb in dicken Anoraks, Handschuhen, Schals und Mützen mit letzten Ladearbeiten. Auf der Pier verabschiedeten sich am Morgen Besatzungsmitglieder von Freunden und Familienangehörigen, ehe die Gangway eingeholt wurde und der Kapitän das Kommando „Leinen los!" geben konnte.

Die Stimmung an Bord pendelte zwischen Wehmut, fröhlicher Erwartung und gespannter Sorge. Würden, nach den quälend langen Wochen in der Werft, nun all die generalüberholten, erneuerten, reparierten, auf- und umgerüsteten Maschinen, Generatoren, Navigations- und Kommunikationssysteme funktionieren? Auf der Brücke standen neben Kapitän Stefan Schmidt und dem Lotsen auch Techniker der Reederei *NSB* und überwachten die Instrumente. Doch schon nach wenigen Meilen Fahrt über die Trave in Richtung Ostseemündung schien klar, daß uns vorerst keine technischen Schwierigkeiten mehr aufhalten würden. Als das Lotsenboot unsere Gäste zurück an Land gebracht hatte, nahmen wir Kurs auf Kiel, wo das Schiff für den nächsten Morgen zur Passage durch den Nord-Ostsee-Kanal angemeldet war.

Es war geschafft. Volle Kraft voraus! Ich spürte voller Dankbarkeit wie die Anspannung der vergangenen Wochen von mir abfiel. Vorbei die immer neuen mechanischen, elektrischen, organisatorischen oder administrativen Probleme. Vorbei auch die nervenaufreibenden Kämpfe mit sturen Bürokraten, die uns bis in die letzten Tage hinein in nahezu kafkaeske Auseinandersetzungen getrieben hatten. So sollten wir die „Cap Anamur" entweder als Fracht- oder als Passagierschiff anmelden. „Es gibt nur diese beiden Möglichkeiten", hatte uns der zuständige Beamte beschieden. Beides aber war ja falsch und kam für uns nicht in Frage. Wir wollten von Anfang an klar machen, daß dieses ganz besondere Schiff ausschließlich humanitären Zwecken diente und eben nicht darauf aus sein würde, Geld zu verdienen. Voller Grausen hatte ich mir vorgestellt, welchen Schikanen und Begehrlichkeiten wir seitens der Zollbehörden in afrikanischen Häfen ausgesetzt wären, wenn man unser Schiff als ‚normalen' Frachter und die Hilfsgüter an Bord dementsprechend etwa als schlichte Handelsware ansehen würde.

Es hatte Wochen hartnäckiger Diskussionen und der unbeirrbaren Sturheit unseres bedächtigen Anwalts Lothar Kolberg bedurft, ehe wir schließlich den offiziellen „Fahrterlaubnisschein" in der Hand hielten. Ein seltenes Dokument des Sieges über die eingerostete See-Bürokratie: Hier war nun tatsächlich hochoffiziell und wunschgemäß „humanitarian, non commercial rescue, supply and support vessel" (humanitäres, nicht kommerzielles Rettungs-, Versorgungs- und Hilfsschiff) eingetragen. Damit hatte die „Cap Anamur" de facto eine eigene Klasse eröffnet – kein anderes Schiff auf der Welt fuhr unter dieser Bezeichnung.

Auch in manch anderer Hinsicht war das, was wir in nicht einmal drei Monaten Werftzeit zusammengebastelt hatten, ein schwimmendes Unikum. Während wir mit knapp zwölf Knoten aus der Lübecker Bucht heraus in Richtung Fehmarn unterwegs waren, erinnerte ich mich daran, wie unsere Pläne in Schiffahrtskreisen zunächst für milden Spott gesorgt hatten. „Sie sind ja ein Träumer", hatte mir noch beim Kauf der „Andra" in den Büros der Bremer Landesbank einer der Reeder zugerufen, als ich ihm erzählte, daß wir eine Mannschaft anheuern wollten, die zu den üblichen im Komitee geltenden Konditionen mit uns fahren würde.

In der weltweiten Handelsschiffahrt sind die Besatzungen in der Regel drei bis vier Monate ohne Unterbrechung an Bord im Einsatz. Nach dieser Zeit gehen sie üblicherweise in Urlaub, wobei der Urlaubsanspruch pro Monat elf Tage beträgt. Aber eine komplette Mannschaft, die sich zum einheitlichen Einstiegssalär von 1.100 Euro monatlich für ein halbes Jahr ohne Urlaub zum Dienst verpflichtet? „Das können Sie vergessen!", waren sich die Experten rasch einig gewesen.

Diese Herren hatten sich offenbar nicht vorstellen können, daß es auch unter einfachen Seeleuten Menschen gibt, die nicht ausschließlich an ihre Heuer denken, sondern sich ganz bewußt und aus persönlicher Überzeugung heraus für eine gute Sache engagieren wollen. Ebenso wie es ja Ärztinnen und Ärzte, Pfleger, Schwestern und Techniker über 25 Jahre hinweg im Komitee gezeigt haben. Der (geringe) Einheitslohn gehörte und gehört zu den Prinzipien von *Cap Anamur,* und ich wußte aus meiner eigenen Projekterfahrung und vielen Teamgesprächen, daß das Klima der Zusammenarbeit zwischen den Angehörigen der verschiedenen Berufsgruppen stark vom Gefühl der Gleichwertigkeit geprägt ist. Auch auf unserem ersten eigenen Schiff sollte dieser Geist wirken.

Und entgegen allen schlauen Einwänden war genau dies auch gelungen. Ob die gerade erst zwanzigjährige Jutta, die sich – mit dem druckfrischen Abschlußzeugnis der Lübecker Seemannsschule in der Hand – als Schiffsmechanikerin an Bord gemeldet hatte, ob Julian, der spanische Maschineningenieur (der sich als glühender Verfechter der humanitären Idee entpuppte) oder Erhard, der pensionierte Bundesmarine-Offizier, der bei uns anheuerte um „nochmal was Sinnvolles zu tun", ob Rillo, der philippinische Koch, Tennis und Josea, die Seeleute von dem winzigen Pazifik-Eiland Tuvalu (siehe Seite 217), der polnische Motormann Henryk oder Ben, der freundliche Matrose aus Äthiopien: Keiner von ihnen hätte lieber auf einem x-beliebigen Containerschiff anheuern wollen.

Das galt für die ‚Landratten' an Bord natürlich erst Recht: Unser Schiffsarzt Volker hatte seine Praxis in Süddeutschland verkauft, um nach dem Ende seines ‚ordentlichen' Berufslebens noch einmal eine neue Herausforderung jenseits von Kassenzulassung und Fallpauschalen zu suchen. Mike, der belesene Ostberliner Allround-Handwerker, jahrelang eine Stütze unseres Projektes in Nord-Korea, fuhr als Komitee-Techniker mit und Dominik, mit 19 Jahren der Jüngste an Bord, kümmerte sich um die Wartung der Computeranlagen. Außerdem sollte er als Kameramann die Reise dokumentieren. Auch dazu hatten wir uns etwas Neues einfallen lassen: In regelmäßigen Abständen würden kleine Filme direkt von Bord der „Cap Anamur" auf die Internet-Homepage des Kölner Büros gestellt werden. Wer wissen wollte, wo das Schiff sich gerade befand und was seine aktuelle Aufgabe war, so die Idee, der würde sich den neuesten Eintrag im „Video-Tagebuch" jederzeit mit einem Mausklick daheim auf seinen Computer herunterladen können.

+ + + 29.02. + + + Kiel + + +

Am Abend des 29. Februar machte das Schiff in Kiel-Holtenau fest, unmittelbar vor der Einfahrt in den Nord-Ostsee-Kanal. In einem der Container auf der Laderaumabdeckung hatten wir das kleine provisorische Studio eingerichtet. Dominik bearbeitete die Bilder des Tages am PC in seinem Wohncontainer – und noch vor Mitternacht ging die „Cap Anamur" erstmals auf Sendung. Über Satellit spielten wir den ersten elektronischen Tagebucheintrag (38 weitere sollten bis Anfang Juli noch folgen) nach Köln: die letzten Ladearbeiten in Lübeck, der Schnee auf dem Oberdeck, schließlich das Ablegen von der *LMG*-Pier und die Fahrt über die Ostsee. Aufgeregt und etwas verlegen führte der junge Regisseur am nächsten Morgen sein Erstlingswerk in der Mannschaftsmesse vor. Das Publikum war begeistert und spendete donnernden Applaus. Es schien beinahe, als hätte erst beim Blick auf die wackligen Fernsehbilder auch der Letzte verstanden, daß wir jetzt tatsächlich unterwegs waren.

+ + + 03.03. + + + Rotterdam + + +

Nach der Fahrt durch den Nord-Ostsee- und anschließend den Ärmel-Kanal erreichten wir am 3. März Rotterdam. Henk, der holländische Krankenpfleger und nimmermüde Komitee-Mitstreiter, erwartete uns schon voller Ungeduld. Er hatte günstig mehr als 120 neuwertige gebrauchte Krankenhausbetten ergattert, mit denen unser Hospital in Bong-Town/Liberia ausgestattet werden sollte. Alles war bestens organisiert. Die Tieflader standen bereit, schon schwebten sechs weitere 20-Fuß-Container am bordeigenen Kran in den Bauch des Schiffes.

Henk strahlte über das ganze Gesicht, als die wertvolle Fracht verstaut war. Er hatte mich schon bei der ersten Besichtigung der „Andra" begleitet – und gehörte zu den engagiertesten Befürwortern des Projekts. Henk zählte zu jenen ehemaligen Team-Mitgliedern, die auch nach dem Ende ihres Einsatzes dem Komitee verbunden blieben. Immer wieder opferte er seinen Urlaub vom Krankenhaus-Alltag, um für uns schnell einzuspringen, wo gerade Not am Mann war. Er kannte sich bestens aus und liebte die Menschen in Sierra-Leone – und so gut wie jeder dort kannte und liebte ‚Pa' Henk, der über viele Jahre, auch in den finstersten Zeiten des blutrünstigen Bürgerkriegs, mit *Cap Anamur* für die Bevölkerung dagewesen war. Daß nun die Jungfernfahrt unseres ersten eigenen Schiffes Hilfsgüter nach Westafrika bringen sollte, erfüllte ihn mit besonderer Freude.

+ + + 09.03. + + + Lissabon + + +

Es folgte die bislang längste Etappe auf See, bis wir nach vier Tagen Lissabon erreichten. Dort luden wir einige Geländefahrzeuge ein und nahmen dann Kurs auf die Kanaren. Auf Gran Canaria wollten wir unsere Vorräte auffüllen und Treibstoff bunkern. Bei der Fahrt durch die Biskaya lag die „Cap Anamur" tief im Wasser, denn nun war ihr Frachtraum komplett ausgefüllt: Mit Medikamenten, Jeeps und Unimogs (für Angola), einer Komplettausstattung für unser großes Krankenhaus in Liberia (inklusive der dringend benötigten Röntgenanlage und allem Baumaterial für die Erneuerung des Klinikdaches), großen Mengen an Lebensmitteln, Altkleidern, vier gewaltigen 25.000-Liter-Wassertanks und einer weiteren, in Containern verpackten Klinikausstattung. „Dieses Schiff hat gleich drei Krankenhäuser an Bord", hatte Komitee-Ärztin Edith bei der Pressekonferenz in Lübeck gesagt. „Eins ist an Deck aufgebaut – die anderen beiden befinden sich, in Kisten verpackt, im Laderaum."

Am Morgen des 11. März 2004, einen Tag bevor wir Las Palmas erreichen sollten, wurde Spanien von einer Serie von Bombenanschlägen erschüttert. In Vorortzügen und Bahnhöfen um die Hauptstadt Madrid starben 200 Menschen, weitere 1.400 wurden verletzt.

+ + + 12.03. + + + Las Palmas + + +

Als wir am 12. März zum Bunkern (Tanken) im Hafen von Las Palmas festmachten, befand sich ganz Spanien im Ausnahmezustand. Überall auf dem Festland gingen Millionen Menschen gegen den Terror auf die Straßen – es waren die größten Demonstrationen in der spanischen Geschichte. Auch auf den beliebten Urlaubsinseln der Kanaren hatten sich tausende Einwohner und Touristen auf den Plätzen zusammen gefunden, um ihrer Trauer und ihrem Entsetzen Ausdruck zu verleihen. An diesem Tag konnte man ausgewachsene Männer weinend durch die Straßen gehen sehen.

Die „Cap Anamur" im Hafen von Lissabon, 10. März 2004. Der Laderaum füllt sich: Geländegängige Krankenfahrzeuge für Angola und Liberia.

+ + + 15.03. + + + Gran Canaria + + +

Am Morgen vor der Abfahrt aus Las Palmas besuchte uns Burkhard Lehde, Herausgeber von *INFO Canarias*, einem deutschsprachigen Magazin für Besucher, Auswanderer und Pensionäre, die ihren Ruhestand statt in Osnabrück oder Berlin lieber im milden Klima der Kanaren verbringen. Er interessierte sich sehr für unser Schiff, seinen genauen Auftrag und die Besatzung. Er war mit der Geschichte des Komitees vertraut und hatte viele Fragen. Nach einem ausführlichen Rundgang an Deck und im Laderaum saßen wir bei einer Tasse Kaffee zusammen.

„Ich wünsche Ihnen viel Glück bei Ihrer Fahrt", sagte Lehde. „Es wäre den Menschen Westafrikas sehr zu wünschen, daß sich die Lage in ihren Ländern bald bessert. Sonst werden wir auch hier auf den Kanaren immer mehr von ihrem Elend sehen!"

Er begann zu erzählen: von den vielen *Pateras,* jenen kleinen Holzbooten, in denen die Flüchtlinge von der gegenüberliegenden afrikanischen Küste aus die gefährliche Überfahrt wagen; von Schlepperbanden, die hunderte Passagiere auf schrottreifen Kähnen zusammenpferchen; von der Radar-Überwachung der Meerenge vor Lanzarote und Fuerteventura; von dramatischen Rettungsaktionen und vielen Toten im Meer und an den Stränden.

„So sieht der Alltag aus, hier bei uns auf den Kanaren. Die Lokalzeitungen berichten darüber, aber schon auf dem spanischen Festland werden unsere Bilder nicht mehr gedruckt. Schließlich könnten solche Fotos ja dem Tourismus schaden!"

Dabei habe alles so harmlos angefangen, ziemlich genau zehn Jahre sei das nun her. Im August 1994 erreichte das erste Fischerboot mit Flüchtlingen die Kanarischen Inseln. Es waren zwei Männer aus der West-Sahara, die Schutz vor der marokkanischen Unterdrückung in ihrer Heimat suchten – und prompt politisches Asyl erhielten. „Damals hat man die afrikanischen Flüchtlinge hier wie Helden gefeiert, weil sie die gefährliche Passage in ihrer Nußschale gewagt hatten."

Erst ein Jahr später, im Sommer 1995, sei dann die zweite *Patera* auf Fuerteventura angekommen. Fünf Männer waren es diesmal, die die knapp 90 Kilometer lange Überfahrt geschafft hatten. 1998 zählte man schon 345 Flüchtlinge, die Fuerteventura erreichten, und schnell seien es dann immer mehr geworden. Allein im vergangenen Jahr, 2003, hätten die Behörden über 7.500 „illegale Einreisen" registriert. Mittlerweile hätten kriminelle Organisationen auf beiden Seiten der Meerenge das Geschäft mit der Hoffnung auf ein besseres Leben als lukrative Einnahmequelle entdeckt. „Ein Menschenleben zählt hier wenig", sagte Burkhard Lehde. „Und niemand weiß, wieviele Flüchtlinge den Versuch der Überfahrt mit dem Leben bezahlen."

Zum Abschied legte er eine spanische Insel-Zeitung auf den Tisch in der Kapitänskammer. Es war die Ausgabe vom 17. Januar 2004, „Das erste Drama des Jahres" lautete die Schlagzeile. Darunter furchtbare Fotos: Ein Boot der Küstenwacht vor Lanzarote, in der Bucht treiben mehrere Tote; Polizisten tragen die Leichen von Ertrunkenen über den Strand…

Am selben Abend zeigten wir die dramatischen Bilder der Besatzung und berichteten in der Mannschaftsmesse, was wir erfahren hatten. „Wir müssen jederzeit damit rechnen, auf Boote zu treffen, die in Not sind", erklärte Stefan. Ich sah in die Runde. Selbst die älteren, erfahrenen Seeleute ließen deutlich erkennen, wie nah ihnen das Schicksal der Bootsflüchtlinge ging.

„Poor people", seufzte schließlich Tennis, der Bootsmann aus der Südsee. Die anderen nickten stumm. Dann ergriff der polnische Maschinist Henryk das Wort: „Ich versteh' das nicht, Boß. Wie können sich Leute nur auf solchen Nußschalen so weit aufs Meer hinauswagen?"

„Da muß es ihnen aber wirklich verdammt dreckig gehen!", meinte ein anderer.

Begegnung auf den Kanarischen Inseln: Urlauber vor einer im Wasser treibenden Leiche.

„Das sind Menschen, die einfach keine Perspektive mehr für sich sehen. Bei denen herrscht Krieg, Hunger oder einfach nur Armut", wußte Ben, der äthiopische Matrose. „Also versuchen sie, nach Europa zu kommen und dort Arbeit zu finden, damit sie ihre Familien zuhause unterstützen können. Und viele sterben. So einfach ist das."

+ + + 17.03. + + + Kanaren + + +

Erhard, dem pensionierten Kapitänleutnant der Bundesmarine, der als Zweiter Offizier an Bord der „Cap Anamur" unter anderem für die Navigation und alle Sicherheitsbelange verantwortlich war, hatten die Bilder und Berichte auch während der Nacht keine Ruhe gelassen. Am nächsten Morgen, unmittelbar nach dem Auslaufen von Las Palmas, platzte er in die Frühstückspause der Mannschaft hinein:

„Bootsmanöver in einer Stunde!", ordnete er an. „Wir üben die Rettung von Menschen aus dem Wasser!" Wenig später wurde das erste unserer beiden Einsatz-Schlauchboote vom Hauptdeck an Backbord heruntergelassen. Die Aufgabe für die Besatzung lautete: Bergung einer zuvor ausgesetzten Boje, die als „Mann über Bord" fungierte. Anders als bei den eher unbeliebten Sicherheitsübungen waren diesmal alle mit besonderem Eifer und Ernst bei der Sache. Rund um die Uhr verstärkten wir nun den

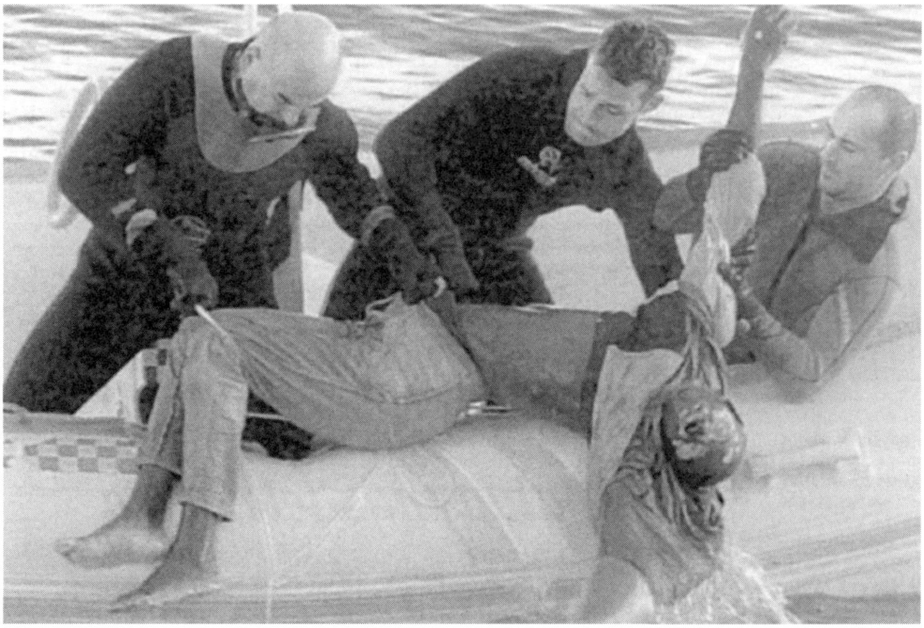

Bergung eines Ertrunkenen vor Fuerteventura.

Ausguck auf der Brücke. Das sollte auch für den Rest der Reise so praktiziert werden, sobald wir in eine der „kritischen Zonen" fuhren, die Matthias Reith uns schon in Lübeck genannt hatte. Doch bis auf einige Delphine gab es zunächst nichts Besonderes zu sehen. Die „Cap Anamur" nahm Kurs auf Sierra-Leone.

Anonyme Gräber auf einem Friedhof der Insel Lanzarote.

LANZAROTE

LA PROVINCIA

www.la-provincia.com DIARIO DE LAS PALMAS

DIRECTOR JULIO PUENTE Sábado, 17 de enero de 2004 1,20 EUROS

El primer drama del año

La huelga en los Centros turísticos continuará el fin de semana

Las largas negociaciones que están manteniendo en los últimos días los trabajadores de los Centros turísticos y el grupo de gobierno del cabildo aún no han fructificado en la firma de un acuerdo. Sin embargo, parece que el pacto es sólo cuestión de tiempo. Mientras tanto, continúa el encierro en el cabildo y continúa la huelga, convocada para las primeras horas de la mañana de hoy, mañana y el lunes. Página 3

TAMBIÉN...

LANZAROTE | 5

Un reglamento regulará la actuación de las empresas en el marco de la Reserva de la Biosfera lanzaroteña

SOCIEDAD | 4

16 personas mueren ahogadas tras chocar su patera contra las rocas en Tuineje

■ Nueve inmigrantes lograron sobrevivir tras alcanzar la playa del Roque y otros tres permanecen desaparecidos, aunque no se descarta que hayan podido esconderse tras llegar a la costa

P. Martín
PUERTO DEL ROSARIO

Un total de 16 personas desaparecieron y otras nueve lograron sobrevivir tras chocar una patera contra unas rocas en la playa del Roque, en el municipio de Tuineje. Otras tres personas permanecen desaparecidas aunque no se descarta que pudieran estar escondidas en los alrededores del lugar donde se produjo el naufragio, una zona rocosa de difícil acceso.

Según los primeros indicios, los fallecidos son 14 hombres de origen subsahariano y dos marroquíes, entre ellos una mujer, de la que se ha descartado que estuviera embarazada, tal y como se especuló en un principio. Cuatro de las víctimas fallecieron como consecuencia de los golpes propinados contra las rocas, mientras que los doce restantes fallecieron ahogados.

Los hechos se conocieron pasadas las 6,40 horas de ayer, cuando una patrulla fiscal del Instituto armado localizó a seis inmigrantes subsaharianos en la zona conocida como peñón del Roque. Éstos manifestaron que cuando estaban desembarcando

Los GEAS de la Guardia Civil trasladan los cadáveres de inmigrantes aparecidos ayer en la playa del Roque, en Tuineje. | CARLOS DE SAÁ

Nur die Lokalpresse berichtet über die Dramen, die sich auf den beliebten Urlauberinseln abspielen; die europäischen Medien ersparen ihren Lesern und Zuschauern Bilder wie diese – sie könnten den Tourismus stören.

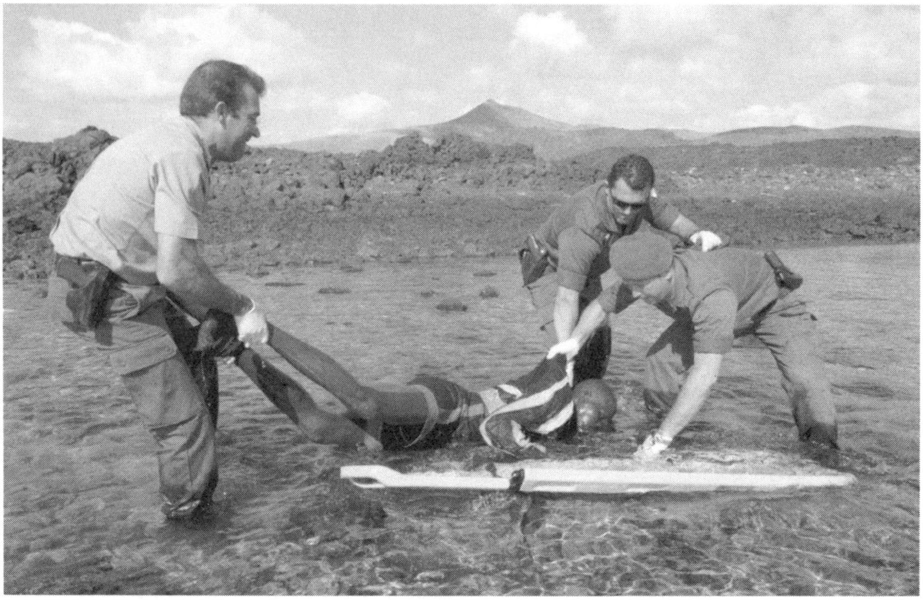

Bergung eines Ertrunkenen vor Lanzarote.

Stefan Schmidt im Hafen von Las Palmas: Von diesem schrottreifen Tanker hatte die spanische Küstenwache kurz zuvor mehr als 100 ‚Passagiere' gerettet.

Unterwegs hatten wir in der schwimmenden Klinik den ersten Patienten zu betreuen. Es war unser Bordarzt Volker selbst, dessen latente Seekrankheit von den Wellen des Atlantiks nun zum vollen Ausbruch hochgeschaukelt worden war. Die Passage von den Kanaren bis Freetown wurden für ihn eine harte Prüfung, vor allem, weil er als einziger Mediziner auf dem Schiff auch unseren Techniker Mike und den angehenden Filmkünstler Dominik zu versorgen hatte. Auch sie hatten, wenn auch nicht so schwer wie ihr behandelnder Arzt, mit schwankungsbedingten Ausfallerscheinungen zu kämpfen.

+ + + 18.03. + + + Freetown + + +

Nach vier Tagen auf See erreichten wir die im Dunst liegende Hauptstadt von Sierra-Leone. Unser lokaler Mitarbeiter Hassan erwartete uns ungeduldig, voller Stolz nahm er das Einlaufen der „Cap Anamur" mit seiner Videokamera auf. Er hatte schon ein umfangreiches Programm für mich vorbereitet. So wollte eine Regierungsdelegation unter Leitung der Gesundheitsministerin Agnes Taylor-Lewis das Schiff besichtigen. Auch Astrid Ilper, die deutsche Botschafterin, hatte sich angesagt.

Während der Bordkran den ersten Container mit Hilfsgütern für Sierra-Leone an Land hievte (er war für das Projekt der adventistischen Entwicklungsagentur *ADRA* bestimmt, für die wir kostenlos den Transport übernommen hatten), begann der Besuchsreigen. Die Ministerin kam mit großer Entourage und lobte zunächst *Cap Anamur* im allgemeinen und anschließend das Schiff im besonderen. Gerade in diesen Zeiten, wo sich die internationale Hilfe aus Sierra-Leone zurückzuziehen beginne, setze unser andauerndes Engagement ein Zeichen der Hoffnung undsoweiter, undsofort. Die Lobhudelei folgte dem bekannten Muster, wie es mir aus Begegnungen mit Regierungsvertretern weltweit vertraut war. Auch Agnes Taylor-Lewis kam dann recht schnell zum eigentlichen Grund ihres Besuchs an Bord.

„Wir danken *Cap Anamur* für alles, was Sie bisher für unser Land getan haben", sagte die resolute Gesundheitsministerin. „Aber es muß noch viel mehr geschehen. Wir brauchen gerade jetzt weitere, entschlossene Unterstützung aus Deutschland!" Und schon ratterte sie routiniert von einem vorbereiteten Zettel all jene Projekte herunter, die dringend unserer Unterstützung bedürften. Die Wunschliste reichte von der Ausbildung einheimischer Ärzte bis zum Neubau ganzer Kliniken. Bei der Verabschiedung der Ministerin und ihres umfangreichen Hofstaats erwiderte ich die üblichen Höflichkeiten, blieb aber ansonsten unverbindlich – aus gutem Grund.

„Sierra-Leone ist eines der ärmsten Länder der Erde, aber auch eines der korruptesten", bestätigte mir die deutsche Botschafterin Astrid Ilper wenig später. Sie hatte ihre eigenen Erfahrungen mit der Regierung in Freetown, deren Interesse ganz wesentlich darin bestand, die jeweiligen Stämme und Clans der Machthaber zu versorgen. Was außerhalb der Hauptstadt geschah, stand selten oben auf der politischen Agenda. Und das genau war der Grund, warum wir im Komitee prinzipiell darauf bestanden, Hilfe nach der von uns festgestellten Bedürftigkeit der Landbevölkerung zu leisten – keinesfalls nach Erwartung oder gar nach Anforderung von Regierungsstellen.

Bei einem Kurzausflug in unser Projektgebiet im Norden des Landes konnte ich mich erneut davon überzeugen, wie wichtig (und richtig) es war, gerade dort zu helfen, wo die Mächtigen in Freetown wenig Engagement zeigten. Im Stammesgebiet des Timne-Volkes hatte Hassan mit seinen Bautrupps zwei weitere Gesundheitsposten soeben fertiggestellt. Die Dorfbewohner von Batbala und Mayogbor waren in bunten Festgewändern zur Einweihung am Brunnen vor den neuen Healthposts versammelt. Es wurde viel getanzt, gesungen und gelacht – ein Freudentag. Als Geste der Dankbarkeit verliehen die Timne ihrem Gast aus Deutschland die höchste Ehrenwürde des „Baj-kum Rabaj" (chief of all chiefs) und statteten mich mit einem handgewebten Gewand aus, unter dem ich mächtig ins Schwitzen kam.

„Unser Volk wird von der Regierung nicht unterstützt, weil uns Präsident Kabbah als Oppositionelle ansieht. Hier gibt es gar nichts: keine richtigen Straßen, keine Brücken, keine Schulbücher", klagten mir die Dorfältesten ihr Leid. Von den Millionen Dollar internationaler Hilfsgelder hatte noch kein Cent die verarmten Timne erreicht. Und deshalb überraschte es auch niemanden, daß nicht einmal die zugesagte Erstausstattung mit Medikamenten, die rechtzeitig zur Eröffnung der kleinen Kliniken aus der Hauptstadt eintreffen sollte, angekommen war. Selbst die junge Krankenschwester, die schon ihr Zimmerchen neben der Ambulanz bewohnte, wartete bisher vergeblich auf ihr karges Gehalt vom Gesundheitsministerium.

Ich überlegte kurz, ob ich Medikamente und die nötigsten Instrumente vom Schiff herbringen lassen sollte. Stattdessen schrieb ich noch am selben

Abend einen Brief an Agnes Taylor-Lewis: „Werte Frau Ministerin! *Cap Anamur* steht auf der ganzen Welt auf der Seite der Ärmsten. Deshalb haben wir auch gerne die Bevölkerung im Norden ihres Landes unterstützt – mit Krankenhäusern, Schulen, dem Waisenhaus in Port Loko – sowie an vielen anderen Stellen. Sie haben mich auf unserem neuen Schiff besucht, um mir für diese Arbeit zu danken. Doch jetzt ist es an der Regierung zu beweisen, daß auch Sie Ihren Verpflichtungen genügen." Es folgten einige Sätze, in denen ich meine persönliche Enttäuschung gänzlich undiplomatisch deutlich machte. „Wir erwarten, daß die zugesagten Medikamente und Gelder für die Gesundheitsposten im Timne-Land sofort auf den Weg gebracht werden."

Mehr konnte, mehr durfte ich nicht tun. Denn jede Hilfe von Außen darf nur da einspringen, wo die eigenen Kräfte (noch) nicht ausreichen. Die Probleme eines Landes aber lösen auf Dauer nicht die UNO, die EU oder *Cap Anamur*. Nur wenn es gelingt, auch die lokalen Führer, Behörden und Regierungen in die Verantwortung zu nehmen, gibt es Chancen für eine anhaltende Besserung. Deshalb ist es in allen Projekten so wichtig, von vornherein nicht nur festzulegen, was gemacht werden soll, sondern auch, was man nicht tun wird. Im Fall von Batbala und Mayogbor sollte das übrigens funktionieren: Schon kurz nach meiner Abreise rumpelte der erste Pickup aus Freetown über die Buschpiste und brachte die Erstausstattung in die Ambulanzen der Timne-Dörfer – gerade noch rechtzeitig, ehe die einsetzende Regenzeit die Wege für Monate unpassierbar machte.

+ + + 22.03. + + + Monrovia + + +

Am 22. März lief die „Cap Anamur" in Monrovia/Liberia ein. Mit betretenen Mienen stand die Besatzung an Deck und ließ das bedrückende Panorama auf sich wirken: die Betongerippe der zerschossenen Regierungspaläste auf den Hügeln ringsum, die ausgeplünderten Wracks gesunkener Schiffe im Hafenbecken. Der Lotse wies uns denselben Liegeplatz zu, an dem wir, neun Monate zuvor, auch mit der „Madame Monique" festgemacht hatten. Mein Blick ging zu dem Lagerschuppen herüber, vor dem wir damals die Schutzsuchenden zurücklassen mußten. Was mochte aus ihnen geworden sein? Wenigstens hatten wir mit der Regierung in Sierra-Leone erste Gespräche über den Rücktransport von bis zu 8.000 Bürgerkriegsflüchtlingen von Monrovia nach Freetown geführt. Ihr Schicksal war nicht vergessen.

Der Hafen von Monrovia vier Monate nach Kriegsende: das geplünderte Wrack eines Frachtschiffs, im Hintergrund das Regierungsviertel.

Aber jetzt war keine Zeit, düsteren Gedanken nachzuhängen. Mit dem Schiff kam eine gewaltige Ladung sehnlichst erwarteter Hilfsgüter an, die abgeladen und in unser Projekt im Hinterland gebracht werden sollten. Container um Container setzte Josea mit dem Bordkran zentimetergenau auf die bereitstehenden Lkw ab. Von der Pier aus ging es nur einige hundert Meter weiter, wo die gesamte Ladung auf die kleine Schmalspurbahn umgepackt wurde, die direkt vor unser Krankenhaus in Bong-Town fuhr. Das Team dort hatte unmittelbar nach dem Zusammenbruch des Taylor-Regimes im vorausgegangenen Herbst die Arbeit aufgenommen. In der Minenstadt, in der bis zum Ausbruch des Bürgerkriegs ein deutsches Konsortium Eisenerz abgebaut und verhüttet hatte, konnte *Cap Anamur* auch deshalb so schnell erfolgreich arbeiten, weil die lokale Bevölkerung seit jeher zu „den Deutschen" besonderes Vertrauen hatte. Als unsere ersten Ärzte, Pfleger und Techniker in Bong eingetroffen waren, wurde das weithin als Signal für die Rückkehr zur Normalität aufgefaßt. Das schiere Auftauchen der *German Emergency Doctors* galt hier bereits als Zeichen der Hoffnung.

Die Ankunft der „Cap Anamur" mit Medikamenten, medizinischer Ausrüstung, Betten, Krankenwagen, Teamfahrzeugen und dem kompletten Dach für das Bong-Hospital sollte der ganzen Region neuen Mut geben. Und der Effekt wirkte auch bei uns selbst: „Wir spüren die Kraft, die hinter dem Projekt steht“, sagte mir Georg. Nach sechs Monaten im Irak absolvierte er nun als technischer Koordinator in Liberia seinen zweiten Einsatz mit dem Komitee (der allerdings nur drei Monate später ein dramatisches Ende finden sollte). Auch unser Chirurg Rudi, der unter anfangs schwierigsten Bedingungen mit der Ausbildung einheimischer OP-Teams begonnen hatte, fand: „Das ist ein ungeheurer Motivationsschub für alle Mitarbeiter.“

Während draußen alle mit der Bewältigung des riesigen Transports beschäftigt waren, empfing ich auf der Brücke einen Besucher, der eigens aus der Schweiz angereist war: Philippe Levieux, der Logistiker des Flüchtlingshilfswerks der Vereinten Nationen (UNHCR) in Genf. Seit mehreren Wochen hatten wir schon via E-Mail über ein gemeinsames Rückkehr-Programm für liberianische Bürgerkriegsflüchtlinge verhandelt. Über 350.000 Liberianer waren vor den Kämpfen in die Nachbarländer geflohen. Dort saßen sie in Lagern und wollten nun – nach dem Ende des dreizehn Jahre währenden Gemetzels – möglichst rasch in ihre Heimat zurück. Wir hatten dazu die „Cap Anamur“ als Transportmittel angeboten.

Der Mann vom UNHCR beugte sich zunächst über die Schiffspläne. Aufgrund der Konstruktionszeichnungen rechnete er schnell im Kopf durch, wie viele Heimkehrer wir im Laderaum unterbringen könnten. „Das sind 500 Quadratmeter in der Luke – Platz hätten wir da genug, kein Zweifel“, murmelte er schließlich. „Man könnte ohne weiteres 400 Leute oder mehr mitnehmen. Auch die Frage der medizinischen Versorgung während der Überfahrt wäre auf der ‚Cap Anamur‘ ja gelöst. Aber es gibt da ein Problem…“, er zögerte. „Wissen Sie, was der entscheidende Schwachpunkt von Frachtschiffen beim Transport von Flüchtlingen ist? Es sind die sanitären Anlagen! Daran hapert es immer. Wo sollen sich die Menschen waschen, wo ihre Notdurft verrichten?“

„Tja, wir haben da einige Container mit Toiletten und Duschen unter Deck eingebaut.“ „Was habt ihr?“ Der Transportexperte des Flüchtlings-Hochkommissars der Vereinten Nationen richtete sich ruckartig auf und fixierte mich ungläubig. „Na, das will ich sehen. Sofort!“

Während ich mit Philippe Levieux über den Backbord-Einstieg in den Frachtraum herunterkletterte, beschlichen mich leise Zweifel, ob unsere provisorischen Einbauten den professionellen Ansprüchen des UN-Besuchers genügen würden. Denn was der Komitee-Techniker Mike (gelernter Maler und Lackierer) in den vergangenen Wochen zusammengebastelt

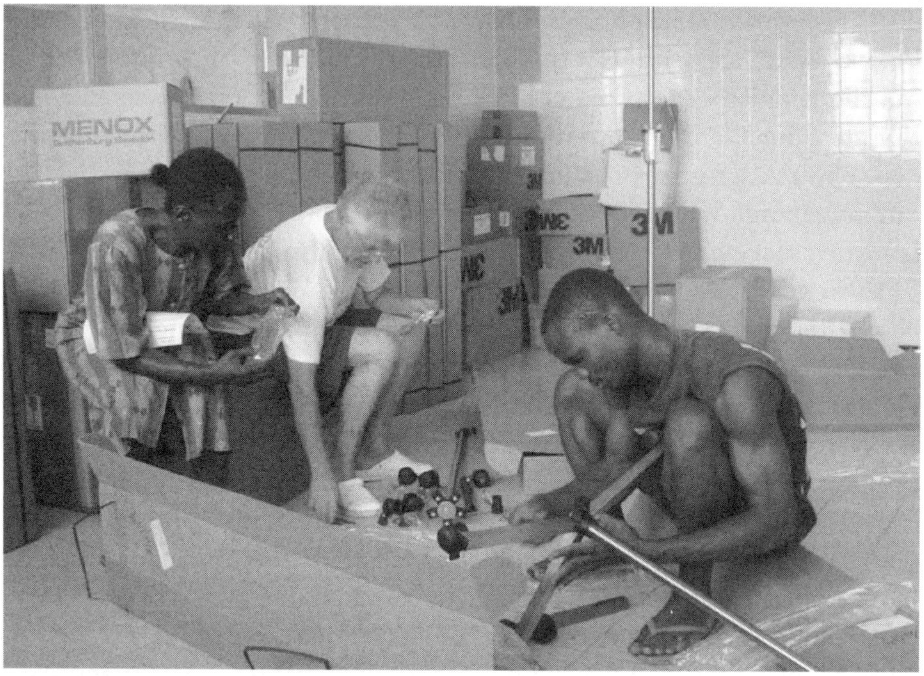

Die neue Ausstattung für das Cap Anamur-Krankenhaus in Bong-Town/Liberia ist angekommen.

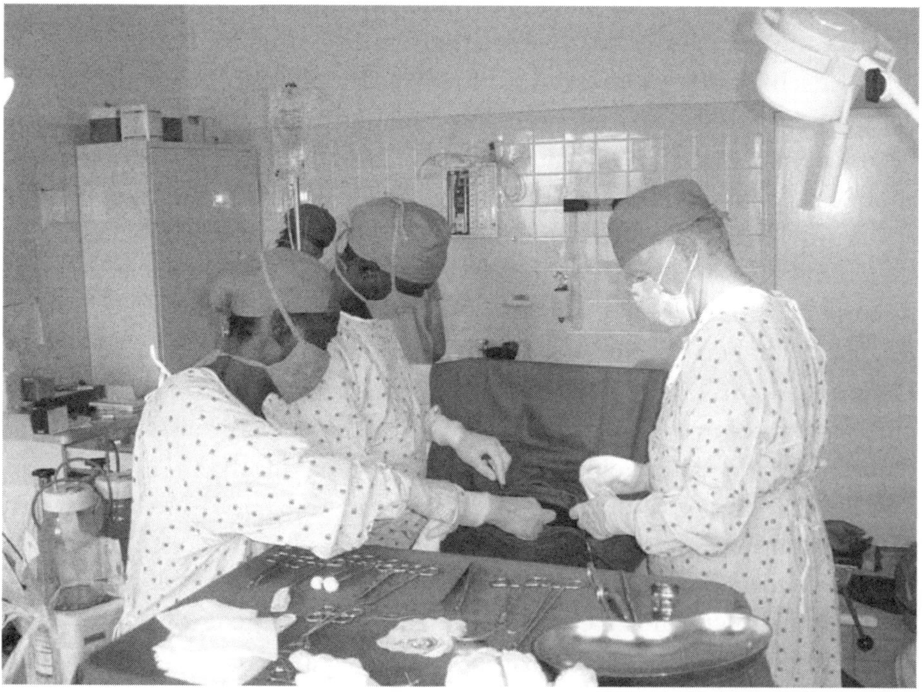

Das OP-Team um den deutschen Chirurgen Rudolf Lohmeyer bei der Arbeit.

hatte, war auch bei den Seeleuten an Bord zunächst auf tiefe Skepsis gestoßen. Zwei gebrauchte Baustellen-Sanitärcontainer mit Duschen, Waschplätzen und Toiletten, jeweils einer für Männer und Frauen, waren auf dem Zwischendeck im Bauch des Schiffs installiert. Die ‚Kanalisation' führte zu einem simplen Abwassertank aus dem Lübecker Baumarkt, der auf dem Boden des unteren Laderaums aufgestellt war. Über eine Pumpe konnte der Tank bei Bedarf auf See geleert werden. Das war alles. Die ganze Geschichte hatte nicht mehr als ein paar hundert Euro gekostet.

Der Mann vom UNHCR war hellauf begeistert. „So etwas habe ich noch nie gesehen. Das ist DIE geniale Lösung für unser Problem!" Wir würden auf jeden Fall ins Geschäft kommen. Noch sei allerdings nicht klar, wann die Repatriierung beginnen könne, da die Registrierung der Rückkehrwilligen in den Lagern noch nicht abgeschlossen sei. Wir sollten uns aber darauf einstellen, möglicherweise schon im Sommer mit den ersten Transporten von Ghana nach Liberia zu beginnen. Bis dahin müßten lediglich noch die Lüftungsanlagen für den Laderaum erneuert werden, und zwar in einem europäischen Hafen, am besten auf den Kanaren. Die Kosten hierfür würde, ebenso wie die Anschaffung entsprechender Rettungsmittel für die Passagiere, selbstverständlich die Zentrale des UNHCR in Genf übernehmen.

Unser Schiff bewährte sich an diesem Tag noch in einer weiteren Rolle: Am Abend war ich über unsere Satellitenanlage erstmals zum Fernsehinterview mit dem *Norddeutschen Rundfunk (NDR)* in Kiel verbunden. Ich nutzte die Gelegenheit, die weiterhin schwierige Situation in Liberia zu schildern und berichtete auch über unsere Pläne mit dem UNHCR. Dazu waren Bilder zu sehen, die Dominik Berg aus seinem „Video-Tagebuch" überspielt hatte. Die „Cap Anamur" als Auslandsstudio, aus dem Informationen aus unseren Einsatzgebieten direkt in die Heimat übermittelt werden konnten – auch diese Premiere klappte reibungslos.

Am nächsten Tag bestieg ich das Flugzeug, das mich von Monrovia nach Europa zurückbringen sollte. Ich war bester Stimmung. Unsere Projekte in Westafrika liefen auf Hochtouren, und die Jungfernreise der „Cap Anamur" schien ein voller Erfolg zu werden. Während ich nach Norden flog, setzte unser neues Flaggschiff seine Fahrt Richtung Äquator fort. Im Süden Angolas erwartete unser dortiges Team gleichfalls dringend die Lieferung von Medikamenten und Fahrzeugen für die Arbeit im Oncogua-Gebiet. Ziel war der Hafen Walvis Bay in Namibia. Von dort aus sollten die Hilfsgüter auf dem Landweg nach Angola transportiert werden.

UNHCR
United Nations High Commissioner for Refugees
Haut Commissariat des Nations Unies pour les réfugiés

NOTE FOR THE FILE

On the 23rd March 2004, I have been contacted by Mr. Elias Bierdel, Head of Mission of a German NGO named Cap Anamur, "German Emergency Doctors". Cap Anamur is an NGO registered since 25 years and is currently operating in Afghanistan, Irak , ex Yougoslavia etc.. In 1979 they were rescuing the "boat people" in Vietnamese sea, saving 11,000 of them and brought them to Germany.
Cap Anamur is now present in Monrovia. The Organization has acquired its own ship last December. Mr Elias Bierdel in behalf of its NGO is offering to participate to our repatriation programme in carrying returnees from neighbouring countries as well as humanitarian freight and offering in the same time medical care as a clinic module with operation room is on board with doctors.

On 23rd of March 2004 I made a preliminary inspection of the ship in the port of Monrovia. My comments are as follows:

The "Cap Anamur" is a steel-hulled passenger ship on 1 double deck with a shallow V shaped keel. Built in 1983 in Germany she is still registered under the German flag. It has been classified by German Lloyds this year 2004.
The ship is 90.02 m long, 14 m wide and draws 5.35 m fully laden. Net registered weight is 2,605 T. deadweight is 3,229 T.
The main engine is a MAK 453 Ak 1470 KW/2000HP. 3 auxiliary engines 4 stroke diesel "DEUTZ" 279KW/380HP. Generators 283 KVA and 525 KVA
Propulsion is said to be 12 knots.

The ship can load up to 174 containers. It has a powerful 35 T crane.
It is fitted with radar, depth finder, autopilot, GPS, VHF/HF radio.
Tanked potable water is more than 30,000 gallons.
Kitchen fully equipped and cold storage
Rescue boat and motor boat and inflatable rafts should be verified closely and life jackets to be provided if the boat is used for UNHCR operations
Sprinklers system is said operational.

The M/V Cap Anamur being a cargo ship, the accommodation offered for 300 passengers is basic. On the central deck mattresses will be lying on the floor for the passengers. Ventilation will be provided by high diameter fans around the deck. Water is sufficient and sanitation is modern type in 4 containers (including 16 showers). Doctors on board will care for medical in fully equipped clinic.
The overall impression is of well maintained recent ship with European standards.

Conclusions:
For the safety point of view it would be satisfying to use this ship on the coastal run operations. The design is fundamentally suitable for bad weather operation. Safety requirements are in place (navigation and radio equipment) and appear of most modern standard. Auxiliary engines are a guaranty against any mechanical or electrical failure.
For passenger comfort point of view, the M/V Cap Anamur offer a much better standard than the M/V Overbeck specially in term of water and sanitation and catering equipment. However the ventilation has to be demonstrated as suitable and eventually discussed. The size, 95 m long is almost double than the M/V Overbeck used by UNHCR last year. It should sail smoothly at sea or tolerably in rainy saison.
At last but not least, the use of the ship is, once again, offered free of charges.
The use of Cap Anamur ship is worth a meeting.

Philippe Levieux
Logistics Officer

Bericht von Philippe Levieux über seinen Besuch an Bord der „Cap Anamur“ im Hafen von Monrovia.

Maschinenschaden

Am 27. März saß ich an der Seite von Claudia Roth, der Menschenrechtsbeauftragten der rot-grünen Bundesregierung, in der vollbesetzten Antoniuskirche von Waldbreitbach im Westerwald. Unter dem Titel „Menschenrechte – gleiches Recht für alle?" waren wir eingeladen, unsere Erfahrungen und Ideen zum Thema mit dem Publikum zu teilen. In meinem einleitenden Referat versuchte ich zu erklären, daß die „Allgemeine Deklaration der Menschenrechte" von 1948 für den größten Teil der Menschheit bis heute nichts als eine Vision geblieben ist. Anhand meiner jüngsten Erlebnisse in Westafrika berichtete ich, wieweit der Alltag der einfachen Leute dort noch von den seinerzeit in Paris formulierten hehren Idealen entfernt ist. Zur Illustration beschrieb ich auch das Drama der Bootsflüchtlinge rund um die Kanarischen Inseln, so wie ich es von Burkhard Lehde erfahren hatte. An den entsetzten Gesichtern der Zuhörer konnte ich sehen, wie sehr sie diese Schilderungen schockierten.

In der ersten Aprilwoche meldete sich Stefan von der Brücke der „Cap Anamur" im Kölner Büro. Das Schiff hatte auch die Hilfsgüter für unser Angola-Projekt pünktlich und sicher im Hafen von Walvis Bay/Namibia gelöscht. Man sei nun auf der Rückfahrt nach Liberia, um dort auftragsgemäß die leeren Container wieder an Bord zu nehmen. So weit, so gut. Doch dann folgte eine ausgesprochen schlechte Nachricht. Es gab Probleme mit der Kühlung der Hauptmaschine. „Die Betriebstemperatur ist immer wieder bis in einen gefährlichen Bereich angestiegen", meldete der Kapitän. „Um kein Risiko einzugehen, fahren wir vorläufig maximal mit halber Kraft."

Was Stefan besonders beunruhigte: Es war bislang unklar, warum die Maschine sich so aufheizte. Auf jeden Fall werde er in Monrovia die Filter prüfen lassen, durch die das Meerwasser zur Kühlung angesogen wird. Danach müsse man weitersehen.

Beim Zwischenstop in Liberia wurden die Filter gereinigt (sie waren von tausenden tropischer Muscheln besiedelt), doch an den thermischen Problemen des Hauptmotors änderte das nicht viel. Wir beschlossen deshalb, das Schiff umgehend zu einer genauen Inspektion auf die Kanaren zu beordern. In der letzten Aprilwoche machte die „Cap Anamur" wieder im Hafen von Las Palmas auf Gran Canaria fest. Dort begannen nun dänische Mechaniker, die Maschine auseinanderzunehmen.

Kurs Mittelmeer: die „Cap Anamur" in der Straße von Gibraltar. An Deck das aus Containern bestehende Bord-Hospital.

Unterdessen erreichte uns im Kölner Büro eine E-Mail von Philippe Levieux aus Genf. Im Anhang befand sich der Bericht, den der UNHCR-Logistiker nach dem Besuch an Bord der „Cap Anamur" in Monrovia verfaßt hatte. Der Text las sich wie eine einzige Lobeshymne, Levieux war Feuer und Flamme für unsere Zusammenarbeit. Er schlug seinen Kollegen dringend vor, die noch ausstehenden Detailfragen schnellstmöglich bei einem Treffen zu klären. Allerdings ließ er uns auch wissen, daß wir nicht vor Mitte Juli mit dem Beginn des Heimkehrer-Programms rechnen sollten, Anfang August sei wohl noch realistischer. Da wir wußten, wie quälend langsam die bürokratischen Mühlen der UNO mahlen, überraschte uns diese Verzögerung nicht besonders. Mit Bernd ‚Bento' Göken (er hatte einst als Krankenpfleger in den Nubabergen/Zentralsudan Projekterfahrung gesammelt und war nun als mein Büroleiter der wichtigste Mann in der Kölner Thebäerstraße) beratschlagten wir, wie es weitergehen sollte.

Wir beschlossen, das Schiff Richtung Nahost in Marsch zu setzen. Erst im Januar hatten wir unser deutsches Team aus dem Irak abziehen müssen, nachdem durch die tägliche Gewalt, die Bombenanschläge, Entführungen und Schießereien, das Risiko unvertretbar groß geworden war. Unter Lebensgefahr setzte nun unser jordanischer Mitarbeiter Atef Zeidan, ein promovierter Geologe, der uns als Experte für Brunnenbohrungen wie auch mit seinen exzellenten Deutschkenntnissen fortwährend beeindruckte, mit einheimischen Kräften die Arbeit in den Slums jenseits der Hauptstadt Bagdad fort. So wurde nicht nur der Betrieb in unseren kleinen Ambulanzen in den schiitischen Armenvierteln fortgesetzt, sondern auch der Bau der neuen Klinik in Sebbe q´Sour stand kurz vor dem Abschluß.
Am 13. April gab ich morgens im *Deutschlandfunk* ein Interview, in dem ich vor dem Hintergrund zunehmender Gewalt auch gegen ausländische Helfer im Irak vor allem das katastrophale Versagen der Besatzungsmächte anprangerte. Noch am selben Tag stellten wir einen zornigen Bericht ins Internet („*Irak: Hilfe geht weiter – Mit Hindernissen*"), in dem wir trotzig die öffentliche Einweihung des Klinik-Neubaus für Juni ankündigten. Ich wollte selbst zur Eröffnung vor Ort sein und hoffte, damit ein Zeichen setzen zu können – gegen Angst und Gewalt im Irak, für den Anspruch der Iraker auf eine friedliche Zukunft und ein menschenwürdiges Leben.

Die „Cap Anamur" sollte dazu die zweite noch im Frachtraum liegende, komplette Krankenhaus-Ausstattung in den jordanischen Hafen Akkaba bringen. Von dort aus sollte es dann per Lkw durch die Wüste in Richtung Bagdad weitergehen. Über diese Route lief seit dem Vorjahr unser gesamter Nachschub für den Irak. Auch wenn zu diesem Zeitpunkt die Sicherheitslage äußerst schlecht war (im Westen der irakischen Hauptstadt lieferten sunnitische Kämpfer den US-Truppen heftige Gefechte und machten die einzige Straßenverbindung für Hilfstransporte damit vorerst unpassierbar), so hoffte ich doch, gemeinsam mit den Menschen von Sebbe q´Sour pünktlich die Einweihung ihres neuen Krankenhauses feiern zu können. Am 14. Mai gaben wir mit einer Pressemitteilung („*Hilfs- und Rettungsschiff nimmt Kurs aufs Mittelmeer*") das neue Ziel der „Cap Anamur" öffentlich bekannt.

NSB

REEDEREI

Die Bereederung der „Cap Anamur“

Der Betrieb eines Schiffes erfordert einen enormen technischen und bürokratischen Aufwand, der die Möglichkeiten einer humanitären Organisation bei weitem übersteigt.

So geht beispielsweise dem Einlaufen in einen neuen Hafen eine mitunter mehrtägige Prozedur voraus: Hierzu muß zunächst ein Agent gefunden werden, der bereit ist, das Schiff gegenüber den örtlichen Stellen zu vertreten und die logistische Vorbereitung von Landseite zu übernehmen. Der Agent wird jedoch erst tätig, wenn nach genauen Absprachen und international festgelegten Regeln eine bestimmte Garantiesumme für seine Dienste hinterlegt ist. Da dieses von Bord aus nicht geschehen kann, ist schon für ein solches, recht einfaches Manöver fachkundige Hilfe erforderlich.
Aus diesem Grund hatte das Komitee mit einer der größten deutschen Handelsreedereien, der *Niederelbe Schiffahrtsgesellschaft* (*NSB*), einen Bereederungsvertrag abgeschlossen.

Zur Unterstützung unserer Arbeit – und zu einem symbolischen Preis – halfen uns die Fachleute der *NSB* vor allem bei:

- Umrüstung und Instandhaltung
- Genehmigungsverfahren
- Betriebsorganisation
- Schiffssicherheit (Schulung und Dokumentation)
- Beschaffung von Treibstoff und Verbrauchsmaterial
- Bereitstellung von Ersatzteilen
- Routenplanung
- Kontakt zu Hafen- und sonstigen Behörden

Kurs Mittelmeer

+++ 14.05. +++ Gran Canaria +++

Zu diesem Zeitpunkt befand ich mich bereits wieder an Bord des Schiffes. Ich war von Köln nach Gran Canaria geflogen, um auch die nächste Etappe zu begleiten. Mike hatte als Bauleiter ganze Arbeit geleistet. Im Zwischendeck war der Umbau vom Container-Frachter zum Heimkehrer-Schiff praktisch abgeschlossen. Aus Holz waren neue Böden gezimmert worden, elektrische Anlagen und die Sanitäreinrichtungen mit der genial-schlichten „Kanalisation" funktionierten tadellos. Sogar eine Außenküche für die künftigen Passagiere war in Planung – mit einem gewaltigen Elektroherd unter freiem Himmel. Für den Einsatz vor der westafrikanischen Küste war also alles bestens vorbereitet.

Dagegen sah es im Maschinenraum der „Cap Anamur" leider nicht so gut aus. Auch die Inspektion der acht mannshohen Zylinder des riesigen Dieselmotors hatte noch keinen klaren Befund erbracht, warum die Temperaturkurve immer wieder so unerklärlich steil nach oben wies. Zwei Kolbenringe wurden ausgewechselt. Aber als die bekannten Probleme schon kurz nach dem Auslaufen von Las Palmas wieder auftauchten, empfahl uns die Technikabteilung unserer Reederei, der *NSB*, auf dem Weg zum Suez-Kanal einen Zwischenstopp auf Malta einzulegen. In La Valletta gebe es eine auf unseren Maschinentyp spezialisierte Werft, die *Malta Drydocks*. Ursprünglich hatten wir Zypern als nächsten Hafen eingeplant, um dort die Besatzung der gesetzlich vorgeschriebenen Sicherheitsprüfungen (ISM/ISPS-Audits) durch den *Germanischen Lloyd* zu unterziehen. Jetzt meldeten wir uns für Ende Mai auf Malta an.

Die Motorleistung fiel unterdessen weiter ab, und die Lage im Maschinenraum spitzte sich zu. Immer öfter kam es zu lautstarken Auseinandersetzungen zwischen Henryk, dem polnischen Motormann und dem spanischen Ingenieur Julian als seinem unmittelbaren Vorgesetzten. Schließlich rückten die beiden mit der Sprache heraus: Im Ölschlamm unter der Hauptmaschine hatten sie wiederholt große Metallsplitter gefunden. Das hieß, irgendwo in dem 3.000-PS-starken Triebwerk lief etwas grundsätzlich schief. Die Maschine und mit ihr das gesamte Schiff befand sich in Gefahr. Die Fahrt mußte nun stark verlangsamt werden. Immer wieder driftete die „Cap Anamur" sogar über Stunden ohne eigenen Antrieb, weil Henryk und Julian

Verhör auf hoher See: Die italienische Korvette „Danaide“ umkreist die „Cap Anamur“ in der Nähe der Insel Lampedusa.

an der Maschine herumbasteln mußten. Ich stand mit Stefan und dem Ersten Offizier Vladimir auf der Backbord-Nock neben der Brücke, als in der Ferne Land zu sehen war.

„Das ist Lampedusa, eine kleine Insel. Gehört zu Italien", erklärte Kapitän Stefan. „Ach seht mal! Ich glaube, wir bekommen Besuch!"

Wenige Augenblicke später donnerte ein zweimotoriges Flugzeug im Tiefflug über das Schiff. Es kehrte um und wiederholte das Manöver.

„Was soll das denn?", fragte ich verdattert.

„Sah fast so aus, als hätten die uns fotografiert", meinte Vladimir. Tatsächlich handelte es sich bei der zweimotorigen, grauen Maschine um einen Seeaufklärer der italienischen Marine, der mit regelmäßigen Überflügen von nun an ein treuer Begleiter der „Cap Anamur" werden sollte.

Und auch sein erster Besuch blieb nicht ohne Folgen. Wenig später hielt von achtern ein Kriegsschiff in voller Fahrt auf uns zu! Mittlerweile war auch Erhard, als ehemaliger Offizier der Bundesmarine unser ‚Militärexperte', auf der Brücke erschienen und preßte sich das Fernglas vor die Augen. „Eine Korvette der Italiener. Sogar mit Raketenwerfer!", stellte er fachmännisch fest. Die schwimmende Kampfmaschine hatte die Fahrt verlangsamt und zog nun im Uhrzeigersinn einen Bogen um die „Cap Anamur". Es dauerte nicht lange, und die ungebetenen Besucher meldeten sich in gebrochenem Englisch per Funk:

„Hallo Kommandant der ‚Cap Anamur', hallo ‚Cap Anamur', bitte identifizieren Sie sich!"

„Was wollen die von uns?", wandte ich mich an Erhard.

„Die fragen uns ab. Das hat mein Verband während des Jugoslawien-Krieges in der Adria auch gemacht. Wahrscheinlich reine Routine. Da wir uns in internationalen Gewässern befinden, sind wir allerdings nicht verpflichtet zu antworten." Der Kapitänleutnant a. D. im humanitären Einsatz zeigte sein berühmtes Lausbubengrinsen.

Ich hatte nicht schlecht Lust, die Militärs wegen ihres lächerlichen Imponiergehabes mit Mißachtung zu strafen. Doch nach kurzer Beratung beschlossen wir, alle Fragen wahrheitsgemäß zu beantworten – sonst würden wir am Ende noch unnötigen Ärger auf uns ziehen! Vielleicht wäre die Entscheidung anders ausgefallen, hätten wir geahnt, was man alles von uns wissen wollte. Denn nun folgte ein regelrechtes Verhör auf hoher See: Woher wir kämen, wie lang, breit, hoch und schwer unser Schiff und was unser Ziel sei, woraus die Ladung bestehe und wie viele Menschen sich an

Mit Raketenwerfern und Kanonen sichert Italiens Marine die europäische Südgrenze.

Bord befänden... Schließlich sollten wir auch noch die Nationalität jedes einzelnen Besatzungsmitglieds nennen. Spätestens jetzt wurde mir die Sache zu dumm. Der Stolz der italienischen Kriegsflotte aber war's zufrieden, bedankte sich, und die Korvette „Danaide" mitsamt aller Kanonen und Raketen verschwand in dieselbe Richtung, aus der sie zuvor aufgetaucht war.

Noch in der Nacht setzte ich mich in meiner Kammer an den Computer und recherchierte im Internet, was über die Situation um Lampedusa an aktuellen Informationen zu bekommen war. Auch hier waren die kleinen Boote von Afrika in Richtung Europa unterwegs. Tausende Flüchtlinge trafen Jahr für Jahr, von Libyen oder Tunesien kommend auf der gerade mal 20 Quadratkilometer kleinen Insel ein. Das Aufnahmelager am Flughafen war chronisch überlaufen. *Ärzte ohne Grenzen (Médecins Sans Frontières – MSF)*, die über Jahre hinweg die medizinische Betreuung für die Ankömmlinge besorgten, hatten im Januar in einem scharfen Bericht die Zustände dort kritisiert. Prompt verbot die Regierung in Rom den *MSF*-Teams die weitere Arbeit auf Lampedusa. Es war nicht zu fassen! Gleich am nächsten Tag wollte ich mit den Kollegen in Rom Kontakt aufnehmen.

Am Morgen aber stampfte die „Cap Anamur" schwer durch die aufgewühlte See. Vor Malta waren wir in einen Sturm geraten, der es in sich hatte. Bei Windstärke 10 donnerten meterhohe Brecher gegen den Bug und ließen das ganze Schiff erzittern. Jetzt sollte sich erweisen, welche unserer Einbauten tatsächlich seefest waren und welche nicht. Ein paar Möbel, Gläser und Teller mußten dran glauben. Doch das bißchen Bruch war nicht unsere größte Sorge, denn die galt immer noch in erster Linie der Maschine. Erst danach auch einigen mitreisenden Landratten, die etwas blaß um die Nasen waren. Birgit Geiger, die neue Krankenschwester an Bord (sie war in Las Palmas für den chronisch seekranken Schiffsarzt Volker an Bord gekommen), zeigte sich deutlich robuster als ihr Vorgänger und konnte den Bedürftigen selbst auf heftig schwankenden Planken Medikamente gegen die Übelkeit verabreichen – mehrere Besatzungsmitglieder nahmen die Hilfe gerne an.

+ + + 25.05. + + + Straße von Sizilien + + +

Als wir am 25. Mai maltesische Gewässer erreichten, war die Hafeneinfahrt von La Valletta wegen des Sturms zunächst unpassierbar. Im Windschatten der Steilküste ging die „Cap Anamur" deshalb über Nacht auf Anweisung der Küstenwacht vor Anker, um auf besseres Wetter zu warten. Ich schickte eine E-Mail an die *Ärzte ohne Grenzen* in Rom, in der ich *Cap Anamur* und unser Schiff kurz vorstellte und ein kurzfristiges Treffen auf Malta vorschlug.

Die „Cap Anamur" in den Malta Drydocks. *Die Aufnahme machten deutschen Touristen während einer Hafenrundfahrt.*

+ + + 26.05. + + + La Valletta + + +

Am 26. Mai glitt die „Cap Anamur" unter blauem Himmel bei frühsommerlichen Temperaturen zwischen den beeindruckenden Mauern der mittelalterlichen Festung hindurch in den Hafen von La Valletta. Malta war in Feststimmung. Überall wehten Europa-Flaggen, denn der kleine Inselstaat war im Zuge der EU-Erweiterung erst vor wenigen Wochen Vollmitglied der Europäischen Union geworden. Und die stolzen Malteser zeigten schnell, daß unser Schiff auf ihrer Insel herzlich willkommen war: Sowohl der Lotsendienst als auch der obligatorische Hafen-Agent (beide Berufsgruppen stehen ansonsten in dem Ruf, wahre Geldschneider zu sein) verzichteten auf ihre Honorare, nachdem sie von der besonderen humanitären Mission erfahren hatten, in der wir unterwegs waren.

In den riesigen *Drydocks*, einem staatlichen Werftbetrieb von ansonsten realsozialistischer Behäbigkeit, kamen die ersten Arbeiter an Bord, kaum daß wir die Leinen festgemacht hatten. Während im Maschinenraum abermals das große Schrauben begann, erhielten wir Besuch. Wir hatten routinemäßig auch die deutsche Vertretung von unserem Abstecher nach Malta informiert, und nun wollte es sich Botschafter Georg Merten nicht nehmen lassen, uns einen Besuch abzustatten. Er gab sich schnell als langjähriger Sympathisant des Komitees zu erkennen.

„Ich hatte ja schon während meiner Zeit im Auswärtigen Amt immer wieder mit *Cap Anamur* zu tun und es freut mich, Sie jetzt einmal selbst im Einsatz zu sehen", sagte der Diplomat. In den Bonner und Berliner Ministerien genoß das Komitee seit seinen Anfängen im Jahr 1979 einen legendären Ruf. Während wir einem Teil der Beamten dort als unbequeme Quertreiber ein ständiger Dorn im Auge waren, schätzten andere gerade die Unabhängigkeit und unerbittliche Spontaneität unserer Arbeit.

Georg Merten ließ sich das Schiff ausführlich zeigen und scheute, ohne Rücksicht auf seinen Maßanzug, selbst den Abstieg ins dunkle Reich des Zwischendecks nicht. „Wenn ich Ihnen in irgendeiner Weise behilflich sein kann, bitte zögern Sie nicht, mich anzusprechen!" Mit diesem freundlichen Angebot verabschiedete sich der Vertreter deutscher Interessen auf der sonnigen Mittelmeerinsel – und es klang nicht nach einer bloßen diplomatischen Floskel.

Doch bei den Schwierigkeiten, mit denen wir auf Malta zu kämpfen hatten, konnte uns die Botschaft nun wirklich nicht helfen. Die Arbeiten im Maschinenraum schienen sich zu einer unendlichen Geschichte auszuwachsen. Immer wieder tauchten neue Probleme auf, dann fehlten entscheidende Ersatzteile oder Meßgeräte, die aus Deutschland eingeflogen werden mußten. An Bord drohte sich Frustration breitzumachen; gelegentlich kam es sogar zu kleinen Reibereien unter den Besatzungsmitgliedern.

+ + + 04.06. + + + Erste Testfahrt + + +

Am 4. Juni mußte die „Cap Anamur" für einige Tage die *Malta Drydocks* verlassen, weil der Liegeplatz für ein anderes Schiff reserviert war. Die Arbeiten an unserer Maschine waren zu diesem Zeitpunkt bestenfalls halbfertig und noch am Morgen der Ausfahrt platzte symbolträchtig eine Hochdruck-Treibstoffleitung. Es war zum Verzweifeln!

Während die „Cap Anamur" zu Testfahrten vor Malta aufgebrochen war, hatte ich den Rückflug nach Köln angetreten, um im Büro über die weiteren Schritte zu beraten. Ich wußte, daß es im Komitee besorgte Stimmen gab, die befürchteten, das eigene Schiff könnte uns finanziell überfordern. Davon konnte zwar keine Rede sein, aber wenn die Pannenserie anhielt, mußten sich die Zweifler bestätigt fühlen. Unsere Überlegungen waren von drei Fragen bestimmt:

- Wann sind die technischen Probleme auf dem Schiff bewältigt?
- Wie entwickelt sich die Lage im Irak?
- Wieviel Zeit bleibt uns bis zur Aufnahme des geplanten Repatriierungsprogramms in Westafrika?

Schließlich erhielten wir aus dem Maschinenraum der „Cap Anamur" die erhofften positiven Meldungen. Bei den ersten Testläufen wurden keine weiteren Metallspäne in der Ölwanne mehr gefunden. Dafür machte mir nun Atef, unser Mann in Amman, wenig Hoffnung: „Elias, du darfst jetzt auf gar keinen Fall nach Bagdad kommen! Hier wird mittlerweile ganz gezielt Jagd auf Ausländer gemacht!" Auch der Transport auf dem Landweg vom jordanischen Hafen Akkaba in Richtung Zentralirak sei derzeit alles andere als sicher. Welchen Sinn aber sollte es haben, das Schiff durch den Suezkanal ins Rote Meer zu schicken – die Passage war bereits bei den ägyptischen Behörden angemeldet –, wenn es am Ende unmöglich wäre, die empfindlichen Medikamente und Geräte sicher bis nach Sebbe q´Sour zu bringen?

Wir beschlossen daher, die letzte Entscheidung von der Entwicklung der Lage im Irak abhängig zu machen. Erst wenn das Schiff wieder voll einsatzfähig sein würde, wollten wir kurzfristig prüfen, ob ausreichend Zeit bliebe und uns das Risiko für einen Irak-Transport vertretbar erschiene.

+ + + 10.06. + + + Zurück nach Malta + + +

Am 10. Juni kehrte die „Cap Anamur" in die *Malta Drydocks* zurück. Dort lagen mittlerweile alle zum Abschluß der Reparaturen benötigten Ersatzteile bereit. „In einer Woche sind wir wieder seeklar", versprach der Kapitän. „Das heißt, wenn jetzt alles gut geht!" In meinen Ohren klang das allerdings weiterhin nicht besonders ermutigend. Außerdem gab es eine neue Hürde zu überwinden. Der Prüfer des *Germanischen Lloyd (GL;* in etwa der *TÜV* der Seeschiffahrt), hatte sich angemeldet, um die Besatzung der „Cap Anamur" dem gesetzlich vorgeschriebenen Sicherheits-Audit zu unterziehen. Innerlich verfluchte ich den Tag, an dem ich mich darauf festgelegt hatte, unser Schiff partout unter deutscher Flagge fahren zu lassen. Diese vemeintliche Nebensächlichkeit hatte mich schon in Lübeck einige Nerven gekostet. Nun würde vermutlich irgendein sadistischer Oberbürokrat unsere arme Mannschaft quälen! Und zwar nicht nur nach den geltenden internationalen Standards, sondern darüber hinaus nach den noch sehr viel schärferen deutschen Vorschriften. Ob unsere aus acht Nationalitäten zusammengewürfelte Crew diesen Test bestehen würde?

Doch die Sache ging gut aus. Der Mann vom *GL* war Grieche und erwies sich als angemessen streng, aber freundlich. Er erteilte nach zweitägiger Prüfung nicht nur das Zertifikat, mit dem wir auch weiterhin amtlicherseits befugt waren, die Weltmeere zu befahren, sondern sprach der Besatzung sogar sein ausdrückliches Lob aus. Dem verantwortlichen Sicherheitsoffizier Erhard war die Erleichterung deutlich anzumerken, als er sich im Video-Tagebuch (*16.6.2004: „Safety first"*) den schönen Versprecher leistete: „Das positive Ergebnis war für alle doch sehr überraschend…äh… beziehungsweise…äußerst erfreulich!"

Ich flog abermals für einige Tage nach Malta und teilte dem Team den Stand unserer Überlegungen persönlich mit. Um die Anspannung der letzten Wochen etwas aufzulockern, feierten wir die bestandene Prüfung mit einem kleinen Fest vor der Bord-Klinik auf dem Oberdeck. Rillo, unser philippinischer Wunderkoch, warf den Grill an. Es gab selbstgefangene Fische. Bootsmann Tennis (Gitarre) und Maschinist Henryk (Mundharmonika) besorgten die musikalische Untermalung. Es wurde ein fröhlicher Abend, an dem ausnahmsweise auch Bier ausgeschenkt wurde. Ansonsten galt an Bord während der Fahrt striktes Alkoholverbot.

Selbst für den unbeliebten Wachdienst an der Gangway – streng nach den soeben eingepaukten Sicherheitsvorschriften für den Hafenaufenthalt – konnten wir Verstärkung organisieren. Kapitän Stefan hatte eine riesige sensorbestückte Plastikkröte angeschafft, die ein unüberhörbares sonores Quaken von sich gab, sobald sich jemand dem Schiff näherte. Dieser „watch-frog" war bei Besatzungsmitgliedern wie Besuchern gleichermaßen beliebt. Auch die Fußball-Europameisterschaft in Portugal trug zur besseren Stimmung im Team bei. Die abendlichen Fernsehübertragungen in der Hafenkneipe (15. Juni: *Deutschland : Niederlande – 1:1*, 17. Juni: *England : Schweiz – 3:0*) gehörten zum festen Gruppenritual. Sie boten der Besatzung Gelegenheit zum ‚Dampf ablassen' und lieferten Gesprächsstoff für den nächsten Tag.

Mittlerweile stand ich in einem losen E-Mail-Kontakt mit *Ärzte ohne Grenzen* in Rom. Loris de Filippi, der Autor des kritischen Lampedusa-Berichts, war fasziniert von unserem Schiff. „Genau so etwas bräuchten wir da draußen", schrieb er mir. Immer wieder hatten ihm Ankömmlinge berichtet, daß schon zahllose Boote aus Afrika bei der gefährlichen Überfahrt auf Nimmerwiedersehen verschwunden seien. Man könne die Zahl der Toten nur schätzen. Doch jeder an den Küsten Süditaliens und Siziliens – und erst recht auf Lampedusa! – wisse von den vielen hundert Männern, Frauen und Kindern, die den Traum vom besseren Leben in Europa schon mit dem Leben bezahlt hätten. Die meisten verschwänden einfach. Aber auch auf den Friedhöfen an der Küste gebe es immer mehr Gräber „namenloser Afrikaner" zu sehen.

„Da sieht es hier um Malta wohl ganz ähnlich aus", berichtete Erhard Behet. Er hatte sich im Hafenviertel die Haare schneiden lassen und dabei ganz zwanglos mit dem Frisör geplaudert. Nach dessen Schilderungen hätten auch die maltesischen Fischer immer wieder Wasserleichen in ihren Netzen. „Manche der Toten haben auch ein Loch im Kopf", hatte der Frisör gesagt. Auf Malta gehe man allgemein davon aus, daß ein Teil der Bootsflüchtlinge von den Schlepperbanden auf hoher See ermordet werde. Weil die Menschenschmuggler mit hohen Haftstrafen rechnen müssen, wenn sie auf frischer Tat erwischt werden, entledigten sie sich vermutlich mitunter ihrer Passagiere, noch bevor diese ein rettendes Ufer erreicht hätten.

+ + + 19.06. + + + Mittelmeer / for orders + + +

Am 19. Juni lief die „Cap Anamur" erneut aus. Da wir uns die Entscheidung bis zum letzten Augenblick offenhalten wollten, ob die Reise nun nach Akkaba oder aber zurück auf die Kanaren gehen sollte, lautete die Angabe des Zielhafens bei der Abmeldung diesmal „for orders." So wie für Frachtschiffe übliche, die schwimmend auf den nächsten Auftrag ihrer Reederei warten. Die Techniker der Werft und auch Günter Schröder, der aus Hamburg eingeflogene, neue Ingenieur an Bord, versicherten einmütig, daß die Maschine nunmehr „praktisch wie neu" sei. Dennoch sah ich dem Schiff mit gemischten Gefühlen nach, als es den Hafen verließ. Erst die Tests der nächsten Tage würden zeigen, ob das Herz des Schiffes nun wieder fehlerfrei und kraftvoll schlug.

Mich zwang eine Hiobsbotschaft aus Liberia zurück nach Deutschland. Unser Team in Bong war von bewaffneten Kämpfern überfallen worden. Die Angreifer, offenbar marodierende Kämpfer einer der zahlreichen Rebellengruppen, hatten nachts die Küchentür aufgebrochen und in den Unterkünften herumgeballert. Gott sei Dank war die Sache dennoch vergleichsweise glimpflich ausgegangen: Georg mußte die Kasse herausgeben und hatte sich bei der anschließenden Flucht über den Krankenhauszaun verletzt. Bento hatte das Team nach Monrovia evakuiert. Bevor wir die Arbeit in Liberia fortsetzen konnten, mußte jetzt die Situation vor Ort gründlich analysiert werden.

Nach den schrecklichen Schilderungen von Loris de Filippi und weiteren Berichten, die ich im Internet fand, hatte ich mit der Schiffsbesatzung abgesprochen, daß die anstehenden Testfahrten in dem wenig befahrenen Seegebiet zwischen Malta und Lampedusa stattfinden sollten. Und selbstverständlich würde das Team an Bord in dieser Gegend besonders sorgfältig die Augen offenhalten! Wenn die Not dort draußen auf dem Wasser so groß war, warum hatten wir dann noch niemals eines jener kleinen Flüchtlingsboote gesehen?

Während ich auf meinen Flug nach Deutschland wartete, las ich in den englischsprachigen Lokalzeitungen *The Malta Independent* und *The Times.* Beide Blätter berichteten in großer Aufmachung von einem gemeinsamen Seemanöver maltesischer und italienischer Verbände. Insgesamt zwölf Schiffe, vier Helikopter und zwei Flugzeuge waren daran beteiligt. Zweck der Übung „Canale 2004" war, nach Auskunft des maltesischen Befehlshabers

48 THE TIMES, SATURDAY, JUNE 19, 2004

Rough seas restrict military

Massimo Farrugia

The annual aero-maritime exercise involving Maltese and Italian military units ended yesterday with a series of simulated operations inside Grand Harbour.

The conclusion of Canale 2004, as the exercise was code-named, was originally planned to take place about four miles off the northeast coast of Malta but the rough seas forced the military authorities to adopt a contingency plan and hold the exercises in a sheltered area. It was felt that this would allow smoother operations... and enable those on board to better digest the delicious lunch served on board the Italian vessel *Espero*!

The activity started with a law enforcement exercise. AFM soldiers on a dinghy approached a "suspected" vessel and boarded it to inspect it while in motion.

The more spectacular exercises followed when a rescuer was winched down from an AB212 helicopter onto an AFM patrol boat that was "on fire". A casualty was successfully hoisted onto the helicopter in minutes. Fire fighters from a French dinghy then boarded the vessel to help extinguish the "flames".

An HH3F helicopter of the Italian Air Force then rescued a "casualty" who fell overboard. A diver jumped into the sea from the helicopter to assist the man and both were winched back up.

Most of the AFM's vessels – patrol boats P51 and P23, as well as SAR vessels Melita I and Melita II – were deployed in the operations. One of the AFM's islander aircraft, an Alouette helicopter and an AB212 of the Italian Military Mission were used during the different Canale 2004 exercises. Along with the Italian naval vessels *Espero* and *Vega*, a rescue vessel of the Italian Coast Guard and a vessel belonging the *Carabinieri* also took part.

It was Malta's turn to plan and conduct the exercise this year, this being the 11th session since Canale was started in 1994. Major Martin Cauchi Inglott from the Maritime Squadron of the Armed Forces of Malta was the officer in tactical command of the operations and Commander Carmelo Bonfiglio, from the Italian navy, was the co-officer.

The activity yesterday was the peak of a series of exercises that started on Monday. They entailed coordinated tactical manoeuvres by vessels covering an area of 10,000 nautical square miles around Malta.

On Tuesday, the forces took part in a search and rescue operation where they looked for, identified and successfully rescued two dummies.

The exercise included a night operation between Tuesday and Wednesday. This involved a defence exercise in which two vessels approaching Malta from the north and the northeast had to be stopped.

Thursday was dedicated to regrouping and planning, an exercise that took place in the harbour.

France and Greece also took part in the exercise with a naval unit each while Algeria, Jordan and Morocco each sent an observer.

"Exercises are very important for us. The aim of the exercise was to promote cooperation and peace in the Mediterranean region by conducting naval and air operations involving units of the Maltese and Italian armed forces. Apart from training in combined maritime search and rescue and law enforcement, the exercise is important for the control of illegal trafficking of migrants at sea," he said.

Brigadier Vassallo said the close collaboration between the AFM and the Italian military had a history that went way beyond Malta's accession to the EU. "With the presence of the Italian Military Mission in Malta as well as the equipment they have given us for free or at a cheap price the Italians have always supported us in many respects."

Admiral Giam...

A rescuer and a "casualty" are winc[hed] from an AFM patrol boat.

Die maltesischen Zeitungen berichteten ausführlich über die Seemanöver vom 18. Juni 2004. Nach Angaben des Kommandeurs Carmel Vassallo war es ein Ziel dieser Übung, den illegalen Menschenschmuggel auf See zu unterbinden.

General Carmel Vassallo, „die Kontrolle illegaler Migration auf See". Ich versuchte mir vorzustellen, was Kriegsschiffe gegen überfüllte Flüchtlingsboote unternehmen sollten.

Schlauchboot voraus

Am 20. Juni, einem Sonntag, war ich bereits wieder in Köln. Nach mehreren Telefonaten mit Bento und dem Team in Monrovia stand fest, daß wir noch einmal Glück gehabt hatten. Aber ausgerechnet Georg, der schon mit dem Irak-Team einer Bombenexplosion knapp entgangen war (was schließlich zum Abzug des Teams aus Bagdad führte), hatte sich erneut in höchster Lebensgefahr befunden! Bei allem humanitären Engagement durfte unter keinen Umständen die Sicherheit unserer Teams vernachlässigt werden. Mochte die Not auch noch so groß sein, niemals dürfte es soweit kommen, daß ich der Familie eines unserer Mitarbeiter die schreckliche Nachricht zu überbringen hätte.

Gegen 18 Uhr meldete sich die Brücke der „Cap Anamur" auf meinem Mobiltelefon. Stefan berichtete, wie das Schiff kurz zuvor auf hoher See einem einsamen Schlauchboot begegnet sei. „Deswegen dachten wir erst, das seien möglicherweise Arbeiter, die unterwegs zu einer der Öl-Bohrinseln wären." Erst beim Näherkommen habe man gesehen, daß es über dreißig afrikanische Männer waren, die sich auf dem wackligen Gefährt aneinanderdrängten. Dann habe einer von ihnen begonnen, mit einem roten Tuch zu winken. „Wir nehmen die jetzt längsseits und lassen mal einen der Burschen an Bord, dann melde ich mich wieder!"

Wenige Minuten später erschien erneut die Nummer des Satellitentelefons auf meinem Handy-Display. Der Kapitän brachte mich auf den neuesten Stand: „Also, das sind 37 Männer – die sind alle total fertig! Einer hat sofort angefangen zu heulen, als wir ihn auf die Brücke holten. Waren wohl schon ein paar Tage unterwegs mit ihrer Gummiwurst... Trinkwasser haben sie auch keins mehr, sie flehen uns an, sie an Bord zu nehmen. Und genau das werden wir jetzt auch machen!"

Ein schriftlicher Bericht folgte wenig später per E-Mail. Das Schlauchboot hatte Luft verloren, der Motor qualmte, es stand bereits Wasser im Boot. Lampedusa war rund 100 Meilen (ca. 180 km) entfernt, Malta fast doppelt so weit. Die Schiffbrüchigen gaben an, aus dem Sudan zu kommen. Sie wollten nach Italien. Nach einer ersten medizinischen

Dominik filmt das überfüllte Schlauchboot.

Dicht gedrängt saßen die 37 Männer auf ihrem wackligen Gefährt – der Motor qualmte und das Schlauchboot verlor Luft.

Untersuchung hatte die Crew ihnen Decken ausgeteilt. Jetzt schliefen die Männer im Zwischendeck.

Das Schlauboot war auf den Lukendeckel vor dem Bordhospital gehievt worden. Dabei hatte die Besatzung einen Zettel mit arabischen Schriftzeichen gefunden. „Vielleicht sind das Navigationshinweise oder eine technische Anleitung", vermutete Stefan, „ich kopiere das mal und schicke es dir rüber. Wäre doch interessant, wenn wir eine Übersetzung hätten!" Es sollte sich herausstellen, daß es sich um ein Gebet für eine gefährliche Reise handelte – die 37 Männer hatten sich buchstäblich mit nichts als Gottvertrauen auf ihrem Schlauchboot aufs Meer hinausgewagt.

Noch in der Nacht konnte ich auch erste Fotos der Rettungsaktion auf meinem Computerbildschirm sehen. Weitaufgerissene Augen, die ängstlich aus dem gelben Schlauchboot heraufstarrten, in Decken gehüllte, durchnäßte Männer vor dem Bord-Hospital, ihr Schlaflager im Laderaum, die erste Reis-Mahlzeit für die Schiffbrüchigen.

Mir war klar, daß sich damit die Lage nicht nur für die Geretteten, sondern auch für uns schlagartig geändert hatte.

Kurz nach der Rettung: Begrüßung durch den Kapitän (in der Mitte: Mohammed Yussif, †).

Von: "CAP ANAMUR 127" <DNRE@globeemail.com>
An: <elias.bierdel@cap-anamur.org>; <Capanamur@hotmail.com>
Gesendet: Montag, 21. Juni 2004 07:34
Betreff: Today

Moin Elias
Hier für Landratten: das Boot wurde 47 sm (etwa 86 km) vor der Lybischen Küste aufgefischt.
Es ist klare Rettung aus Seenot: Boot absolut nicht Hochseetauglich, und hatte Luft verloren
Motor war ausgefallen
Leute gaben Seenotzeichen

In der Richtung aus der sie kamen liegt der Hafen Zuwarah(etwa 50 sm), voraus lag genau Lampedusa, sie sind durch die beiden beleuchteten Ölfelder, welche mit Ihren Abfackel-Flammen weithin sichtbar, sind genau hindurchgefahren. Boot und 50 HP Tohatsu
Motor scheinen neu zu sein.
Wasser war nicht an Bord, nur etwas aufgeweichtes Brot.
Im Moment fahren wir zu einer Position etwa 60 sm nördlich von hier, dort wurde einem SAR alert zufolge ein kleines Boot mit etwa 20 Leute an Bord gesehen.
Mehr nach den Inderviews.
Stefan

Received: from GCC at Globe Wireless;
Mon, 21 Jun 2004 05:41 UTC
Message-id: 147842275

Von: "CAP ANAMUR 127" <DNRE@globeemail.com>
An: <elias.bierdel@cap-anamur.org>; <Capanamur@hotmail.com>
Gesendet: Montag, 21. Juni 2004 08:51
Einfügen: Brief Boatpeople 1.jpg; Brief Boatpeople 2.jpg
Betreff: Today

Moin
Leute schlafen noch, daher Ansprache und Interview sobald wach. Haben im ansonsten leeren, mit aufgewechtem Brot etc. angefülltem Boot den Brief, den ich im Anhang mitsende, gefunden. Leider kann Ben nur die Sprache, aber nicht die Schrift. Ihr habt
doch sicher jemanden, der das übersetzen kann, möglicherweise eine Segelanweisung.
Hatte vergessen; der noch verbleibende Weg bis Lampdusa wäre gewesen: 190 km Das Wetter wurde schlechter, und es wurde dunkel. An der Art, wie die Leute das Boot steuerten, konnte man sehen, daß sie das noch nie gemacht hatten. Die Gefahr, das sie die
Nacht nicht überstanden hätten war sehr groß
Gruß Stefan

Received: from GCC at Globe Wireless;
Mon, 21 Jun 2004 06:53 UTC
Message-id: 147848412

Erste E-Mail-Berichte von der „Cap Anamur" an die Zentrale in Köln nach der Rettung der 37 Schiffbrüchigen am 20. Juni.

Schiffbrüchige an Bord

+++ 21.06. +++

Mein Ticket nach Monrovia ist bereits gebucht, aber ich entscheide am Montagmorgen, nicht nach Westafrika zu fliegen. Nach den Berichten des Reeders Matthias Reith gibt es in fast allen Häfen der Welt große Schwierigkeiten, wenn gerettete Schiffbrüchige, erst recht solche ‚unerwünschter' Nationalität, an Land gebracht werden müssen. Das gilt auch für Italien. Also werde ich jetzt auf der „Cap Anamur" dringender gebraucht, um die über Nacht völlig veränderte Situation zu bewältigen.

Das Liberia-Team ist dagegen in der Hauptstadt vorerst in Sicherheit. ‚Pa' Henk, der die Gegend und unsere Leute dort von früheren Besuchen kennt, wird an meiner Stelle für das Komitee die nötigen Gespräche mit der Bong-Community, den Rebellen und der UN-Polizei suchen. Unsere Linie ist klar: Ein bewaffneter Raubüberfall auf humanitäre Helfer muß zum sofortigen Abbruch des Projekts führen, wenn der Hintergrund nicht restlos aufgeklärt und eine Wiederholung ausgeschlossen werden kann. Für Georg, der vor den nächtlichen Angreifern auf dem Boden knieend um sein Leben bangen mußte, wird eine psychologische Betreuung organisiert. Mehr können wir dort im Moment nicht tun.

Auch auf der „Cap Anamur" sind die Geretteten fürs erste versorgt und schlafen sich nach den Strapazen und Schrecken der letzten Tage unter Deck zunächst einmal aus. Aber auf der Brücke erwartet Stefan Schmidt jetzt Anweisungen, wohin er die 37 jungen Männer bringen soll.

„Nach den internationalen Vorschriften habe ich als Kapitän auf einem deutschen Schiff die Verpflichtung, die Leute in einen ‚sicheren Hafen' zu bringen", sagt er am Satellitentelefon und klingt ziemlich amtlich dabei. Wir sind uns einig, daß von „sicher" im Libyen des Oberst Ghaddafi, der nicht einmal die Genfer Flüchtlingskonvention anerkennt, keine Rede sein kann. Also kommt nur der nächstgelegene europäische Hafen in Frage. Das wäre Lampedusa. Das Schiff erhält den Auftrag, das Einlaufen dort vorzubereiten, während Michaela im Kölner Büro schon dabei ist, mir möglichst schnell einen Flug auf die kleine Insel zu organisieren. Wenn die „Cap Anamur" im Hafen von Lampedusa festmacht, werde ich an Land die möglicherweise notwendigen Verhandlungen mit den Behörden führen, so unser Plan.

20. Juni, unmittelbar nach der Rettung, die Männer sind durchnäßt und unterkühlt.

Rechtes Bild: Mohammed Yussif (†).

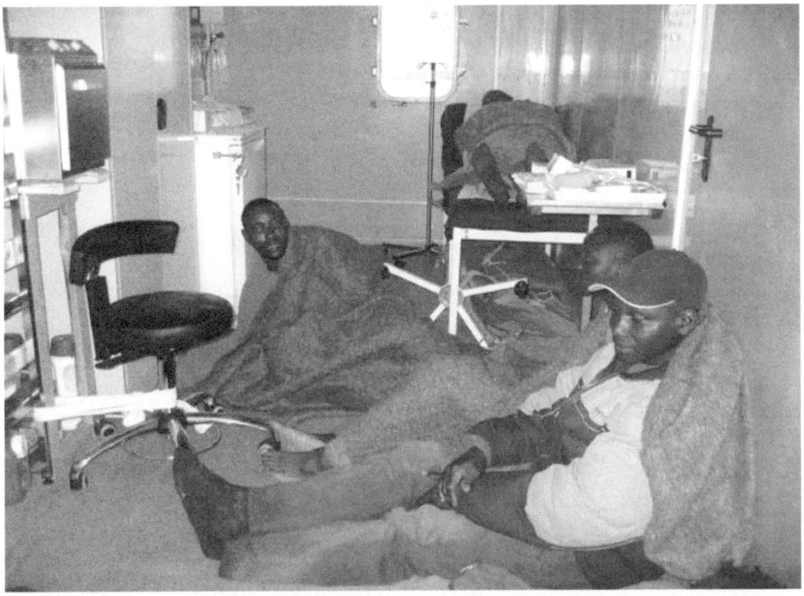

Nach der Behandlung im Bordhospital gibt es unter Deck die erste warme Mahlzeit.

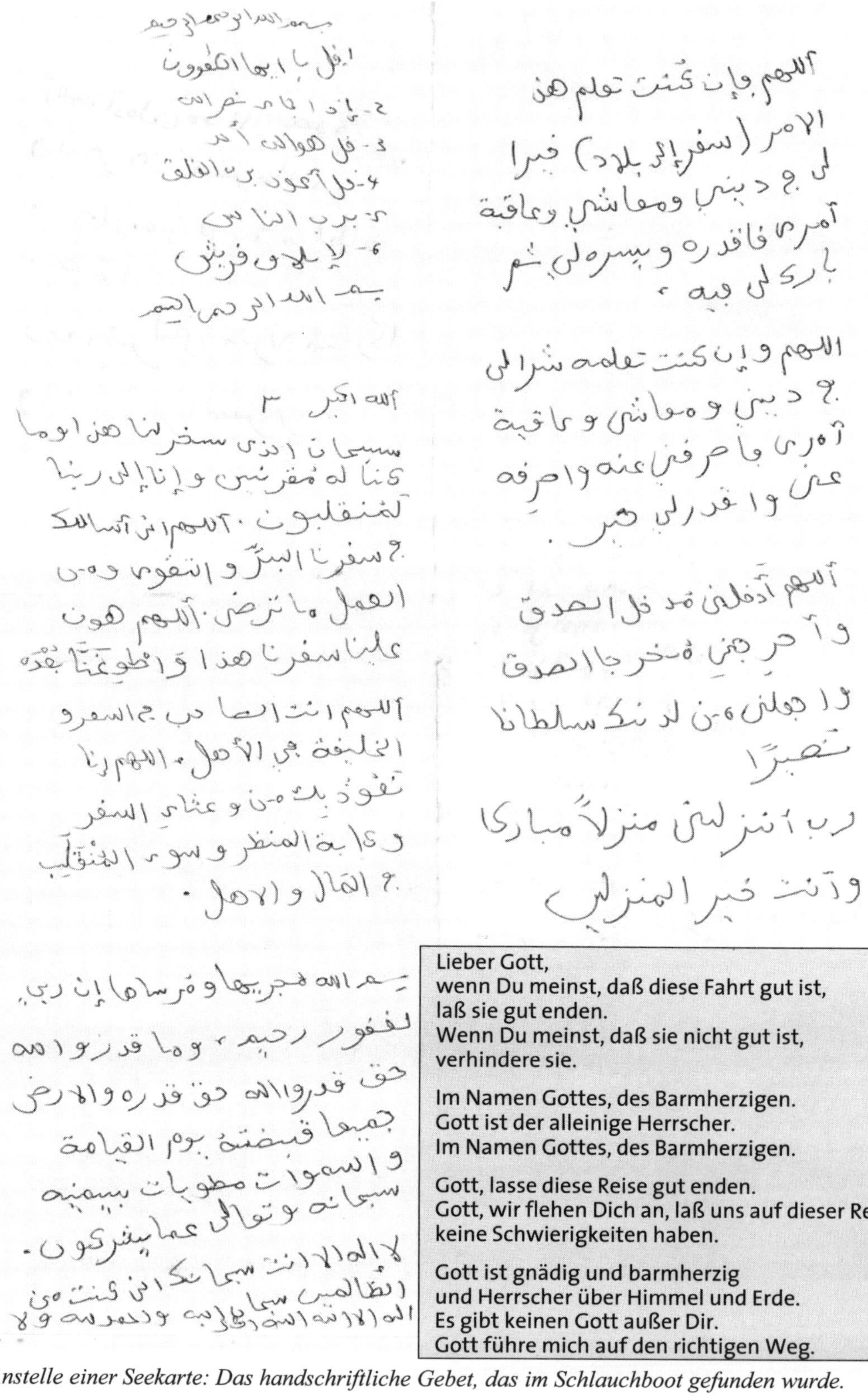

بسم الله الرحمن الرحيم
1- قل يا أيها الكافرون
2- إذا جاء نصر الله
3- قل هو الله أحد
4- قل أعوذ برب الفلق
5- برب الناس
6- لإيلاف قريش
بسم الله الرحمن الرحيم

الله أكبر ٣
سبحان الذي سخر لنا هذا وما
كنا له مقرنين وإنا إلى ربنا
لمنقلبون. اللهم إني أسألك
في سفرنا البر والتقوى ومن
العمل ما ترضى. اللهم هون
علينا سفرنا هذا واطو عنا بعده
اللهم أنت الصاحب في السفر و
الخليفة في الأهل. اللهم إنا
نعوذ بك من وعثاء السفر
وكآبة المنظر وسوء المنقلب
في المال والأهل.

اللهم فإن كنت تعلم هذا
الأمر (سفر إلى بلاد) خيرا
لي في ديني ومعاشي وعاقبة
أمري فاقدره ويسره لي ثم
بارك لي فيه.

اللهم وإن كنت تعلمه شرا لي
في ديني ومعاشي وعاقبة
أمري فاصرفني عنه واصرفه
عني واقدر لي الخير.

اللهم أدخلني مدخل الصدق
وأخرجني مخرج الصدق
واجعل لي من لدنك سلطانا
نصيرا

رب أنزلني منزلا مباركا
وأنت خير المنزلين

بسم الله مجريها ومرساها إن ربي
لغفور رحيم. وما قدروا الله
حق قدروا الله حق قدره والأرض
جميعا قبضته يوم القيامة
والسموات مطويات بيمينه
سبحانه وتعالى عما يشركون.
لا إله إلا أنت سبحانك إني كنت من
الظالمين سبحان
اله الا الله وحده لا شريك له وله الحمد ولا

Lieber Gott,
wenn Du meinst, daß diese Fahrt gut ist,
laß sie gut enden.
Wenn Du meinst, daß sie nicht gut ist,
verhindere sie.

Im Namen Gottes, des Barmherzigen.
Gott ist der alleinige Herrscher.
Im Namen Gottes, des Barmherzigen.

Gott, lasse diese Reise gut enden.
Gott, wir flehen Dich an, laß uns auf dieser Reise
keine Schwierigkeiten haben.

Gott ist gnädig und barmherzig
und Herrscher über Himmel und Erde.
Es gibt keinen Gott außer Dir.
Gott führe mich auf den richtigen Weg.

Anstelle einer Seekarte: Das handschriftliche Gebet, das im Schlauchboot gefunden wurde.

Am Nachmittag meldet sich Mike, der in der Luke erste Gespräche mit den neuen Passagieren geführt hat. Die meisten hätten angegeben, sie stammten aus dem Sudan. Aber aus dem, was sie ihm erzählt haben, kann sich Mike vorerst kein klares Bild machen. „Also, ein paar von den Jungs sprechen ja ganz passabel Englisch", berichtet er mir, „aber sehr gesprächig sind sie nicht." Er hat den Eindruck, daß die Gruppe stark verunsichert ist und möchte zunächst das Vertrauen der Geretteten gewinnen, ehe er sie nach Einzelheiten ihrer dramatischen Reise befragen kann.

Die ganze Mannschaft kümmert sich um die Männer im Zwischendeck, hat Schlafplätze bereitet, Kleidung und Eßgeschirr ausgegeben. „Es läuft wie geschmiert, als hätte das Team noch nie was anderes gemacht!", schreibt ein zufriedener Kapitän am Montagabend in seiner täglichen E-Mail an die Zentrale.

+ + + 22.06. + + +

Am nächsten Tag sitze ich in aller Frühe im Studio des *Deutschlandfunk (DLF)* und berichte in den „Informationen am Morgen" über die Vorkommnisse knapp zweitausend Kilometer weiter südlich im Mittelmeer. Unser ‚Fall' hat durch die Ankunft von 135 Boat People auf Lampedusa am vergangenen Wochenende zusätzliche Aktualität erhalten. Zweihundert weitere Menschen konnten nach Meldungen italienischer Medien in letzter Minute aus sinkenden Booten gerettet werden. Von der „Cap Anamur" habe ich außerdem soeben die Meldung erhalten, daß die Brücke einen Notruf aufgefangen hat und jetzt unterwegs zur Unglücksstelle ist. Ich nutze die Gelegenheit, auf das seit Jahren andauernde, tausendfache anonyme Sterben vor unseren Küsten hinzuweisen. „Ein Drama auf See an der Außengrenze der Europäischen Union, das eben viele Menschen über all diese Jahre hinweg, man spricht offiziell von drei- bis viertausend, mit dem Leben bezahlen, irgendwo da draußen."

Ich berichte auch von unseren Erfahrungen mit der italienischen Kriegsmarine und darüber, was ich über die vor wenigen Tagen vor Malta abgehaltenen Flottenmanöver gelesen habe. „Sie versuchen, Boote abzufangen, zu stoppen und zur Umkehr zu bewegen. Wenn wir uns jetzt versuchen vorzustellen, daß dieses Bötchen, das wir da draußen aufgefunden haben, ohne Wasser, ohne Lebensmittel, ohne Treibstoff, bei unberechenbarem Wetter, tatsächlich zur Rückkehr bewegt worden wäre – dann muß man sich schon große Sorgen machen, wie sich Europa dort verhält."

Von: "komitee cap anamur" <schiff@cap-anamur.org>
An: "'Elias Bierdel'" <elias.bierdel@cap-anamur.org>;
Gesendet: Montag, 21. Juni 2004 20:52
Einfügen: Waschtag.jpg; ..der Kapitän spricht.JPEG; ..und so weiter.JPEG; Dehnübungen.JPEG; Frühstück bei CA.JPEG; general cleaning.JPEG; mehr Dehnungsübungen.JPEG; noch mehr Dehnungsübungen.JPEG
Betreff: Medical Report

Liebe Edith, lieber Elias,

Wie versprochen der "Medical Report".

Alle 37 geretteten Personen sind Männer zwischen 20-30 Jahren.

Wir haben folgende Sofortmassnahmen ergriffen:
- alle erhielten eine Decke und Wasser.
- besonders schwach Wirkende wurden zunächst windgeschützt im Hospital untergebracht
- Vitalzeichenkontrolle

5 Patienten mit leichter Unterkühlung, Körpertemperatur 36 grad.
Sofortige Stabilisierung nach Ablegen der nassen Kleidung, Decke und warmen Getränken.

1 Patient mit stärkerer Unterkühlung, Körpertemperatur 35,6 grad, zittern, Pulsfrequenz von 104/Min, bewusstseinsklar. Auch er stabilisierte sich rasch mit der gleichen Therapie. Er verblieb länger unter engmaschiger schwesterlicher Betreuung.

Bei der späteren pflegerischen Visite wurden noch

4 Patienten mit Diarrhoe, keine Zeichen von Exikose
Massnahme: Loperamid, ORS Beutel, Tee

6 Patienten mit Dyspepsie ohne Erbrechen
Massnahme: Paspertintropfen

3 Patienten mit Husten
Massnahme: Ambroxol

1 Patient mit Konjunktivitis
Massnahme: Gentamycin-Augentropfen

Behandelt.
Das Flüssigkeitsdefizit aller konnte durch orale Flüssigkeitsgabe kompensiert werden.

Im persönlichen Gespräche äusserten alle, sich erschöft zu fühlen, jedoch glücklich über die Rettung zu sein.
Ein Grossteil klagte über muskuläre Beschwerden durch das enge sitzen und die eingeschränkte Bewegungsfreiheit im überfüllten Boot. Massnahmen hierzu als Attachment!

Erster medizinischer Bericht von Birgit an das Kölner Cap Anamur-*Büro.*

Moderator Dirk Müller hat es in seiner Sendung überwiegend mit Regierenden oder ihren oppositionellen Kritikern zu tun. Da ich soeben immerhin die europäische Abschottungspolitik kritisiert habe, handele ich mir jetzt die Frage ein: „Für welche politischen Alternativen steht Cap Anamur?"

„Für gar keine", antworte ich. „Wir sind keine politische Organisation. Ganz eindeutig nicht. Wir sind humanitär unterwegs (...) und da ist es ja absolut selbstverständlich, daß wir, wenn wir auf Menschen treffen, (...) die in Seenot sind, daß wir denen helfen müssen. (...) Wir nehmen sie an Bord, versuchen sie zu versorgen und natürlich auch, sie in den nächsten Hafen zu bringen. Das entspricht der Praxis in internationalen Gewässern. Allerdings ist uns schon klar, daß das möglicherweise zu Konflikten mit nationalen Autoritäten führen könnte."

Was ich im Radio nicht sage: Diesem drohenden Ärger will ich zwar nicht unbedingt ausweichen, aber ich bin der festen Überzeugung, daß es schließlich auch im Interesse von Regierungen und Behörden ist, eine humanitäre Lösung zu erreichen. Wenn die Not so groß ist, muß es einfach eine Möglichkeit geben, weitere Rettungsfahrten auch mit „amtlicher Genehmigung" zu unternehmen.

Auf dem Schiff haben sie mittlerweile herausgefunden, daß der Hafen von Lampedusa für die „Cap Anamur" nicht infrage kommt: Er ist viel zu klein für uns. Außerdem gibt es auch keinen sicheren Ankerplatz außerhalb des Hafens. Ich muß nun schnell entscheiden, was jetzt zu geschehen hat. In Rom erreiche ich Loris de Filippi bei *Ärzte ohne Grenzen*. Ich berichte ihm von den Geretteten an Bord und unserem Problem, einen sicheren Hafen zu finden.

„Am besten fahrt ihr nach Port Salo auf Sizilien", sagt er mir. „Da ist auch eines von unseren Teams, das sich an Land um die Leute kümmern wird!" Der Gedanke, daß die 37 Männer an Land zunächst von humanitären Helfern einer befreundeten Organisation in Empfang genommen werden könnten, gefällt mir. Denn daß die italienischen Behörden mit den Ankommenden wenig zimperlich umspringen, steht unisono in allen Berichten, die ich mittlerweile gelesen habe.

Das Schiff erhält also die Anweisung, sich für ‚Port Salo' vorzubereiten. Auf der Brücke der „Cap Anamur" stehen, wie auf allen anderen größeren Seeschiffen auch, die dicken Wälzer des „Guide to Port Entry", in denen alle Häfen der Welt verzeichnet sind. Hier schlägt der Seemann nach, wenn

UNHCR
United Nations High Commissioner for Refugees
Haut Commissariat des Nations Unies pour les réfugiés

Aus dem Hintergrundpapier zum Schutz von auf See geretteten Asylsuchenden und Flüchtlingen, März 2002:

„Die Hilfe für Menschen, die auf See in Not geraten sind, gehört zu den ältesten Verpflichtungen der Schiffahrt (...) Jeder Kapitän ist dafür verantwortlich, Hilfe und/oder Rettung zu leisten. Allerdings legt das internationale Seerecht an keiner Stelle fest, wie weit die Verantwortung des Kapitäns nach der erfolgreichen Rettung reicht. Hier muß darauf hingewiesen werden, daß einige Staaten (darunter beispielsweise Großbritannien und Deutschland) Schiffsführer mit Strafverfolgung bedrohen, wenn sie ihrer Pflicht zur Hilfe auf einem Schiff unter ihrer Flagge nicht vollständig nachkommen. Überdies trägt der Kapitän nicht nur die Verantwortung für die Geretteten, sondern auch für die generelle Sicherheit seines Schiffs.
(...)
Küstenstaaten sind verpflichtet, Menschen in Seenot zu helfen. Artikel 98 der UN-Seerechtskonvention (UNCLOS) verlangt von allen Küstenländern, entsprechende Strukturen aufzubauen und bei der Suche nach Schiffbrüchigen und ihrer Rettung zusammenzuarbeiten. Hierin ist jedoch weder die staatliche Verantwortung für die Landung der Geretteten noch irgendwelcher Folgemaßnahmen geregelt. (...) Die internationale Vereinbarung über Suche und Rettung auf See (SAR) definiert dagegen die Hilfe als einen Vorgang, der neben der eigentlichen Rettung ausdrücklich auch die medizinische Erstversorgung und die Verbringung an einen sicheren Ort (delivery to a place of safety) umfaßt.
(...)
Bei der Suche nach einem angemessenen Hafen für die Anlandung von aus Seenot geretteten Flüchtlingen oder Migranten sind folgende Faktoren ausschlaggebend:

- die rechtlichen Verpflichtungen der Staaten zur Hilfe,
- die Sicherheit und humanitären Belange der Geretteten,
- die Sicherheit des rettenden Schiffs und seiner Besatzung,
- die technische Eignung des infrage kommenden Hafens.

(...) Die Gewähr für Sicherheit und Würde der Geretteten – sowie der Besatzung – sind die wichtigsten Erwägungen bei der Wahl eines geeigneten Hafens.“

Quelle: „Background Note on the Protection of Asylum-Seekers and Refugees rescued at Sea“, final version as discussed at the expert roundtable *Rescue-at-Sea: Specific Aspects Relating to the Protection of Asylum-Seekers and Refugees*, held in Lisbon, Portugal on 25-26 March, 2002.

er sich zum ersten Mal einem unbekannten Ziel nähert. Nach Stunden heftigen Blätterns meldet sich ein ziemlich entnervter Erhard Behet bei mir:

„Verflucht nochmal, was seid ihr eigentlich für ein Saftladen? Wir brauchen hier klare Anweisungen! Der Hafen, den du uns genannt hast, existiert überhaupt nicht!"

„Wie bitte?"

„Es gibt keinen Hafen Port Salo auf Sizilien!"

+ + + 23.06. + + +

Es ist spät am Abend. Erst am nächsten Morgen kann ich Loris in Rom wieder erreichen – und das Mißverständnis aufklären. Der Hafen, den er meinte, heißt tatsächlich Pozzalo! Da wir uns auf Französisch verständigen, klang das in meinen Ohren eben wie Port Salo. Erleichtert gebe ich das neue Ziel an die „Cap Anamur" weiter. Doch es dauert nicht lange, da ist auch dieser Plan schon wieder hinfällig. Pozzalo, im Südosten Siziliens, hat einen noch kleineren Hafen als Lampedusa!

Wir müssen aber schnell eine Möglichkeit zum Anlegen finden. Nicht allein wegen der Schiffbrüchigen an Bord, sondern auch, um Vorräte aufzufüllen, Ersatzteile zu übernehmen und Besatzungsmitglieder auszutauschen. Der turnusmäßige ‚Crew Change' steht an, denn nach nunmehr sechs Monaten im Dienst, endet für einige Mitarbeiter die Zeit auf der „Cap Anamur". Also muß nun zunächst ein Agent beauftragt werden, der das Schiff gegenüber den Behörden vertritt und alle nötigen Formalitäten erledigt. Das ist in der Regel ein mehrtägiges Prozedere. Kapitän Stefan Schmidt nimmt daher Kontakt zu unserer Reederei *NSB* auf und bittet um entsprechende Unterstützung.

Unterdessen bleibt das Echo auf meinen Auftritt im *Deutschlandfunk* eher schwach. Ganze drei Anrufer melden sich danach im Komitee-Büro. Der erste ist Karl Kopp, Europareferent der Menschenrechtsorganisation *PRO ASYL* in Frankfurt. Er beglückwünscht mich zu der Rettung im Mittelmeer, aber er warnt mich auch: „Da habt ihr ein heißes Eisen angepackt. Die Flucht übers Wasser nach Europa und die hohe Zahl von Todesopfern ist ein Tabuthema ersten Ranges. Die EU-Regierungen können sich nicht auf eine einheitliche Politik einigen und versuchen deshalb, das ganze Ausmaß der Tragödie unter den Teppich zu kehren!" Er verspricht, mir weiteres Informationsmaterial zu schicken, das seine Organisation zusammengetragen hat.

Photo No: 20 **Questonaire No:** 20

First//Family Name: Sham, Sibdu christian

DoB: 17 years

County/ Region: Sudan, Dafur /South Daf.

Tribe: hausa-Tribe

Profession/ education: Student Sience sister egypt parents died

Take off from shore/ Route:

3 days

Date of departure & motivation:

~ 1 week / war
night

can't remember exactly because the tension was too much

Where does the equipment come from/ who provided it:

boat was prepared but left for some reasons. So they just took it
(they were killed => it was a lot of blood

Additional such as personal expectations, relatives/ friends in Europe, Money spent etc.:

continuing his education !!! to fulfil the wish of your father
UNHCR - project
Radio Deutsche Welle

Birgit und Mike hatten für die Interviews mit den Geretteten einen Fragebogen entworfen. Der 17-jährige Sham gab als Wunsch an, seine Ausbildung in Europa abzuschließen und damit den letzten Willen seines Vaters zu erfüllen.

Die beiden anderen Anrufer sind Journalisten: Luten Leinhos vom *ZDF-Auslandsjournal* und Martin Hilbert, der mit seiner Produktionsfirma *Aquino-Film* an einer Dokumentation zum 25-jährigen Bestehen von *Cap Anamur* arbeitet, die im deutsch-französischen Kulturkanal *ARTE* ausgestrahlt werden soll. Beide haben die gleichen Fragen: Wie ist jetzt die Situation auf dem Schiff? Was soll nun mit den Geretteten geschehen? Können wir mit unseren Kamerateams an Bord kommen?

„Was wir machen, geschieht prinzipiell öffentlich", antworte ich. „Deshalb lassen wir uns auch gerne bei der Arbeit von Journalisten über die Schulter sehen. Allerdings weiß ich selbst noch nicht, wie ich zum Schiff kommen kann, denn wir haben bisher noch keinen Hafen gefunden."

Seit drei Tagen befinden sich die 37 Männer jetzt schon auf der „Cap Anamur". Das Schiff kreuzt in dem Seegebiet zwischen Sizilien, Malta und Lampedusa sowie der libyschen und tunesischen Küste, weil es von dort immer wieder Meldungen über Boote mit Menschen in Not erhält. Am 23. Juni ruft ein Fischer über Funk verzweifelt um Hilfe. Vor seinen Augen drohe ein Flüchtlingsboot mit Männern, Frauen und Kindern zu sinken. Als die „Cap Anamur" nach Stunden zur angegeben Position kommt, findet die Besatzung ein dicht unter der Wasseroberfläche treibendes weißes Holzboot. Wenige Augenblicke später versinkt es in der blauen Tiefe. Einige Flaschen und Plastiktüten treiben auf dem Wasser. Kein Mensch ist zu sehen (siehe Seite 218: „Der Fall Luigi Padre").

+++ 24.06. +++

Einen Tag später trifft unser Schiff, weit draußen auf offener See, ein weiteres Holzboot. An Bord sitzen elf Somalis, die um eine Karte zum Navigieren bitten. Sie wollen anscheinend nach Malta. Stefan ist fassungslos, als er mich telefonisch informiert: „Stell dir irgend so ein Ruderboot aus dem Stadtpark vor, nur mit Außenbordmotor", berichtet der Kapitän. „Und damit wollen die nach Malta fahren! Das sind noch über dreihundert Kilometer! Mitten übers offene Meer!"

„Also ist das Boot in Seenot?", frage ich.

„Das ist es ja gerade! Die sagen, nein. Aber wenn du unsere Meinung hören willst: Es ist praktisch ausgeschlossen, daß die mit ihrem Klapperkahn da lebend ankommen. Wenn sie überhaupt den richtigen Kurs halten."

Von: "CAP ANAMUR 127" <DNRE@globeemail.com>
An: <elias.bierdel@cap-anamur.org>
Gesendet: Donnerstag, 24. Juni 2004 09:31

Moin Elias
haben eben ein kleines Boot gesichtet, etwa 4 mtr. lang mit 10 Schwarzafrikanern. Haben einen unserer Flüchtlinge mit ihnen sprechen lassen. Sie kommen (angeblioch) aus Somalia und wollen nach Malta. Wollten unsere Hilfe nicht(waren noch guter Dinge
und lachten), und sind Richtung Norden weiter gefahren. Wir fahren erst mal hinterher. Zu bemerken ist, dass diese im Boot die gleichen blauen Benzinkannister und den gleichen 50 hp Tohatsu Motor hatten wie unsere Flüchtlinge. Im Radar ist dieses Boot
so gut wie garnicht zu sehen.
Gruß Stefan
Frage von Herrn Behet; dürfen von Cap anamur T-Shirts auch welche an die Refugees ausgegeben werden, oder sind die nur für Staff?
Außerdem: Schuhe wären auch nicht schlecht in unserem Kiosk-Sortiment.

Received: from GCC at Globe Wireless;
Thu, 24 Jun 2004 07:32 UTC
Message-id: 148206547

Was soll jetzt geschehen? Die Männer sind sich offenbar nicht darüber im Klaren, in welcher Gefahr sie schweben. Noch ist die See ruhig. Doch was die Somalis nicht wissen: Der Wetterbericht sagt für die Gewässer südlich von Malta zunehmenden Wind voraus. Bis zu vier Beaufort sollen es in den nächsten Stunden werden. Dann werden die Wellen erheblich höher sein – und der kleine Kahn, dessen Bordwand nur knapp aus dem Wasser ragt, droht in große Schwierigkeiten zu geraten.

Wir überlegen gemeinsam, schließlich entscheide ich: „Stefan, es gibt hier nur eine Möglichkeit: Ihr müßt das Boot eskortieren! Wenn es kentert, könnt ihr Hilfe anbieten. Sollten sie es allein schaffen, dreht ihr bei, sobald die Männer in Sicherheit sind!" – „Okay. Machen wir!"

Ich will mir jetzt unbedingt selbst ein Bild von der Lage machen, die tatenlose Warterei dauert mir schon viel zu lange. Wenn ich nicht in einem Hafen an Bord gehen kann, dann werde ich eben auf See zusteigen. Von der Halbinsel Djerba aus, nahe der Grenze zu Libyen im Süden Tunesiens, will ich mit einem Boot zur „Cap Anamur" herausfahren. Michaela sucht im Internet nach günstigen Last Minute-Flügen. Meine ‚Reisegruppe' besteht aus fünf weiteren Teilnehmern: *ZDF*-Reporter Luten Leinhos und seinem Kameramann Andreas Buhrow, Martin Hilbert und Christoph Fleischer von *Aquino-Film* sowie dem Herforder Fotografen Jürgen Escher, der seit mehr als zwanzig Jahren die Arbeit von *Cap Anamur* in aller Welt mit seinen eindringlichen Schwarz-Weiß-Bildern dokumentiert.

+ + + 25.06. + + +

Am Freitag stehen wir am Düsseldorfer Flughafen in einer langen Schlange von Touristen, die sich auf ihren wohlverdienten Jahresurlaub unter nordafrikanischer Sonne freuen.

Begegnung mit einem weiteren Flüchtlingsboot am 24. Juni. Die Insassen sind sich über die Gefahren durchaus im Klaren: „Um uns weint sowieso keiner!"

Seite 1 von 1

Von: "CAP ANAMUR 127" <DNRE@globeemail.com>
An: <elias.bierdel@cap-anamur.org>
Gesendet: Montag, 21. Juni 2004 20:41
Betreff: boats

Hallo Elias
haben folgende 2 Meldungen über Boote:
pos. lat .... long............ radius 100 nm(about 90 nm south of Malta) small boat 4 mtr. length with about 20 person on bord sailing to north direction. All ships to look out and report to Malta Radio

sicily strait zone signalled a boat adrift length 9 mtr. in pos. (about 50 nm southwest of Lampedusa) dangerous to navigation?!
rgds Stefan

Received: from GCC at Globe Wireless;
Mon, 21 Jun 2004 18:44 UTC
Message-id: 147919384

Seite 1 von 1

Von: "CAP ANAMUR 127" <DNRE@globeemail.com>
An: <elias.bierdel@cap-anamur.org>
Gesendet: Dienstag, 22. Juni 2004 08:11

Moin Elias
ein weiteres Wrack nordöstlich von Sizilien gesichtet. Wir sind jetzt auf der Position, wo ein Wrack gesichtet wurde, sehen uns um.
Stefan

Received: from GCC at Globe Wireless;
Tue, 22 Jun 2004 06:13 UTC
Message-id: 147962918

Seite 1 von 1

Von: "CAP ANAMUR 127" <DNRE@globeemail.com>
An: <elias.bierdel@cap-anamur.org>;
Gesendet: Mittwoch, 23. Juni 2004 21:29

Wir sind traurig.
Als wir an der Position ankamen, trieb dort nur noch ein kleines (3 mtr?) Holzboot, in dem 20 Mann gesessen haben sollen, halb unter Wasser, eine Schachtel Schmelzkäse daneben, ringsherum eine Ölschicht auf dem Wasser. Kein Mensch.
Das Fischerboot antwortet auf UKW Anruf nicht. Jetzt treiben wir hier, und hoffen, daß ein Boot das Glück hat auf uns zu stoßen. Fahren ist bei dieser Dunkelheit zu gefährlich, wir könnten leicht ein unbeleuchtetets Boot überrennen.
Im UKW ist viel Verkehr(aufgeregte Stimmen) mit Lampedusa Radio zu hören, leider auf Italienisch.
Gruß Stefan

Received: from GCC at Globe Wireless;
Wed, 23 Jun 2004 19:30 UTC
Message-id: 148159482

Täglich gibt es von der „Cap Anamur“ neue Berichte über sinkende oder treibende Boote.

Von: "komitee cap anamur" <schiff@cap-anamur.org>
An: "'Elias Bierdel'" <elias.bierdel@cap-anamur.org>
Cc: <office@cap-anamur.org>;
Gesendet: Mittwoch, 23. Juni 2004 21:32
Betreff: Eindrücke vom 23.06.04

Lieber elias, liebes team!

Um euch ein wenig an unserem erleben teilhaben zu lassen, hier ein paar eindrücke vom heutigen tage:

- die meisten haben nach wie vor ein grosses ruhebedürfnis, äussern jedoch sich langsam wieder kräftiger zu fühlen. Viele berichten, gedanklich keine ruhe zu finden, da das erlebte sie einhole. Vier der jungen männer machten heute früh einen sehr verzweifelten eindruck, weinten bitterlich. Die gesamtstimmung wirkte eher gedrückt, der umgang untereinander macht auf mich einen sehr fürsorglichen eindruck. Verzweifelte werden nicht alleine gelassen, meist sind ein oder zwei leidensgenossen zur seite. Wir alle erteilen geduldig auskunft auf die sich meist wiederholenden fragen "wie lange bleiben wir hier", "wo bringt ihr uns hin", "zurück nach afrika"?

- die eingeteilten arbeitsgruppen (kochgruppe, reinigungsgruppe zwischendeck, reinigungsgruppe sanitärcontainer) arbeiten koordiniert und weitgehend eigeninitiativ. Nachdem die essensausgabe die ersten beiden tage nach dem prinzip "schlangestehen und selberholen" erfolgte, wurden heute die mahlzeiten von mitgliedern der kochgruppe sozusagen an den platz serviert. Dananch stellt jeder sein geschirr in eine wanne zum spülen. Sehr beeindruckend!
Das zwischendeck wird morgens nach wegräumen der isomatten gefegt. Zwischendurch nach bedarf.
Der sanitätscontainer wird 3xtäglich gereinigt.
Absolut keine beanstandungen von mir in meiner funktion als "hygienebeauftragte".

- angebotene aktivitäten wie tischtennis, tischfussball, gymnastik werden heute früh nur verhalten angenommen. Nach dem mittagessen schwebt eine gewisse lethargie über dem zwischendeck. Bis jutta ihre gitarre holt und ein wenig spielt. Dominik und tennis können mit ihrer beschäftigungstherapie, nämlich wasser 6-packs per flaschenzug von unten hoch zu transportieren, fast alle von ihrer matte locken. Wie im richtigen leben sind auch hier stets die selben personen in erster reihe. Die anderen schauen ein wenig neugierig auf das geschehen, integrieren sich dann schnell in die arbeitsabläufe mit ein.

- nach dem abendessen informiert der kapitän über den heutigen stand der dinge. Ein auserwählter mit guten englischkenntnissen bedankt sich im namen der gruppe nochmals für unsere hilfe. Nach dem informationsinput von höchster stelle scheint die atmosphäre nochmal enstspannter.

- um die abendstunden etwas zu füllen, wird in einer ecke eine video-aufführung angeboten.

- vom 2.offizier wird eine art cap-anamur-id-card mit foto erstellt, was sicherlich nicht nur dem team beim erlernen der namen eine grosse hilfe sein wird.

Nun, ich glaub`das war erstmal das wesentliche. Bin auch schon ziemlich müde und kann mich nicht mehr so gut konzentrieren.
Sollte mir vielleicht während des tages notizen machen, denn wie ihr euch sicherlich vorstellen könnt, sind es die vielen kleinen geschichten welche die eigentliche stimmung wiedergeben.

Gruss birgit

Solange kein Hafen gefunden ist, versucht die Besatzung für die Geretteten einen geregelten Tagesablauf zu organisieren.

Lübecker Hilfsschiff rettet 37 Flüchtlinge aus Seenot

Im Februar lag die „Cap Anamur" noch am Lübecker LMG-Kai – rechts im Bild mit Kapitän Stefan Schmidt. Am Sonntag befuhr das Hilfsschiff das südliche Mittelmeer und rettete dort 37 Flüchtlinge. Sie waren mit dem unzureichend ausgerüsteten Schlauchboot in Not geraten und hatten kein Trinkwasser mehr. Fotos: MAXWITAT, CAP ANAMUR (2)

Die Besatzung des deutschen Hilfsschiffs „Cap Anamur", dessen Heimathafen Lübeck ist, konnte jetzt im südlichen Mittelmeer 37 Flüchtlingen das Leben retten.

Von Helge von Schwartz

Die „Cap Anamur" stach von Malta aus zu einer Testfahrt in See. Auf der Mittelmeerinsel war das Schiff technisch überholt worden. Auf seiner Fahrt traf die „Cap Anamur" auf ein überfülltes Schlauchboot mit 37 Schwarzafrikanern. Diese waren in Seenot geraten und winkten mit einem roten Tuch, um die Helfer auf sich aufmerksam zu machen. „Das Boot war technisch vollkommen unzureichend ausgestattet, das Trinkwasser verbraucht", sagt Elias Bierdel, Vorstand des Komitees Cap Anamur in Köln.

Die Besatzung nahm die jungen Männer – die erschöpft, ansonsten aber in guter Verfassung waren – am Sonntag gegen 18.45 Uhr an Bord. Zurzeit versuchen die Helfer, die Identität der Flüchtlinge festzustellen. „Das ist schwierig, da wir nicht wissen, aus welchem Land sie kommen und welche Sprache sie sprechen", sagt Bierdel. Fest steht nur, dass sie in Libyen ein Schlauchboot erworben und offenbar Kurs auf die italienische Insel Lampedusa genommen hatten. Wie lange sie schon auf dem offenen Meer unterwegs waren – keiner weiß es. Erst wenn die Identität der Flüchtlinge geklärt ist, sollen die Männer in den nächsten Hafen gebracht werden, entweder nach Malta oder nach Italien. Allein im Juni vergangenen Jahres landeten auf Lampedusa nach offiziellen Angaben der Küstenwache rund 3000 „Boat people", weitere 200 konnten nur noch tot geborgen werden. „Viele Flüchtlinge ertrinken oder verdursten", sagt Bierdel.

Der 90 Meter lange und 1983 gebaute frühere Frachter „Cap Anamur" war am Lübecker LMG-Kai für seine Hilfseinsätze umgebaut worden. Ende Februar hatte das Schiff seinen Heimathafen Lübeck verlassen.

In den vergangenen Monaten war das Schiff vor allem vor Westafrika im Einsatz gewesen. Jetzt ist der Wartungsstopp auf Malta notwendig geworden. Ursprünglich wollte die „Cap Anamur" als nächstes in Richtung Akaba fahren, um von dort aus über den Landweg Ausstattung für ein neues Krankenhaus in den Irak zu schicken. „Davon haben wir aus Sicherheitsgründen Abstand nehmen müssen", sagt Bierdel.

Nun soll es im September wieder nach Westafrika gehen. „Bis dahin werden wir die Flüchtlings-Situation im südlichen Mittelmeer beobachten", sagt Bierdel – nicht ohne Sorge: Da Schleuser verfolgt und bestraft würden, seien immer öfter Flüchtlinge ohne Führer in kleinen Booten auf dem Mittelmeer unterwegs und gerieten dort in Not. Nicht alle haben das Glück, auf die „Cap Anamur" zu treffen.

Bericht der Lübecker Nachrichten *vom 22. Juni 2004.*

+ + + 26.06. + + + Houmt Souk + + +

Am Morgen nach unserer Ankunft auf Djerba erkunde ich die Gegend. Sie besteht entweder aus fertigen Hotelanlagen oder Baustellen, auf denen neue Hotels entstehen sollen. Ich hoffe darauf, einen Yachthafen zu finden, in dem ich einen Bootseigentümer (möglicherweise aus Deutschland?) dazu überreden kann, uns zur „Cap Anamur" hinauszufahren. Doch zu meiner großen Überraschung gibt es keine Marina auf Djerba! Im Hafen von Houmt Souk im Norden der Insel frage ich die teetrinkenden Fischer nach einem Boot, das wir für einen ‚Ausflug' mieten können. Mit dem wahren Ziel der Reise will ich erst auf See herausrücken, damit wir nicht schon vor der Abfahrt zum Stadtgespräch werden. An Bord seines Holzkutters „Trois Frères", einem umgerüsteten Fischerboot, empfängt mich Ahmed, ein drahtiger Mann Ende Zwanzig: „Sechs Leute? Kein Problem! Ich fahre euch wohin ihr wollt. Für einen Tag gehört mein Boot euch!" Über den Preis, umgerechnet 40 Euro, werden wir schnell einig. Wir verabreden uns für den morgigen Sonntag.

+ + + 27.06. + + +

Im Morgendunst legt die „Trois Frères" ab und nimmt Kurs Richtung Norden. Fröhlich pfeifend steht Ahmed am Steuer. Er sieht ein bißchen aus wie ein Nachwuchs-Pirat auf Kaperfahrt. Um bei der Hafenpolizei keinen Verdacht zu wecken, haben wir uns als ‚Touristen' mit Angeln und Strohhüten ausstaffiert. Offiziell steht ein Picknick auf den Sandbänken der Flamingo-Insel auf dem Programm. Doch schon kurz nach der Ausfahrt kommen wir vorsichtig auf das Thema zu sprechen, das uns weit mehr interessiert:

„Habt ihr auch Flüchtlinge hier, die von Djerba aus rüber nach Europa fahren wollen?", fragt Martin Hilbert den braungebrannten Kapitän beiläufig.

„Flüchtlinge? Ach, ihr meint Schwarze. Ja, da gab es viele, die es probiert haben. Aber seit die Küsten so streng überwacht werden, sieht man kaum noch welche!" Die nagelneuen grauen Küstenwacht-Kreuzer im Hafen von Houmt Souk – ein Geschenk der italienischen Regierung an den tunesischen Staat – sind nicht zu übersehen.

Ahmed erzählt freimütig, wie sich das Leben auf Djerba verändert hat, seit der Tourismus über die Insel gekommen ist. Und über das Ende der traditionellen Fischerei, die seine Familie über Generationen ernährte. Doch dann haben die großen Trawler-Flotten draußen auf See die Fischbestände drastisch dezimiert – und die Preise auf den Märkten gedrückt. Es lohne sich einfach nicht mehr, mit einem Kutter wie seinem die Netze auszulegen. Deshalb seien heute praktisch alle größeren Fischerboote der Insel entweder stillgelegt oder im Touristengeschäft unterwegs.

„Und die Schwarzen haben mir den Rest gegeben! Nachts sind sie mit irgendwelchen Bötchen losgefahren, und am Morgen haben wir dann ihre Leichen aus dem Wasser gezogen! Kein schöner Anblick so was… arme Teufel!" Auch er selbst habe schon tote Menschen im Netz gehabt, berichtet Ahmed. Die Erinnerung daran werde ihn sein Leben lang verfolgen.

Jetzt ist offensichtlich der richtige Zeitpunkt gekommen, mit unseren wahren Absichten herauszurücken. Während an Steuerbord der endlose Sandstrand vorüberzieht, erzähle ich von der „Cap Anamur", von ihrer humanitären Mission, den 37 Afrikanern an Bord. Und daß wir nun so schnell wie möglich aufs Schiff müssen. Ob wir den Abstecher auf die Flamingo-Insel streichen und stattdessen in östlicher Richtung aufs offene Meer herausfahren könnten?

28. Juni: Umsteigen vom Schnellboot auf eines der Schlauchboote der „Cap Anamur".

Ahmed hat aufmerksam zugehört. Er sieht mich lange an, ehe er bedächtig antwortet: „Das ist eine gute Sache, was ihr da macht. Sehr gute Sache! Einfach Menschen zu retten, ohne finanzielle Interessen, ohne Hintergedanken! Allah wird euch dafür belohnen! Ich will auch gerne helfen, aber es geht nicht so, wie ihr euch das gedacht habt." Er klärt mich auf: Seit drei Jahren gelten neue Regeln an der Küste. Alle Boote, die im Touristengeschäft unterwegs sind, dürfen sich nur innerhalb bestimmter Planquadrate bewegen. „Fünf Meilen nach Norden und fünf Meilen nach Osten, dann ist Schluß! Und wir werden mit Radar genau überwacht", berichtet unser Bootsführer. Aber wenn wir uns an dieser Grenze mit der „Cap Anamur" treffen würden?

„Auf gar keinen Fall", sagt Ahmed bestimmt. „Dann würde sich euer Schiff ja schon in tunesischen Hoheitsgewässern befinden – damit seid ihr in der Hand der Regierung! Und wie unsere Behörden hier mit afrikanischen Flüchtlingen umspringen, das muß ich euch ja nicht erklären." Aber er werde eine andere Lösung finden, verspricht unser neuer tunesischer Freund, bevor wir umkehren.

Noch am Sonntagabend ruft er mich im Hotel an: „Es gibt eine Möglichkeit – mit dem Schnellboot meines Cousins!", berichtet er aufgeregt. „Aber ihr seid zu viele! Ich glaube nicht, daß alle sechs Mann mitfahren können!"

+ + + 28.06. + + +

Als wir am Montagmorgen mit zwei Autos zur verabredeten Stelle am Strand von El Kantara, im Süden der Insel, unterwegs sind, wissen die mitreisenden Journalisten noch nicht, daß sie zurückbleiben müssen, wenn tatsächlich zu wenig Platz im Boot sein sollte. Aber meine Sorge erweist sich als unbegründet. Der nagelneue, weiße Kunstoff-Flitzer ist geräumig genug, um uns vollzählig und inklusive Gepäck und Kameraausrüstungen aufzunehmen. Und der 250-PS-starke Außenborder, der sonst wohl Urlauber auf Wasserskiern durch die Wellen zieht, macht einen ausgezeichneten Eindruck.

Ahmeds Cousin überläßt uns sein Prachtstück nur zu strikten Bedingungen. Maximal eine Stunde wird das Boot herausfahren, dann für höchstens dreißig Minuten warten und umgehend zurückkehren. Wenn die „Cap Anamur" nicht rechtzeitig am Treffpunkt auf hoher See erscheint, würden wir mittags wieder da sein, wo wir am Morgen losgefahren waren, nur um 500 Dollar ärmer. Auf Arabisch ruft der besorgte Eigentümer

Im Frachtraum der „Cap Anamur“ beten Moslems und Christen.

seinem Helfer, der uns fahren soll, letzte Anweisungen zu. Dann schießt das Boot genau in östlicher Richtung aus der Bucht hinaus. Rechts und links sind Leuchtfeuer und Radarstellungen. Sollte uns die Küstenwache stoppen, werden wir behaupten, wir wollten Delphine beobachten – wie es der Cousin uns geraten hat. Aber die Staatsmacht läßt uns in Ruhe ziehen. Ein Umstand, der wohl auch dadurch begünstigt ist, daß Ahmed rein zufällig vergessen hat das Funkgerät einzuschalten.

Nach mehr als einer Dreiviertelstunde Vollgasfahrt über die bretthart See taucht am Horizont endlich die Silhouette der „Cap Anamur" auf. Und nur wenige Minuten später klettere ich die Lotsenleiter hinauf, wo mich die Besatzung herzlich begrüßt. „Komm mit in den Laderaum – du wirst sehnsüchtig erwartet!" Als ich im Zwischendeck eintreffe, sitzen unsere Passagiere im Halbkreis beisammen. Wäscheleinen, Matratzen, Decken und Kochgeschirr haben den Frachtraum in eine große Wohnstube verwandelt. Alles wirkt friedlich und aufgeräumt, der vordere Lukendeckel ist aufgezogen und gibt den Blick in den strahlend blauen Sommerhimmel frei. Der Kapitän hat sich hier regelmäßig mit den 37 Geretteten zum Gespräch und zum Gebet getroffen. So ist über die vergangenen Tage ein festes Ritual entstanden, an dem ich nun teilnehmen darf. Zunächst singen alle zusammen ein Kirchenlied, „You are welcome in the name of the Lord", falten dann die Hände zum christlichen Gebet. Anschließend folgt eine gesungene Koransure und die Anrufung von Allah. Christen und Moslems vereint in der Anbetung ihres Gottes – in vielen Dörfern Afrikas kann man solche Zeremonien sehen. Und nun also auch in der Ladeluke der „Cap Anamur".

Stefan hält eine kurze Ansprache, in der er mich und die anderen Neuankömmlinge vorstellt. „Diese Männer mit den Kameras sind Journalisten, die über euer Schicksal und das der vielen anderen Boots-Flüchtlinge berichten wollen. Es ist euch selbstverständlich freigestellt, ob ihr mit ihnen sprechen wollt oder nicht. Wir denken aber, daß es gut ist, wenn möglichst viele Menschen in Europa erfahren, was hier draußen auf dem Meer los ist", sagt er auf Englisch. Einige in der Runde nicken zum Zeichen ihres Einverständnisses mit dem Kopf. Andere scheinen nicht recht zu verstehen. Die Worte des Kapitäns müssen also noch in diverse Stammessprachen übersetzt werden. Dann bin ich an der Reihe.

„Ich will zunächst einmal sagen, wie froh ich bin, Christen und Moslems gemeinsam im Gebet zu sehen. Denn es spielt ja keine Rolle, wie wir den Gott nennen, dem ihr für eure Rettung danken könnt. Die Hauptsache ist,

Aus Gesprächen mit Geretteten an Bord der „Cap Anamur"

„In unserer Heimat herrscht Krieg. Zwei meiner Brüder, meine Frau und unsere Tochter wurden erschossen. Für mich gab es nur die Möglichkeit, zu fliehen oder mich den Kämpfern anzuschließen."

„Wir sind viele Monate unterwegs gewesen. Erst durch die Wüste, dann an die libysche Küste. Schon auf dem Weg hat es viele Tote gegeben – einige haben die Strapazen der Reise einfach nicht ausgehalten, andere wurden bei Überfällen von Räubern getötet."

„Als wir an der Küste ankamen, hatten wir kein Geld mehr und mußten uns als Diener oder Putzkräfte das Geld für die Überfahrt verdienen. Viele Frauen arbeiten als Prostituierte."

„Manche sind schon drei- oder viermal auf Booten gewesen und wurden zurückgeschickt. Aber wir würden lieber sterben, als in unsere Heimat zurückzukehren."

„Der Mann, der uns das Boot verkaufte, hat gesagt, daß es nur ein paar Stunden Fahrt sind. Aber wir waren schon drei Tage auf dem Meer als uns die ‚Cap Anamur' gefunden hat... und wir hatten kein Trinkwasser mehr."

„Es gab ein Leck im Boot und der Motor funktionierte nicht mehr richtig. Dann wurden die Wellen höher. Manche haben gebetet, andere haben geweint. Ich glaube, wir wären schon ein paar Minuten später alle gestorben, wenn Gott uns keine Hilfe geschickt hätte."

„Ich habe niemals etwas Kriminelles getan. Ich will nur nach Europa, um endlich in Frieden leben zu können. Ohne Hunger, ohne Angst. Von dem Geld, das ich verdienen werde, kann ich meine Familie zu Hause unterstützen. Das wünsche ich mir."

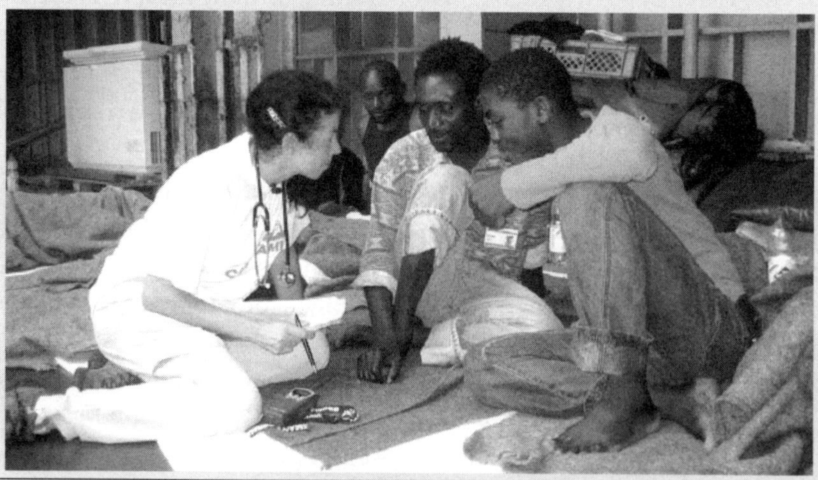

euch alle – lebend – hier zu sehen. Denn wie mir die Besatzung berichtet hat, wart ihr in großer Gefahr.“ Es ist mucksmäuschenstill. Die meisten Augen sind auf mich gerichtet, aber manche der jungen Männer halten den Kopf gesenkt und starren vor sich auf den Boden. „Was ihr getan habt, was ihr versucht habt, gilt in den Augen der europäischen Regierungen als ‚illegal'. Sie wollen euch dort nicht haben. Versprechen können wir deshalb nur eins: Wir bringen euch an einen Ort, wo ihr erstmal in Sicherheit seid. Wir werden euch nicht im Stich lassen.“

Mike führt mich durch das Notquartier im Zwischendeck. Es ist erstaunlich, was er seit meinem letzten Aufenthalt an Bord mit dem Team auf die Beine gestellt hat. Duschen und Toiletten funktionieren einwandfrei, die Versorgung unserer Gäste mit Kleidung und Trinkwasser ist gesichert, jeder hat ein eigenes Lager und eigenes Eßgeschirr. Im vorderen Lukenfach auf dem Oberdeck ist die Küche in Betrieb, die 37 Passagiere organisieren sich selbst für Putz-, Koch- und Ordnungsdienste. Jeder hat seinen festen Aufgabenbereich. Erhard hat mithilfe seines geliebten Laminierapparats ‚Ausweise' gebastelt, die alle offen sichtbar tragen sollen, um das gegenseitige Kennenlernen zu erleichtern. Rund um die Uhr sind Mitglieder der Besatzung bei der Gruppe, stehen für Fragen zur Verfügung und passen auf, daß niemand auf dumme Gedanken kommt. Birgit kümmert sich in der Krankenstation um die diversen Wehwehchen. Offenbar haben sich die jungen Männer körperlich schnell von den Strapazen ihrer gefährlichen Reise erholt. „Aber viele sind nervös, zeigen Anzeichen von posttraumatischem Streß. Wir wissen ja nicht, was sie alles durchgemacht haben.“

Es ist Montag, der 28. Juni 2004. Seit acht Tagen sind die 37 Männer schon auf der „Cap Anamur“. Viel zu lange. Das zurückliegende Wochenende hat noch einmal Zeit gekostet. Aber jetzt steht endlich fest, wohin die Reise gehen wird: „Wir haben einen Hafen auf Sizilien gefunden“, berichtet der Kapitän. „In der Nähe von Agrigento. Porto Empedocle. Die *NSB* sucht für uns noch einen Agenten, dann können wir an Land!“

Kurs Sizilien

Bis in die Nacht sitzen wir in der Offiziersmesse zusammen. Alle wollen berichten, wie sie die dramatischen Ereignisse der letzten Tage erlebt haben. Von der ersten Sichtung des gelben Schlauchboots, der Rettung der 37 durchnäßten Männer, den immer neuen Meldungen über Menschen in Seenot, den im Meer herumtreibenden Trümmern, den Somaliern in ihrem Holzkahn, dem weißen Boot, das nach dem Eintreffen der „Cap Anamur" in der Tiefe verschwunden war... Birgit zeigt dazu die Fotos, die nach dem Auslaufen von Malta entstanden sind, die Journalisten sichten das Video-Material, das Dominik für sein „Tagebuch" aufgenommen hat.

Während die anderen in allen Einzelheiten ihre Eindrücke und Gefühle schildern – vor allem der Anblick des vor ihren Augen sinkenden Bootes ist allen mächtig in die Glieder gefahren –, hat sich Erhard auffallend zurückgehalten. Er wirkt bedrückt. Als er kurz vor Mitternacht zu seiner Wache auf die Brücke geht, begleite ich ihn. Nach einigen Belanglosigkeiten rückt er schließlich mit der Sprache raus. Es ist die Begegnung mit dem Boot der Somalier, die ihm so zu schaffen macht. „Ich dachte, das darf doch gar nicht wahr sein, daß die mit so einem Holzbötchen da draußen unterwegs sind! Ich hab den jungen Kerl am Steuer angeschrien, ob ihm eigentlich klar ist, in welche Gefahr er sich und seine Kameraden bringt? Und weißt du, was er geantwortet hat? ‚Was willst du von uns?', hat der zurückgerufen, ‚wir haben eine 50-Prozent-Chance. Denkst du, wir wissen das nicht? Entweder wir kommen lebend an, oder wir sterben hier draußen. Um uns weint sowieso keiner.' Und dann sind sie einfach weiter getuckert!" Erhard stockt, und ich spüre, wie sehr ihm die Sache zusetzt. „Manche von den Jungs waren noch keine zwanzig Jahre alt..."

Der Kapitänleutnant der Bundesmarine a. D. erzählt mir in dieser Nacht auch von einem anderen Erlebnis, das ihm auf der Seele liegt, wenngleich es schon einige Jahre zurückliegt. Während des Jugoslawien-Krieges war Erhard an Bord eines deutschen Schiffes im NATO-Auftrag in der Adria im Einsatz. Es war die Zeit des Embargos gegen Belgrad. Der Auftrag des Verbandes lautete: Suche nach Blockade-Brechern. Also nach Schiffen, die Waffen oder Treibstoff nach Montenegro schmuggeln wollten. „Und dann war da plötzlich dieses Boot, treibend, völlig überladen mit Menschen, wahrscheinlich Albaner. Die hatten wohl einen Motorschaden, und ihr Kahn hatte Schlagseite. Die haben zu uns rübergewunken." Die Befehle für einen solchen Fall seien aber eindeutig gewesen: „Auf keinen Fall an Bord nehmen! Die Geretteten hätten auf einem Schiff unter der Bundesdienstflagge nämlich unmittelbar das Recht gehabt, einen Asylantrag für Deutschland zu stellen, weil dies Hoheitsgebiet darstellt. Also konnten wir nur die Italiener benachrichtigen und denen die Sache überlassen."

„Und wie ist die Geschichte ausgegangen?", frage ich, weil Erhard eine Pause macht.

„Tja, das ist es ja... Ich weiß es nicht. Wir haben wenig später nur noch eine italienische Fregatte gesehen, die das Boot im Schlepptau hatte. Aber von den Menschen keine Spur..."

„Vielleicht waren sie unter Deck?"

„Ich habe mich später überall erkundigt, bei den Kameraden im internationalen Verband, bei den Offizieren, bei unserem Funker. Nichts. Keiner hat was gehört. Nirgendwo gab es eine Meldung über die Rettung von Schiffbrüchigen. Das ist doch nicht normal so was."

„Du meinst also..." Mir fallen die Berichte über das Drama der „Kater i Rades" ein, die ich im Internet gelesen habe. Das albanische Flüchtlingsschiff war am 28. März 1997 von einem italienischen Kriegsschiff gerammt worden. Von den schätzungsweise 110 Menschen an Bord, die meisten waren Frauen und Kleinkinder, überlebten nur 16. Der Prozeß gegen die verantwortlichen Militärs verlief im Sande.

„Ich meine gar nichts. Denn ich kann es nicht beweisen", sagt Erhard. „Aber wenn dich interessiert, warum ich mich überhaupt für die ‚Cap Anamur' gemeldet habe, dann weißt du es jetzt."

+++ 29.06. +++

Zum Frühstück kommt Stefan endlich einmal mit guten Nachrichten aus Deutschland. Die *NSB* hat einen Agenten gefunden, der bereit ist, für uns in Porto Empedocle zu arbeiten. Die Reederei habe bereits eine Garantiesumme hinterlegt, und Luigi Tagliavia in Palermo erwartet nun nähere Informationen von uns: Flagge, Größe und weitere technische Daten des Schiffes, voraussichtliche Ankunftszeit, Anzahl der Besatzungsmitglieder und Passagiere, das Übliche eben. Wir schicken umgehend eine E-Mail mit allen nötigen Informationen. Außerdem soll eine Liste erstellt werden, mit den Namen der Schiffbrüchigen, die am 20. Juni an Bord genommen

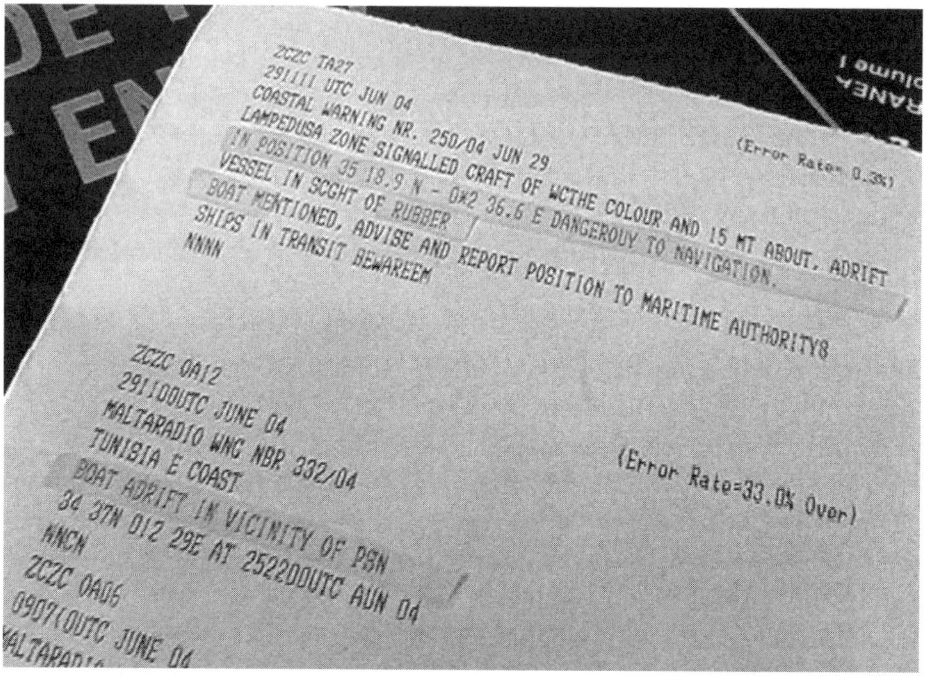

Innerhalb von wenigen Minuten erreichen uns am 29. Juni drei NAVTEX-Meldungen über Boote in Seenot.

wurden. Der Agent wird dann diese Liste an die zuständigen Behörden weiterleiten.

Von Mike und Birgit lasse ich mir ihre Eindrücke von unseren Passagieren schildern. Die beiden haben den engsten Kontakt zu der Gruppe und in meinem Auftrag jeden Einzelnen nach seiner Geschichte befragt. Mit zwei Ausnahmen haben alle Sudan/Darfur als ihre Herkunftsregion angegeben. Doch es gibt Zweifel. „Wenn du mich fragst, wir haben die ganze Ladeluke voller kleiner Münchhausens sitzen“, meint Mike, deutlich verärgert. „Ich glaube, wir werden ziemlich angeschmiert, wie wir in Berlin dazu sagen würden.“ Auch Birgit, die als Krankenschwester bei den Geretteten offenbar besonderes Vertrauen genießt, teilt diesen Eindruck: „Die Angaben widersprechen sich zum Teil, manche können nicht einmal den Namen des Dorfes nennen, aus dem sie angeblich stammen!“ Andererseits hätten einige wiederum sehr detaillierte geographische Kenntnisse über den Westsudan. Und auf jeden Fall seien die Schilderungen von Kämpfen, Not und Vertreibung durchaus glaubwürdig.

„Wir können nicht feststellen, woher jemand wirklich stammt. Das ist auch nicht unsere Aufgabe. Wir sind weder Ethnolgen noch Staatsanwälte. Und nehmt es bitte nicht persönlich, wenn ihr eventuell angelogen werdet“, sage ich, vor allem in Mikes Richtung. „Die Leute kriegen mit ihrem Boot gleich auch eine Geschichte mitgeliefert, die sie nach ihrer Ankunft erzählen sollen. Ist doch klar, daß sie alles tun würden, um ihre Chancen auf Asyl in Europa zu erhöhen.“ Wir beschließen deshalb, auf der Passagierliste genau das einzutragen, was die 37 Männer uns gesagt haben: Name, Geburtsdatum und Nationalität. 35 mal steht Sudan als Herkunftsland da, einmal Sierra-Leone, einmal Nigeria „Gerettet aus Seenot“ schreiben wir dazu. Auch diese E-Mail geht noch am Abend des 29. Juni an das Büro unseres Agenten Luigi Tagliavia in Palermo.

Weiterhin erreichen uns ständig Meldungen von treibenden oder sinkenden Booten. Es sind die Sicherheitshinweise des NAVTEX-Systems (Navigational Information Over Telex), die alle Seeschiffe vor drohenden Kollisionen warnen. Von Rettung und Hilfe aber ist auf den schmalen Telex-Streifen keine Rede. Eine der vermeintlichen Unglücksstellen passieren wir noch, ohne daß irgendetwas zu sehen wäre. Jetzt müssen wir erst einmal die Schiffbrüchigen an Land bringen – danach können wir uns um weitere Notfälle kümmern.

+++ 30.06. +++

Am nächsten Morgen erhalten wir die ersehnte Bestätigung zum Einlaufen in Porto Empedocle. Die „Cap Anamur" nimmt nun Kurs Richtung Norden. Es sind etwa 16 Stunden Fahrt bis nach Sizilien. Die Ankunft ist für den 1. Juli, 9:00 Uhr geplant. Die Stimmung an Bord, insbesondere unter den Afrikanern im Zwischendeck, hellt sich augenblicklich spürbar auf. Sogar jene, die tagelang apathisch auf ihren Decken lagen, beteiligen sich nun an Gemeinschaftsaktivitäten, holen Paletten mit Wasserflaschen aus dem Laderaum herauf, putzen, sammeln Müll ein oder vertreiben sich die Zeit in unserem improvisierten ‚Sport-Center', bestehend aus einer Pingpong-Platte und einem Tischfußball-Gerät. Zum ersten Mal höre ich lautes Lachen aus dem Bauch des Schiffes.

In den letzten Minuten des 30. Juni stehe ich neben Stefan auf der Brücke, als wir über Kanal 16, der internationalen Notruffrequenz, angefunkt werden. Die Verbindung ist schlecht, das Englisch auch. Es ist nicht genau zu verstehen, wer spricht. „Sie haben Erlaubnis nach Lampedusa zu fahren", teilt uns der Unbekannte mit. Nach Lampedusa? Die Insel haben wir längst hinter uns gelassen. Wir befinden uns bereits östlich der kleinen Insel Linosa. „Wir sind unterwegs nach Porto Empedocle", erwidert der Kapitän. „Wollen Sie nicht nach Lampedusa fahren?", will der Anrufer wissen. „Danke für den Tip!", sagt Stefan etwas überrascht. „Aber wir sind für Porto Empedocle angemeldet. Porto Empedocle! Verstehen Sie uns?" „Sie haben doch Schiffbrüchige an Bord", krächzt es aus dem Lautsprecher. „Warum wollen Sie die nicht nach Lampedusa bringen?" „Weil der Hafen dort zu klein für uns ist", antworten wir. „Der Hafen ist zu klein für Ihr Schiff?" „Ja, genau." „Na, wenn das so ist: Gute Fahrt weiterhin!"

+++ 01.07. +++

In den Morgenstunden kommt voraus die sizilianische Küste in Sicht. An der Seegrenze – zwölf Meilen (rund zwanzig Kilometer) vor dem Festland – läßt Stefan die Maschine stoppen. Die „Cap Anamur" ist etwas schneller vorangekommen als geplant. Deshalb sind wir nun zu früh vor Porto Empedocle. Um jeden Ärger zu vermeiden, will der Kapitän vor der Einfahrt noch einmal Kontakt zu den Behörden aufnehmen. Gegen 9:00 Uhr erreicht er den Lotsendienst in der Hafenmeisterei. „Wir sind etwas früher dran. Alles klar zum Einlaufen?" – „Guten Morgen, ‚Cap Anamur', warten Sie bitte noch einen Moment, ich frage eben nach. – Ja, es ist alles okay. Ihr könnt reinkommen. Bis gleich!" In gut einer Stunde soll uns der Lotse direkt vor der Hafeneinfahrt in Empfang nehmen.

Während die Hauptmaschine wieder angeworfen wird, beginnen die 37 Männer im Zwischendeck ihre Habseligkeiten in Bündel zu verschnüren. Die „Cap Anamur" nimmt gerade Fahrt auf, als wir erneut einen Funkspruch erhalten: „Hier spricht die Küstenwacht! ‚Cap Anamur', Sie haben keine Erlaubnis, in italienische Hoheitsgewässer einzufahren. Ich wiederhole: Sie haben keine Erlaubnis, in italienische Gewässer zu fahren! Die Genehmigung wird verweigert!"

Wir stehen da wie erstarrt. „Habe ich Sie richtig verstanden: Wir dürfen nicht einfahren?", fragt Stefan über Funk zurück.

„Genau so ist es", schnarrt es aus dem Empfangsgerät. „Behalten Sie Ihre Position in internationalen Gewässern und erwarten Sie weitere Anweisungen!"

„Verstanden. Ich werde also fünf Meilen rausfahren und dort warten, damit wir nicht versehentlich in die Hoheitsgewässer hineindriften."

„Was hat das zu bedeuten?", will ich vom Kapitän wissen.

„Keine Ahnung. Aber das wird man uns bestimmt bald mitteilen."

Einschüchterungsversuche gegenüber einem europäischen Rettungsschiff. Ein Hubschrauber der „Guardia di Finanza“ im Tiefflug über der „Cap Anamur“, Zollkreuzer umkreisen uns ....

Seeblockade

+++ 01.07. +++

Auf nähere Informationen warten wir vergeblich. Denn anstelle eines weiteren Funkspruchs läßt die Republik Italien die Muskeln spielen: Innerhalb weniger Stunden finden wir uns von zwei Fregatten der Marine, Kreuzern der Küstenwacht sowie mehreren Polizei- und Zollbooten umringt. Die Kriegsschiffe sind vom gleichen Typ wie die „Danaide", der wir bereits vor Lampedusa begegnet waren, ausgerüstet mit Maschinengewehren, Bordkanonen, Raketenwerfern. Über der „Cap Anamur" steht knatternd ein olivgrüner Hubschrauber der *Guardia di Finanza* (die italienische Zollbehörde). Aus der offenen Tür ragt – deutlich sichtbar – das Objektiv einer Kamera. Während eine ganze Flotte um uns herum aufgezogen ist, werden wir offensichtlich aus der Luft gefilmt! Die ganze Szenerie wirkt ebenso surreal wie bedrohlich. Aus dem Zwischendeck meldet Jutta, daß sich unter den 37 Geretteten Angst breit macht.

... kommen auf wenige Meter heran ...

Auf der Brücke pressen wir entgeistert die Ferngläser an die Augen. „Das glaube ich einfach nicht“, sagt Erhard, unser Militärexperte. „Das sieht ja aus wie im Koreanischen Seekrieg!“ Und auch Stefan ist platt: „Wir befinden uns hier in internationalen Gewässern! Die müßten wenigstens eine Meile Abstand von uns halten! Aber offensichtlich geht es denen darum, uns einzuschüchtern!“

Fieberhaft versuchen wir herauszufinden was eigentlich los ist. Über Funk ruft der Kapitän immer wieder die Hafenbehörden und die Kommandanten der uns umkreisenden Schiffe an. Niemand antwortet. Erhard informiert gleichzeitig via Satellitentelefon unseren Agenten Luigi Tagliavia über die dramatische Lage. Der verspricht, sich umgehend bei den Behörden zu erkundigen. Ich rufe beim Auswärtigen Amt an.

Detlev Rünger ist der Leiter des Arbeitsstabs Humanitäre Hilfe in Joschka Fischers Ministerium. Ich habe ihn bei mehreren Treffen in Berlin als engagierten und offenen Menschen kennengelernt. Schon einmal konnte er helfen, als die jordanischen Zollbehörden unseren Medikamententransport an der irakischen Grenze aufhalten wollten. Ich schildere ihm die aktuellen Ereignisse.

... auch die Küstenwache ist im Einsatz ...

„Wir brauchen eure Hilfe. Diesmal ganz offiziell. Ich beantrage den Schutz durch die Bundesregierung. Als unser Flaggenstaat müßt ihr uns gegenüber dieser militärischen Konfrontation verteidigen! Nach dem internationalen Seerecht darf einem Schiff mit Geretteten nicht die Einfahrt verweigert werden!"

Auch der Abteilungsleiter in der fernen Bundeshauptstadt kann kaum glauben, was ich ihm berichte. Er verspricht: „Ich werde mich sofort um die Sache kümmern!" Doch bis zum Abend gibt es weder aus Berlin noch von den italienischen Behörden irgendetwas Neues.

+ + + 02.07. + + +

Erst am nächsten Tag nähert sich von der Küste her eine kleine blaue Motoryacht der „Cap Anamur". Auch die „Piga" wird sofort von Polizeibooten umzingelt, die sie an der Weiterfahrt hindern. Durch unsere Ferngläser können wir sehen, wie Uniformierte auf die Besatzung der Yacht einreden. Mein Handy klingelt. Die Leitung ist sehr schlecht, und ich brauche eine Weile, bis die Worte einen Sinn ergeben.

... Polizeiboote blockieren Sympathisanten ...

„Hier spricht Emilia von *Emergency*, siehst du mich? Wir wollen auf euer Schiff kommen, aber man läßt uns nicht! Könntest du vielleicht mit einem Boot zu uns rüberkommen?" Ich kenne keine Emilia. Aber den Namen ihrer Organisation habe ich natürlich schon gehört, im Irak und in Afghanistan. *Emergency* ist eine humanitäre Organisation in Mailand, so eine Art italienische *Cap Anamur*. Natürliche Verbündete also. Ein Treffen wäre wohl eine gute Sache. Gerade als ich antworten will, bricht die Verbindung zusammen. Wir driften weit vom Festland entfernt, das Mobilfunknetz ist hier draußen einfach zu schwach. Also versuchen wir es über Funk – leider ohne Erfolg. Schließlich stelle ich mich mit dem Megaphon an die Reling und rufe auf Englisch herüber: „Kommt näher, damit wir reden können!" Aber die „Piga" bleibt, wo sie ist, und von Bord kommt keine Reaktion.

„Okay, laßt uns ein Schlauchboot aussetzen und rüberfahren", schlage ich vor. Aber Stefan und Erhard sind skeptisch. „Und wenn sie dich hopps nehmen?", sorgt sich der Kapitän. Auch unser Bundesmarine-Offizier ist – unter dem Eindruck des Flottenaufmarschs seiner ehemaligen italienischen NATO-Kameraden – von dieser Idee ganz und gar nicht begeistert: „Das sieht nach einer Falle aus!" Erhard hat als Sicherheitsoffizier auch die Schlauchboote unter sich. Also bitte ich ihn, mich die rund hundert Meter

zu unseren verhinderten Besuchern zu fahren. Nach längerem Herumdrucksen weigert er sich am Ende: „Tut mir leid, Boß. Ich muß dir leider klipp und klar sagen: Auf so eine Sache lasse ich mich nicht ein. Das ist mir zu heiß!" Er sieht zu Boden. Ich sehe zu Stefan herüber. Nur der Kapitän könnte jetzt ein Machtwort sprechen – er tut es aber nicht.

In einen Moment des Schweigens hinein meldet sich Vladimir in seinem typischen deutsch-russischen Kauderwelsch: „Kann ich schon fahren, warum nicht! Bitte, wenn wollen Sie...". Der Erste Offizier beteiligt sich selten an unseren Gesprächen. Manchmal wirkt er sogar abweisend oder arrogant, weil er Dinge nur halb versteht und dann umso heftiger auf seinem Standpunkt beharrt. Aber ich habe ihn auch als gewissenhaft und hochintelligent kennengelernt: So hat hat Vladimir noch jeden von uns an Bord mit links im Schach bezwungen. Kapitän und Sicherheitsoffizier zeigen sich einverstanden, daß er die Fahrt übernimmt.

Minuten später sitzen wir in unserem signalroten Gummiboot und schippern einem bizarren Rendezvous entgegen. Ein Kreuzer der *Guardia Costera* (Küstenwacht) und zwei Boote der *Guardia di Finanza* (Zoll) sind sofort bei uns. Von links nähert sich außerdem ein langes, graues Schlauchboot mit gleich drei gewaltigen Außenbordmotoren. Wir sehen vermummte

... und schließlich schickt auch die italienische Kriegsmarine zwei Fregatten zur ,Cap Anamur'.

Gestalten mit umgehängten Maschinenpistolen. Ein mulmiges Gefühl beschleicht mich schon. Aber die bedrohlichen Figuren lassen uns zunächst gewähren, als man von der „Piga" ein Seil herüberwirft und wir längsseits gehen. Unter dem Sonnensegel am Heck der Yacht erwartet mich eine bunte Gesellschaft. Emilia Tormatore, eine rundliche Mittdreissigerin, heißt uns herzlich willkommen. Dann stellt sie mir radebrechend und wild gestikulierend ihre Gruppe vor. Soweit ich verstehen kann, befindet sich neben Emilia und einem weiteren Aktivisten von *Emergency* auch ein Abgeordneter der sizilianischen Grünen darunter, außerdem ein Professor für Internationales Recht und ein Kameramann des halbstaatlichen italienischen *RAI*-Fernsehens. Sie alle mußten ihre Pässe abgeben, als sie an der Seegrenze von den Uniformierten gestoppt wurden. Von einem Besuch auf der „Cap Anamur" hat man auch dem Abgeordneten dringend abgeraten: „Wir empfehlen Ihnen, nicht auf dieses Schiff zu gehen! Das sind möglicherweise Kriminelle!" Die kaum verhohlene Drohung hat offensichtlich ihre Wirkung getan. Denn meine wiederholte Einladung, mir doch an Bord unseres Schiffes zu folgen, lehnt man dankend ab.

Also versuche ich zu erklären, wer wir sind, woher wir kommen und was wir hier machen. Aber es hat keinen Sinn. Ich verstehe zwar ein paar

Vladimir fährt die Journalisten zur „Piga" – die Polizei ist immer dabei.

Brocken Italienisch, doch sprechen kann ich es nicht. Und Englisch oder Französisch werden wiederum auf der „Piga" kaum verstanden. Resigniert gebe ich dem Mann von der *RAI* ein Zeichen und deponiere einfach auf Deutsch und Englisch eine Botschaft direkt in die Kamera, im Hintergrund die „Cap Anamur":

„Dies ist das Schiff einer humanitären Organisation aus Deutschland. Wir haben 37 Schiffbrüchige an Bord, die wir vor Lampedusa aus Seenot gerettet haben. Zunächst war uns die Einfahrt nach Porto Empedocle gestattet worden, doch gestern Morgen wurde die Genehmigung plötzlich zurückgezogen. Die Behörden haben uns keinerlei Erklärung dafür gegeben. Stattdessen schickte man uns diese Armada von Schiffen entgegen, die offensichtlich zum Ziel hat, uns einzuschüchtern. Wir protestieren, auch im Namen der Geretteten, gegen diese Behandlung und verlangen, daß man uns umgehend in den Hafen einfahren läßt!"

Es wird Zeit für mich, an Bord zurückzukehren. Überschwenglich verabschiedet sich Emilia von mir und bedeutet, daß sie mein verschwitztes weißes T-Shirt mit dem aufgedruckten vietnamesischen Flüchtlingsboot und dem Schriftzug *Cap Anamur* gegen ihr rotes von *Emergency* eintauschen möchte. So kommt es noch zu einem denkwürdigen Trikottausch, ehe unser Schlauchboot sich auf den Rückweg begibt. Die finsteren Bewacher machen auch diesmal keine Anstalten, uns abzufangen. Allerdings lassen sie uns aber auch keinen Moment aus den Augen.

Noch einmal absolviert Vladimir den unangenehmen Parcours zwischen den Polizeibooten hindurch. Die deutschen Journalisten, die zusammen mit mir von Djerba aus an Bord gekommen waren, haben genug gesehen und wollen nun wieder nach Hause: *ZDF*-Reporter Luten Leinhos und sein Kameramann Andreas Buhrow, Martin Hilbert und Christoph Fleischer von *Aquino-Film* sowie auch unser Fotograf Jürgen Escher lassen sich zur „Piga" herüberfahren und hoffen, auf diese Weise schnellstmöglich an Land und dann zum nächstgelegenen Flughafen zu kommen. Unsere Besatzung sieht der Yacht sehnsüchtig nach, als sie im Abendlicht verschwindet. Die „Cap Anamur" ist jetzt seit anderthalb Wochen ununterbrochen auf See.

Spät in der Nacht meldet sich Martin Hilbert noch einmal telefonisch bei mir. Alle Passagiere der „Piga" sind bei ihrer Ankunft auf Sizilien von der italienischen Polizei stundenlang festgehalten worden und mußten merkwürdige Fragen beantworten. „Die wollten unbedingt wissen, wie genau wir uns mit der ‚Cap Anamur' verabredet haben, als wir mit dem Speedboat von Djerba aus losgefahren sind", berichtet er. „Am Ende wurde es mir zu blöd. Ein guter Journalist hat sowas im Gefühl, habe ich ihnen gesagt. Da haben sie endlich aufgegeben und uns gehen lassen." Glücklicherweise ist das Filmmaterial der beiden Teams der Beschlagnahme entgangen. Calogero Micciche, der freundliche Grünen-Politiker an Bord der „Piga" hat die Kassetten in seine Tasche gepackt und so unter dem Schutz seiner Abgeordneten-Immunität sicher an Land transportiert.

Auch Jürgen Escher, der schon alle möglichen Krisenherden der Welt bereist hat und dabei mehr als einmal in brenzlige Situationen geraten ist, ruft mich in dieser Nacht noch an. „Elias, es ist schrecklich! Dieser absurde Aufmarsch von Polizei und Militär gegen ein humanitäres Schiff mit geretteten Menschen! Heute habe ich mich zum ersten Mal dafür geschämt, Europäer zu sein."

Am 2. Juli verlassen die deutschen Journalisten das Schiff, v.l.n.r.: ZDF-*Reporter Luten Leinhos, der Fotograf Jürgen Escher und Kameramann Andreas Buhrow.*

Wir sitzen fest

+++ 03.07. +++

So sehr wir auch gehofft hatten, daß alles nur ein wirrer Traum sei, der sich in Wohlgefallen auflösen würde – am nächsten Morgen werden wir eines Schlechteren belehrt. Die Szenerie wirkt bedrohlich. Im Nebel des anbrechenden Tages zeichnen sich rings um die „Cap Anamur" die Silhouetten unserer Bewacher ab. Ein gespenstischer Anblick, wie sie zwischen grauen Dunstschwaden reglos daliegen: Schiffe unterschiedlicher Größe, manche nicht einmal hundert Meter von uns entfernt, geradezu wie in Lauerstellung. Es ist totenstill, die See glatt wie ein Spiegel. „Es hat keinen Zweck. Die reden nicht mit uns", stellt Stefan fest. Immer wieder versucht er die Boote anzufunken, um sie wenigstens zur Einhaltung des Sicherheitsabstands aufzufordern, jedes Mal ohne Antwort oder sichtbare Reaktion.

Am Vormittag meldet sich Detlev Rünger aus Berlin und erkundigt sich nach der jüngsten Entwicklung. Der humanitäre Helfer im Fischer-Ministerium ist nicht untätig geblieben: „Ich habe im ganzen Haus Alarm geschlagen, unsere Botschaft in Rom ist auch eingeschaltet", meldet er aus dem Auswärtigen Amt. Die Vertretung wird Kontakt zum italienischen Außenministerium aufnehmen. Rünger bittet um etwas Geduld. „Mehr können wir im Moment nicht tun. So eine Geschichte hat es schließlich noch nicht gegeben. Auf jeden Fall bleiben wir aber weiter dran!" Ich kann nur hoffen, daß die diplomatischen Drähte zwischen Berlin und Rom gut genug funktionieren, um diese schauerliche Situation so schnell wie möglich zu beenden. Gewiß scheint das aber keineswegs. Denn es ist allgemein bekannt, daß zwischen der rot-grünen Bundesregierung und der Regierung Silvio Berlusconi nicht eben vertrauliches Einvernehmen herrscht.

Unter den 37 jungen Männern im Zwischendeck hat sich das Entsetzen über die gestrigen Erlebnisse im Laufe der Nacht in tiefe Niedergeschlagenheit gewandelt. Birgit bittet mich um ein Gespräch. Sie macht sich Sorgen um ihre Patienten. „Einige sind stark, die verkraften die ganze Lage relativ gut. Aber manche sind schlagartig in eine schwere Depression gerutscht, das gefällt mir gar nicht." Die erfahrene Krankenschwester an Bord der „Cap Anamur" hat jahrlang in der Psychiatrie gearbeitet und dabei ein feines Gespür für die seelischen Notlagen ihrer Schützlinge entwickelt.

Am Morgen des 3. Juli: Im Nebel lauern unsere Bewacher – und weigern sich beharrlich mit uns zu reden.

„Vom Gefühl her würde ich sagen, daß wir mehrere potentielle Selbstmordkandidaten an Bord haben. Du mußt ja immer bedenken, was diese Leute möglicherweise schon durchgemacht haben, bevor wir sie aufgefischt haben!"

Und wenn es nun noch Tage dauert, ehe wir endlich an Land kommen? „Dann kann ich für nichts garantieren", sagt Birgit.

Ich bitte *Ärzte ohne Grenzen (MSF)* in Rom um Hilfe. Loris de Filippi läßt sich die Lage an Bord in allen Einzelheiten beschreiben. Er ist aufrichtig empört darüber, was die Behörden seines Landes mit uns veranstalten. Doch da er seine eigenen Erfahrungen über den Umgang mit Flüchtlingen an den Küsten Italiens hat, macht er uns nicht allzuviel Hoffnung auf eine schnelle Lösung. „Nach meiner Einschätzung kann sich die Sache durchaus noch einige Zeit hinziehen", meint er. „Wenn ihr Pech habt, wird der Fall ‚Cap Anamur' vielleicht zu so etwas wie einer nationalen Frage der Ehre hochstilisiert. Die schalten bestimmt erstmal total auf stur!" Auf jeden Fall müsse schnellstens Hilfe für die Geretteten an Bord organisiert werden. Wir verabreden die nächsten Schritte: Ich schreibe per E-Mail einen offiziellen Brandbrief an das *MSF*-Büro in Amsterdam, während Loris ein Team zusammenstellt, das sich zu uns durchschlagen soll.

Auch im Kölner Komitee-Büro rotieren nun alle, nachdem die ersten Bilder und Berichte vom „Seekrieg" vor Porto Empedocle eingetroffen sind. In einer Telefonkonferenz besprechen wir die Lage ausführlich. „Und wenn ihr einen anderen Hafen anlauft?", schlägt Michaela vor. „Die können ja schließlich nicht jedesmal die halbe italienische Flotte mobilisieren, um uns aufzuhalten!" – „Das Verbot bezieht sich ausdrücklich auf die italienischen Hoheitsgewässer im allgemeinen und eben nicht nur auf diesen einen, speziellen Hafen. Damit ist das ganze Land für uns tabu. Wenn wir jetzt irgendwo anders einlaufen, machen wir uns strafbar", gebe ich zu bedenken. „Wir hätten natürlich die Möglichkeit, nach Malta oder Griechenland weiterzufahren", meint Bento. „Die Frage ist nur, wie man uns dort empfangen würde." Schließlich sind wir uns einig, daß wir nur eine Chance haben, wenn wir bei dem Prinzip bleiben: Die Schiffbrüchigen müssen in das Land gebracht werden, das von der Rettungsstelle aus am nächsten liegt. Da wir das Schlauchboot vor der italienischen Insel Lampedusa aufgegabelt haben, werden wir nun auch darauf bestehen, in einen italienischen Hafen einzulaufen. Und der nächste erreichbare und für unser Schiff geeignete Hafen ist jetzt Porto Empedocle.

Warum ausgerechnet Porto Empedocle?

Die Rettungsstelle, an der die 37 Schiffbrüchigen aufgenommen wurden, liegt in internationalen Gewässern zwischen der libyschen Küste und der italienischen Insel Lampedusa (Lat 33°46,5984N, Lon 12°15,4908E). Da in Libyen nicht einmal die körperliche Unversehrtheit der Geretteten garantiert werden kann, kommt für uns aus humanitären Erwägungen als Aufnahmeland also nur Italien in Frage. Allerdings entpuppt sich der Hafen von Lampedusa als zu klein für die fast 100 Meter lange „Cap Anamur". Auch Pozzalo kann wegen der Größe des Schiffes nicht angelaufen werden. Der nächstgelegene geeignete italienische Hafen ist Porto Empedocle auf Sizilien. (Das weiß übrigens auch die Küstenwache Italiens, die regelmäßig Flüchtlinge aus dem überfüllten Lager von Lampedusa mit Schiffen dorthin bringen läßt.)

Nachdem die Regierung in Rom die zunächst erteilte Einfahrterlaubnis für die „Cap Anamur" (völkerrechtswidrig) ohne Begründung zurückgezogen hat, will sie das Schiff nach Malta weiterschicken. Prompt erklärt der maltesische Außenminister, die Flüchtlinge müßten nach Libyen gebracht werden.

Würde das Schiff nun einen anderen europäischen Hafen ansteuern, ginge das zynische ‚Schwarze Peter-Spiel' wohl weiter. Um weder die Geretteten noch die Besatzung den Strapazen einer unter Umständen wochen- oder monatelangen Irrfahrt auszusetzen, bleibt die „Cap Anamur" ab dem 1. Juli auf ihrer Position 12 Meilen (knapp 20 Kilometer) vor Porto Empedocle und besteht auf der Genehmigung zur Einfahrt.

Auch die letzte Möglichkeit, den Hafen von Lübeck anzulaufen, wird verworfen. Zwar darf nach internationalem Seerecht der Heimathafen einem Schiff die Einfahrt nicht verweigern, allerdings drohen auch hier behördliche Schikanen, da die „Cap Anamur" ja auf dem Weg nach Deutschland wiederum durch die Hoheitsgewässer mehrerer europäischer Länder fahren müßte.

Außerdem ist es bei einer Rettungsaktion natürlich weder sinnvoll noch finanzierbar, jeweils mit einer kleinen Gruppe von Schiffbrüchigen um den halben Globus zu schippern, anstatt sie im nächsten erreichbaren Hafen in Sicherheit zu bringen: Porto Empedocle.

Die angespannte Lage, in der sich die 37 Geretteten befinden, macht Bento ebenfalls Sorgen. Auch er ist ein erfahrener Krankenpfleger und weiß aus seinen Einsätzen in Afrika, wie unkalkulierbar Patienten werden können, wenn sie unter posttraumatischen Belastungsstörungen leiden. Die Vorstellung, daß sich auch nur einer der jungen Männer in unserer Obhut etwas antun könnte, ist für uns alle entsetzlich. Edith, die medizinische Koordinatorin des Komitees, wird sich deshalb im Kollegenkreis umhören und versuchen, Birgit bei der Behandlung der Patienten an Bord über Telefon und Internet so gut es geht zu unterstützen. Parallel dazu prüft Heide Mantscheff, unsere Justitiarin und zweite Vorsitzende, die offenen Rechtsfragen: Welche juristischen Möglichkeiten haben wir, uns gegen die skandalöse Behandlung durch die italienischen Behörden zur Wehr zu setzen? Der Kölner Rechtsanwalt Jürgen Crummenerl, ein Experte für Flüchtlings- und Asylrecht, ist ebenfalls eingeschaltet. Er hat bereits Kontakte zu diversen Menschenrechtsgruppen aufgenommen, die er über die Ereignisse auf dem Laufenden hält. Wir brauchen jetzt so viel Unterstützung wie nur irgend möglich.

Am Nachmittag meldet sich über das Satellitentelefon auf der Brücke ein junger italienischer Journalist, der sich als „Pablo Trincia, von *PeaceReporter*" vorstellt. Er kommt gleich auf die Schiffbrüchigen zu sprechen und will wissen: „Warum habt ihr denn die Afrikaner von Malta nach Sizilien gebracht?"

„Wir haben sie nicht von Malta mitgebracht. Sie wurden vor Lampedusa aus einem Schlauchboot gerettet!"

„Aber die Behörden sagen, euer Schiff hat tagelang vor Malta geankert, ehe ihr Porto Empedocle angelaufen seid!"

„Das muß ein Mißverständnis sein", antworte ich, „aber eines, das leicht auszuräumen ist. Unser Logbuch und auch die elektronischen Navigationssysteme können jederzeit eingesehen werden. Nur leider interessieren sich die Militärs, Polizei, Küstenwache und wer hier noch alles um uns herum kreist, nicht dafür."

„Da sind Militär und Polizei im Einsatz?", fragt der Friedensreporter nach einer kurzen Pause. „Allerdings!" Ich erkläre ihm die Situation, die Erhard so sehr an Korea erinnert. „Kriegsschiffe, Hubschrauber, Küstenwacht, alles da!" Pablo ist hörbar irritiert. „Moment, ich melde mich später nochmal", sagt er und legt auf.

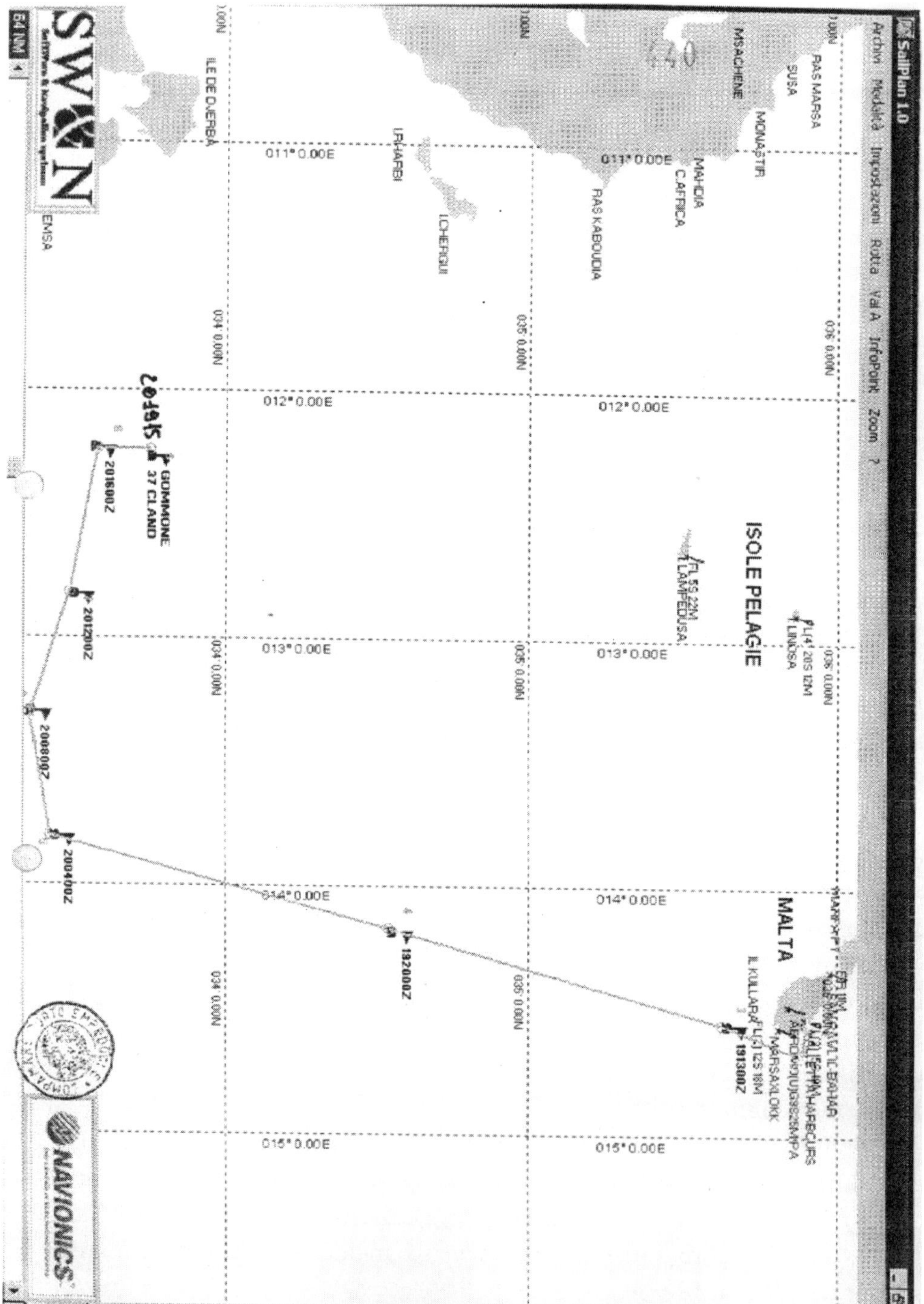

Ausdruck vom Navigations-Computer der „Cap Anamur“. Die Karte zeigt den Weg vom Auslaufen in Malta (19. Juni) bis zur Rettung der Schiffbrüchigen am folgenden Tag südlich von Lampedusa.

Nach etwa einer halben Stunde werde ich erneut auf die Brücke gerufen. Wieder ist Pablo am Apparat, er hat inzwischen mit dem Innenministerium in Rom gesprochen: „Die sagen: Das ist alles gar nicht wahr. Es hat nie einen militärischen Einsatz gegen die ‚Cap Anamur' gegeben!"

„Vielleicht sollte ich mal per E-Mail ein paar aktuelle Fotos schicken? Dann könnt ihr euch in der Redaktion ein eigenes Bild machen", biete ich an. Ich hole die Kamera aus meiner Kabine und mache wahllos ein paar Schnappschüsse von unseren Bewachern. Segen der modernen Technik: Innerhalb weniger Minuten hat Pablo die Fotos auf seinem Monitor. Er meldet sich sofort.

„Ich muß sagen, das ist nicht zu glauben. Es ist wirklich nicht zu glauben!", stammelt er. Er bittet mich um Erlaubnis, die Bilder von der „Cap Anamur" veröffentlichen zu dürfen. „Bestimmt werden viele Zeitungen diese Fotos drucken", ist er überzeugt. „Denn das ist ja ein richtiger Skandal!" Ich habe nichts dagegen. Im Gegenteil. Denn wenn tatsächlich öffentlich Falschmeldungen über uns verbreitet werden, dann kann uns nur noch größtmögliche Öffentlichkeit helfen. Allerdings klingt *Peace-Reporter* für mich nicht gerade nach großer weiter Medienwelt, sondern eher nach Schülerzeitung. Dieser Eindruck täuscht allerdings, wie sich zeigen wird.

Der Tag verrinnt ohne positive Wendung. Eine weitere Nacht voller Ungewissheit steht uns und mehr noch unseren hilflosen Afrikanern bevor.

+++ 04.07. +++

Am nächsten Tag kommt tatsächlich ein Team von *Ärzte ohne Grenzen* zu uns an Bord: eine Ärztin, ein Pfleger, ein Anwalt und ein interkultureller Vermittler, der unter anderem auch Arabisch spricht. Auch sie sind mit einer kleinen Motoryacht, der „Mare Nostrum", einfach losgefahren und wurden prompt von grimmig dreinblickenden Uniformträgern gestoppt. Auch ihnen wurden die Pässe abgenommen, verbunden mit der Warnung „besser nicht auf dieses Schiff" zu gehen. Allerdings haben sich die *MSF*-Leute – im Gegensatz zu den weniger couragierten Besuchern zwei Tage zuvor – nicht einschüchtern lassen. Entschlossen klettern sie über die Lotsenleiter an Bord und werden von uns erleichtert und dankbar willkommen geheißen. Sie haben sogar Koffer mit Medikamenten und Geräten mitgeschleppt. Offenbar wußten sie nicht, daß die „Cap Anamur" auf der Ladeluke ein vollwertiges Hospital mit sich führt.

Patrizia, die braungelockte Ärztin mit südamerikanischen Wurzeln, läßt sich sofort ins Zwischendeck bringen. Nach einer kurzen Vorstellrunde steht auch der mitgebrachte Anwalt der Gruppe für Fragen zur Verfügung. Gleichzeitig kann sich jeder medizinisch untersuchen lassen, der das möchte. Zwei oder drei Kandidaten, die Birgit besondere Sorgen machen, erhalten eine persönliche Einladung in die Ambulanz. Am Ende des Tages lautet die Diagnose wie erwartet: Es scheint keiner der 37 Männer im Zwischendeck ernsthaft körperlich krank zu sein, aber einige wirken extrem unruhig, andere verschlossen oder verstört. „Es könnte durchaus sein, daß sie aggressiv werden, entweder gegen sich selbst oder gegen andere, wenn sich an ihrer Lage nicht bald etwas ändert", lautet die übereinstimmende Einschätzung der beiden Frauen. Doch Genaueres können sie nicht sagen. „Wir können versuchen, einen Psychologen an Bord zu holen. Aber eine angemessene Behandlung wird dann ohnehin nur an Land möglich sein."

Die Kardinalfrage: Wann werden wir endlich an Land gelassen? Die Zeichen stehen nicht besonders gut. Patrizia erzählt mir vor ihrer Rückfahrt, daß sie heute eine Zeitung mit den Fotos von den Kriegsschiffen vor der „Cap Anamur" gesehen hat. „Die Regierung lügt", lautet die Schlagzeile dazu. Anscheinend ist unser Fall auf dem besten Wege, in Italien zu einem handfesten Politikum zu werden.

Ganz anders dagegen verhalten sich die Medien zu Hause in Deutschland. Dort interessiert sich offenbar bislang noch niemand ernsthaft für die Situation, in der wir hier draußen alle zusammen stecken. Martin Hilbert und Luten Leinhos versuchen bisher erfolglos, die Redaktionen von *WDR*, *ARTE* und *ZDF* davon zu überzeugen, daß das, was sie in den Tagen auf unserem Schiff gesehen und erlebt haben, einen aktuellen Bericht wert wäre. Viele andere Themen sind offensichtlich weit wichtiger als das Schicksal von 37 afrikanischen Schiffbrüchigen, die unter Androhung militärischer Gewalt daran gehindert werden, nach Europa zu gelangen. Auch die beiden Pressemitteilungen, die wir über das Büro in Köln herausgegeben haben (*„Italienisches Militär verweigert Einfahrt in Hafen"* vom 2.7. und *„Nervenkrieg vor Sizilien geht weiter"* vom 3.7.) bleiben praktisch ohne Beachtung.

04.07.2004 Elias Bierdel

Aufruf an die europäische Zivilgesellschaft

"Seit Donnerstagmorgen driftet unser Schiff 15 Meilen vor dem sizilianischen Hafen Empedocle. Wir bestehen darauf, in den Hafen einzulaufen - so wie es ursprünglich geplant und auch genehmigt war. Bislang haben uns die Behörden nicht mitgeteilt, warum die ursprünglich erteilte Genehmigung widerrufen worden ist.

Die Konfrontation durch verschiedene bewaffnete Kräfte des italienischen Staates ist grotesk und offenbar dazu bestimmt, unsere Crew und die Passagiere an Bord in Angst und Schrecken zu versetzen. Wir protestieren gegen diese Art der Behandlung.

Die Schiffbrüchigen, die wir retten konnten, sind keine `clandestini` - denn sie haben die Grenzen nach Europa noch nicht überschritten. Wir haben vielmehr ordnungsgemäss - und in Übereinstimmung mit internationalen Rechtsvorschriften, sowie der allgemein üblichen Praxis - rechtzeitig eine Liste mit allen Menschen an Bord übermittelt. Dies kann keinesfalls als `Versuch der illegalen Einreise` intepretiert werden.

Wir haben nicht die Absicht, die italienische Regierung zu konfrontieren oder Druck auf irgendjemanden auszuüben. Wir verlangen lediglich das Recht zur Einfahrt in den Hafen Empedocle, da die Situation an Bord immer schwieriger wird. Wir stellen fest, dass jene, die uns daran hindern Schiffbrüchige in einen sicheren Hafen zu bringen, die volle Verantwortung für die Konsequenzen zu tragen haben.

Wir werden uns nicht in einen anderen Hafen umleiten lassen. Wir haben 37 Schiffbrüchige an Bord und sind deshalb nicht der Lage, uns auf irgendwelche Spielchen mit den Behörden einzulassen.

Es muss eine Lösung in Übereinstimmung mit internationalen Menschenrechtsstandards und auf der Basis humanitärer Prinzipien gefunden werden. Die Frage, wie in einer derartige Situation zu verfahren ist, muss auf politischer Ebene der europäischen Union beantwortet werden: Es ist die Politik der EU, gewaltsam ausgeführt durch italienische Küstenwache, Marine und `Guardia di

Cap Anamur Seite 2 von 2

Finanza`, die unser Schiff daran hindert, weiteren Menschen in Not zu helfen.

Wir appellieren an alle Europäer - und vor allem an die Bürgerinnen und Bürger Italiens - deutlich zu machen, dass eine solche Politik nicht in ihrem Namen vollstreckt wird.

Wir werden weiterhin soviele Menschenleben retten, wie wir nur eben können. Wir tun dies, weil wir den Tod von hunderten, vielleicht tausenden unschuldigen Menschen im Mittelmeer nicht als europäischen `Normalfall` hinnehmen wollen.

Wir wünschten, die mächtigen Flotten Italiens, der NATO und anderer würden sich um jene kümmern, die - namenlos und ungezählt - schlichterdings irgendwo zwischen den Wellen `verschwinden`. Da die Behörden und Militärs dazu nicht in der Lage sind - oder keine entsprechenden Befehle erhalten - ist die Zivilgesellschaft aufgerufen, die Dinge in die Hand zu nehmen.

Als unabhängige humanitäre Organisation müssen wir unsere Rettungsoperationen schon deshalb fortsetzen, weil es eben niemand sonst tut. Wir brauchen dazu die Unterstützung aller Menschen guten Willens, unabhängig von ihren politischen oder religiösen Überzeugungen."

Elias Bierdel - Vorsitzender Komitee Cap Anamur

ZCZC VD06
042331 UTC JUL 04
SAR ACTIVITY
MAYDAY ALERT
ALL SHIPS IN TRANSIT IN STRAIT OF SICILY
SMALL BOAT WITH 33 PEOPLE IN PRESUMED DIFFICULTY IN POSITION
LAT 33 33N LONG 012 02E ALL SHIPS IN TRANSIT ARE REQUESTED TO KEEP A
SHARP LOOKOUT,
REPORTING ANY SIGHT TO TRIPOLI PORT AUTORITY SAR LIBYAN OR MRCC ROME
AT THIS FOLLOWING
NUMBERS
TRIPOLI PORT AUTORITY:
TELEPHON: 0021821 0901
FAX: 0021821 4446722
MRCC ROME ITALIAN COAST GUARD
TELEPHON: +39 6 59084527 +39 6 59084697 +39 6 59084409
FAX: +39 6 5922737 +39 6 59084793
NNNN

NAVTEX-Meldung vom 4. Juli: Wer was sieht, soll in Tripolis anrufen. Das hat Mike getan, aber dort ging niemand ans Telefon.

Während wir noch immer vor Porto Empedocle festgehalten werden, treffen auf der Brücke weitere Meldungen von Menschen in Seenot ein. Offenbar befinden sie sich zwischen Libyen und Lampedusa auf einem Boot, das zu sinken droht: „Small boat with 33 people in presumed difficulty", lautet die Formulierung in den *NAVTEX*-Sicherheitsinformationen. Was uns schon bei vorherigen Meldungen aufgefallen ist: Auch diesmal deutet wenig auf eine Seenot-Rettungsaktion hin! Schiffe, die auf der Durchreise sind („ship in transit") werden lediglich zur Aufmerksamkeit gemahnt, damit sie nicht etwa mit dem treibenden Wrack zusammenstoßen. Beobachtungen seien an die Hafenmeisterei in Tripolis zu melden, heißt es lakonisch.

Für die „Cap Anamur" ist ein Rettungsversuch ausgeschlossen. Abgesehen von der schwierigen Situation, in der sich das Schiff und die Passagiere befinden, würde die Fahrt bis zur angegebenen Position über 20 Stunden dauern. Es muß eine große Zahl von Schiffen geben, die sehr viel näher bei dem Havaristen unterwegs sind. Aber es sieht auch diesmal nicht so aus, als ob irgendjemand eine Rettungsaktion durchführen würde. Mike hängt sich ans Satellitentelefon und wählt wieder und wieder die angegebene Nummer in Libyen. Der Ruf geht durch, doch am anderen Ende der Leitung hebt niemand ab. Unterdessen kämpfen irgendwo dort draußen Menschen um ihr Leben. Es ist grauenhaft. Vier Stunden später wird die Meldung noch einmal wiederholt, dann verschwindet sie aus dem *NAVTEX*-Report.

Gegen Mittag geht wieder eine kleine Motoryacht längsseits. Unsere Besucher sind diesmal sizilianische Gewerkschafter und ein sozialistischer Abgeordneter des Regionalparlaments, die sich selber ein Bild machen und ihre Solidarität bekunden wollen. Für sie ist das, was mit der „Cap Anamur" und ihrer menschlichen ‚Fracht' geschieht, vor allem eine politische Affäre. „Die Berlusconi-Regierung will an eurem Fall ihre Handlungsfähigkeit und Unbeugsamkeit in der Frage der *clandestini* demonstrieren", sagt mir der schnauzbärtige Linkspolitiker Angelo Capodicasa, der als ehemaliger Präsident der Region Sizilien über Ansehen und Einfluß verfügt. „Aber wir werden versuchen, möglichst viel Unterstützung für euch zu organisieren, und für die 37 Männer, die ihr gerettet habt."

Am Abend zuvor hatte ich während des Treffens im Zwischendeck deutlich spüren können, wie sich Verzweiflung in der Gruppe breitmacht. Auch im gemeinsamen Gebet finden längst nicht mehr alle Trost und Ruhe. Deshalb ist mir ein Gedanke gekommen, den ich nun meinen Besuchern vortrage: „Wir brauchen geistlichen Beistand auf diesem Schiff. Ich würde deshalb gern den Bischof von Agrigento einladen, eine Messe an Bord zu lesen." Zu meiner Überraschung hält die versammelte italienische Linke dies für eine ausgesprochen gute Idee. Der Abgeordnete Capodicasa bietet mir sogar an, meinen Brief an Erzbischof Carmelo Ferrara persönlich zu überbringen. Wunderbar! Ich schreibe die Einladung an den katholischen Würdenträger mit der Hand und bemühe mich, die Dringlichkeit seines Besuchs deutlich zu machen, ohne die angespannte Lage etwa noch zu dramatisieren. Wenig später brummt das Boot mit unserem Kurier davon in Richtung Festland.

Vom Auswärtigen Amt in Berlin gibt es unterdessen wenig ermutigende Neuigkeiten. Detlev Rünger hat getan, was in seiner Macht lag. Aus dem Büro von Joschka Fischer kommt lediglich die Ankündigung, daß sich nun die Abteilung „Internationales Seerecht" um unseren Fall kümmern soll. Auch die Demarchen der deutschen Botschaft in Rom seien bisher leider ohne jeden Erfolg geblieben. Spätestens jetzt wird mir klar, daß aus dieser Richtung keine Lösung zu erwarten ist. Die Bundesrepublik Deutschland, unter deren Flagge die „Cap Anamur" fährt, läßt uns offensichtlich hängen.

Wenn Politik und Regierungen kein Interesse an einem humanitären Notfall zeigen, dann ist die Zivilgesellschaft, das vielbeschworene „Europa der Bürgerinnen und Bürger" gefordert. Am Computer in meiner Kammer verfasse ich einen Aufruf, der vom Büro in Köln aus europaweit verbreitet werden soll. Darin schildere ich die Situation, in der sich unser Schiff mit seinen Passagieren und seiner Besatzung befindet und protestiere in deutlichen Worten gegen „diese Art der Behandlung". Ich betone, daß es sich bei den 37 Geretteten an Bord keineswegs um „illegale Einwanderer" handelt, denn sie haben die Grenze ja noch gar nicht überschritten, und verlange die sofortige Genehmigung zum Einlaufen in Porto Empedocle. Ansonsten enthält der Text aus meiner Sicht nur Selbstverständliches. „Wir werden weiterhin so viele Menschenleben retten, wie wir nur eben können. Als unabhängige, humanitäre Organisation müssen wir unsere Rettungsoperationen schon deshalb fortsetzen, weil es eben niemand sonst tut." Wenig später sind diese Sätze im Internet auf den Seiten vieler europäischer Menschenrechts- und Flüchtlingshilfegruppen nachzulesen.

+++ 05.07. +++

Für den nächsten Morgen bin ich mit dem *Deutschlandfunk (DLF)* zum Telefoninterview verabredet. Moderatorin Silvia Engels wundert sich: „Zwei Wochen nach der Rettung sind die Schiffbrüchigen immer noch bei Ihnen an Bord. Warum?" Wieder erkläre ich die Situation auf dem Schiff und die Bedingungen der gegen uns verhängten Seeblockade. Was mich besonders auf die Palme bringt: Bis heute haben uns die Behörden nicht einmal mitgeteilt, mit welcher Begründung wir auf See festgehalten werden. Auch die offensichtlichen Lügen, die – unter Berufung auf amtliche Quellen – über italienische Medien verbreitet werden (wir hätten die Flüchtlinge in Malta an Bord genommen etc.) weise ich ausdrücklich zurück. Und ich erwähne die Meldung von den 33 Menschen auf dem sinkenden Boot, denen wohl niemand helfen wollte. Zornig, aber auch hilflos endet mein Kurzauftritt im Morgenprogramm des *DLF*: „Wer immer uns jetzt aufhält, wer immer verhindert, daß wir weitere Menschenleben retten, der muß dafür die Verantwortung übernehmen."

Der Nervenkrieg der Italiener geht indes in die nächste Runde. Ganz gezielt werden jetzt von Rom aus immer neue Falschmeldungen lanciert, die ich anschließend dementieren muß. So rufen nun immer häufiger vom Festland Journalisten an, die aus „zuverlässiger Quelle" erfahren haben wollen, die „Cap Anamur" wolle nach Spanien weiterfahren. „Woher haben Sie diesen Quatsch?", will ich wissen. Die Anwort lautet unisono: „Aus dem italienischen Innenministerium!" Damit gibt es nun wenigstens keinen Zweifel mehr, wo jene Kräfte sitzen, die uns jetzt schon seit fünf Tagen ohne Angabe von Gründen zappeln lassen. Auch das Märchen von den angeblich aus Malta mitgebrachten Afrikanern wird von dort aus weiter verbreitet. Mir bleibt also nichts anderes übrig, als jedem Anrufer das gleichlautende Angebot zu unterbreiten: „Kommen Sie zu uns an Bord, dann zeigen wir Ihnen die Aufzeichnungen unserer Navigationssysteme, und Sie können sich selbst von der Wahrheit überzeugen!"

+++ 06.07. +++

Schon am nächsten Tag wird endgültig klar, daß wir von der italienischen Regierung, ebenso wie von unserer deutschen, nichts Gutes zu erwarten haben. Am Rande eines EU-Ministertreffens in Sheffield geben Bundesminister Otto Schily und sein römischer Amtskollege Beppe Pisanu eine gemeinsame Erklärung zum „Fall ‚Cap Anamur'" ab. „Es geht hier darum, einen *gefährlichen* Präzedenzfall zu verhindern!", sind sich die beiden Innenminister einig. Was soll das bedeuten? Wollen die Hardliner in Rom und Berlin auf dem Rücken von 37 geretteten Schiffbrüchigen ein Exempel statuieren?

„Das ist eine schlechte Nachricht. Das kann man nur so interpretieren, daß die mit euch eine ganz harte Linie fahren wollen", meint Karl Kopp von *PRO ASYL*.

Kurz darauf trifft im Büro in Köln die offizielle Begründung der italienischen Behörden für die Einfahrtverweigerung ein: „Durch die lange Zeit an Bord haben die Nicht-Europäer den Status als ‚Schiffbrüchige' verloren", steht in dem Fax, das Bento ans Schiff weiterleitet. „Das ist natürlich juristisch der reinste Blödsinn", erkennt unser Kölner Rechtsberater Jürgen Crummenerl sofort, „aber politisch eine Kampfansage." Es sei nun höchste Zeit, einen Vermittler einzuschalten, um auf diesem Weg eine schnelle Lösung zu erreichen. Er wird sich deshalb um einen Kontakt zum italienischen Flüchtlingsrat *Consiglio italiano dei refugiati (CIR)* bemühen.

Es trifft sich gut, daß der Direktor des *CIR* Deutscher ist. So gibt es mit Christopher Hein nicht jene quälenden Mißverständnisse, die das Hin- und Herübersetzen bei schlechter Leitungsqualität der Satellitenverbindungen mit sich bringt. Und mehr noch: Wir verstehen uns auf Anhieb ausgesprochen gut. Ausführlich schildere ich die Lage und die Propagandaschlacht, die von Rom aus gegen uns angezettelt wurde. „Da ist viel schiefgelaufen in der Kommunikation, das muß umgehend richtiggestellt werden", findet Italiens oberster Flüchtlingsberater. Er schlägt mir eine Pressekonferenz an Bord der „Cap Anamur" vor, möglichst viele Medienleute sollten dabeisein. Noch in derselben Nacht begibt sich auch eine Delegation des *CIR* von Rom aus auf den Weg nach Sizilien.

tagesschau.de

[▸ tagesschau.de ▸ Ausland ▸ Flüchtlinge]

Ausland

Streit um Cap Anamur

Italien will Flüchtlinge nicht an Land lassen

Von Jörg Seisselberg, ARD-Hörfunkstudio Rom

Die Odyssee der Cap Anamur vor der sizilianischen Küste ist jetzt auch Thema im italienischen Parlament. Die Opposition verlangt von Innenminister Giuseppe Pisanu, er solle endlich freie Fahrt geben für das Schiff der deutschen Hilfsorganisation und ihm erlauben, in den sizilianischen Hafen Porto Empedocle einzulaufen, damit den Flüchtlingen an Bord geholfen werden kann.

Das deutsche Rettungsschiff "Cap Anamur"

Organisation klagt über Einschüchterungsversuche

Die italienische Regierung aber gibt sich nach wie vor hart. Der Chef der Hilfsorganisation, Elias Bierdel, der sich mit an Bord befindet, klagt an: Sogar humanitäre Hilfe von Land versuchten die Italiener zu unterbinden: "Was uns Unterstützer von Land immer wieder berichten: Sie werden massiv behindert, zu uns durchzukommen. Sie werden eingeschüchtert, man sagt ihnen, es sei nicht ratsam für sie, zu uns an Bord zu kommen."

Seit zwei Wochen befindet sich die Cap Anamur 15 Seemeilen vor der sizilianischen Küste - mit 37 Flüchtlingen aus Afrika an Bord. Nach Angaben der Hilfsorganisation hat die Besatzung die Menschen, die auf einem Schlauchboot unterwegs waren, in internationalen Gewässern aufgegriffen. Italien verweigert die Aufnahme, unter anderem mit dem Argument, die Flüchtlinge müssten nach Malta gebracht werden.

Skandal für ganz Europa

Die deutsche Hilfsorganisation dagegen sagt: Die Menschen seien Schiffsbrüchige, zum Zeitpunkt der Rettung sei Italien das nahegelegenste Land gewesen - daher müsse die Cap Anamur nach internationalem Seerecht einen italienischen Hafen ansteuern.

Die Weigerung der Regierung in Rom, hier zu helfen, so Cap-Anamur-Chef Bierdel, sei angesichts des tagtäglichen Dramas auf dem Mittelmeer ein Skandal - nicht nur für Italien, sondern für ganz Europa: "Vor der Seegrenze dieser Festung Europa ertrinken und verdursten die Menschen zu Hunderten und zu Tausenden. Und gerade in diesen Tagen sind es kleine Boote, überfüllt mit Flüchtlingen aus Afrika, die sich hier auf eine absolut abenteuerliche Reise begeben. Einige dieser Boote erreichen gegen alle Wahrscheinlichkeit die Küsten Europas, andere aber verschwinden irgendwo zwischen den Wellen."

Humanitäre statt politische Lösung

37 Gemeinden in Italien haben sich jetzt bereit erklärt, jeweils einen der Flüchtlinge an Bord der Cap Anamur aufzunehmen. Bierdel fordert die italienische Regierung auf, den Weg frei zu machen für diese, wie er sagt, humanitäre Lösung: "Das wäre der richtige Weg. Wenn es das

Audio

Streit um Flüchtlingsschiff - 06.07.04 [Jörg Seisselberg, ARD Rom]

Dossier

Asylrecht
Europa einigt sich auf gemeinsame Regeln [mehr]

Links

Cap Anamur
Homepage der Hilfsorganisation Cap Anamur [mehr]

Videotagebuch von der Cap Anamur [cap-anamur.org]

Mehr Ausland

- Sicherheitsrat setzt Teheran Frist
- Israels Staatspräsident will schnelle Regierungsbildung
- Bush will Menschenschmuggel bekämpfen
- Briten können demnächst Personalausweis beantragen
- USA: Ex-Lobbyist Abramoff zu Haftstrafe verurteilt

politische Europa nicht schafft, mit diesem Menschenrechtsskandal umzugehen, dann muss die Lösung aus einer anderen Sphäre kommen. Das hoffen und wünschen wir im Interesse derjenigen, die wir hier an Bord haben, aber auch im Interesse jener, die noch gerettet werden könnten."

Berichtet aus Rom: Jörg Seisselberg

Die Flüchtlinge an Bord, so Bierdel, befänden sich körperlich in relativ guter Verfassung. Befreundete italienische Organisationen wollen nun eine neue Hilfslieferung an Bord bringen: "Zum Beispiel Hygieneartikel, mit denen wir den Ausbruch von Krankheiten und Seuchen hier an Bord verhindern können. Ein Boot wird weiter versuchen, mit einer Ladung frischer Lebensmittel zu uns durchzukommen. Wir brauchen dringend vitaminreiche Kost auf diesem Schiff."

Wie lange die Odyssee der Cap Anamur vor der sizilianischen Küste noch andauern wird, ist zur Zeit völlig offen.

▸ **Videotagebuch von der Cap Anamur** [cap-anamur.org]

▸ **Dossier: Europa einigt sich auf Asylstandards**

Streit um Flüchtlingsschiff [Jörg Seisselberg, ARD Rom]

Stand: 07.07.2004 08:48 Uhr

+++ 07.07. +++

Der Mittwoch beginnt mit einer Überraschung. In die morgendliche Frühstücksrunde platzt Vladimir mit der Meldung herein, die er soeben über Funk empfangen hat: Gleich drei Schiffe mit Journalisten und Unterstützern sind unterwegs zur „Cap Anamur", insgesamt 80 Besucher haben sich angesagt! Niemand hatte einen derartigen Ansturm vorher mit uns abgesprochen. Ich erreiche Emilia von *Emergency* am Telefon und stelle sie barsch zur Rede: „Seid ihr wahnsinnig? Was sollen wir mit so vielen Leuten hier anfangen? Wie sollen wir die alle unterbringen und verpflegen?" Die fröhliche Aktivistin, die mich bei unserem ersten Zusammentreffen mit dem Trikottausch überrumpelt hatte, versucht mich zu beruhigen. „Das sind gute Leute, die da kommen! Viele Journalisten. Ihr wollt doch eine Pressekonferenz machen?! Und Essen und Trinken bringen wir auch mit!"

Im Kapitänssalon beraten wir uns mit Sham, Stanley und Ahmed, die von den Geretteten zu Gruppensprechern bestimmt wurden. Der angekündigte Massenauftrieb löst bei ihnen nicht eben Freude aus. „Viele von uns fühlen sich wie in einem Zoo, wir werden fotografiert, müssen immer dieselben Fragen beantworten. Wozu das alles?", fragt mich Stanley. „Es werden viele Lügen über euch erzählt, deshalb sollen die Journalisten die Gelegenheit erhalten, die Wahrheit zu erfahren", versuche ich ihn zu überzeugen. Schließlich einigen wir uns darauf, den Zugang zum Wohnbereich der Geretteten streng zu limitieren. Maximal zehn Besucher zur selben Zeit sollen zu ihnen vorgelassen werden. Und wer nicht mit den Reportern sprechen will, wer nicht gefilmt oder fotografiert werden will, der soll einen geschützten Raum haben, in den er sich zurückziehen kann.

Christopher Hein trifft mit der schon bekannten „Piga" in Begleitung eines italienischen Rechtsanwalts und eines Übersetzers ein. Er läßt sich sofort ins Zwischendeck bringen, wo ihn die „Boys" (den Begriff hat unsere Bord-Krankenschwester Birgit geprägt, und die Geretteten haben ihn für sich übernommen) mit Applaus empfangen, nachdem sich herausgestellt hat, daß es sich bei den Männern vom *CIR* nicht etwa um die weit weniger beliebten Journalisten handelt. Nach einem kurzen Gespräch mit der Gruppe steht Anwalt Fillipini la Rosa für Fragen zur Verfügung, während sich Christopher Hein mit mir zur Beratung in meine Kammer begibt. „Ich will versuchen euch zu helfen", kommt er rasch zur Sache. „Aber die Karre steckt schon ganz schön im Sumpf!" Der *CIR* ist eine halbstaatliche Einrichtung, geschaffen, um die Regierung in allen Flüchtlingsfragen zu beraten. Keine leichte Aufgabe im Italien unter Berlusconi. Vor allem die Rechtspopulisten der *Lega Nord* schüren mit Blick auf die Tragödien im Mittelmeer aggressiv die Ressentiments. Ihre Minister haben immer wieder dazu aufgefordert, die angebliche „Flutwelle der *clandestini*" mit Gewalt aufzuhalten.

Aber immerhin hat Christopher Hein durch seine langjährige Arbeit brauchbare Kontakte ins Innenministerium. „Die glauben, daß es sich bei eurer Aktion um eine gezielte Provokation gegen den italienischen Staat handelt!" Angeblich gibt es in Rom auch belastende Dokumente, die uns als Lügner erscheinen lassen. Aus Malta liege die Information vor, daß die „Cap Anamur" vom 25. bis 30. Juni vor La Valletta geankert habe. Und dazu passe dann auch die Auskunft des deutschen Innenministeriums, wonach ich mit meinen Begleitern nicht von Tunesien aus an Bord gekommen sei, sondern ebenfalls von Malta aus. „Aber das ist kompletter Blödsinn!", bricht es

Die Schiffsmechanikerin Jutta Wahlen im Gespräch unter Deck.

Die Geretteten organisieren ihren Alltag an Bord selbst.

aus mir heraus. „Wer behauptet denn so was? Warum sieht sich denn niemand die Dokumentation unseres Navigationscomputers an? Oder meinen Reisepaß mit dem tunesischen Einreisestempel?“ Ich halte ihm die Papiere vor die Nase.

Christopher Hein macht eine abwehrende Handbewegung und sieht mich lange an. „Es geht hier nicht darum, daß ihr mich überzeugen müßt. Ich will euch nur klarmachen, daß wir alle zusammen in einer sehr schwierigen Lage stecken.“ Gemeinsam entwerfen wir die Grundzüge einer inoffiziellen Übereinkunft mit dem Innenministerium. Die für uns wichtigsten Punkte:

1. Die „Cap Anamur“ darf in Porto Empedocle einlaufen.
2. Die Geretteten werden von den zuständigen italienischen Behörden identifiziert, jedoch nicht als „Illegale“ kriminalisiert.
3. Im Gegenzug halte ich mich mit öffentlicher Kritik zurück und werde „Kommunikationsprobleme“ unsererseits einräumen.

Selbstgefangene Fische bessern den Speiseplan auf.

Die Küchencrew bei der Arbeit, v.l.n.r.: Mawiya Tungteeya, Weah Sylvester Seth, im Hintergrund Bordtechniker Mike Bratzke.

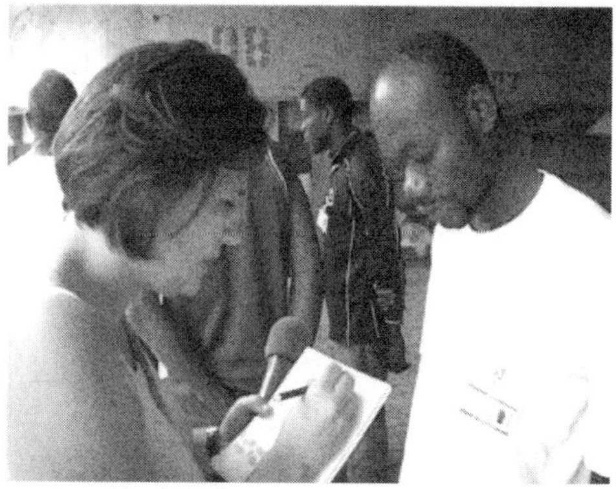

Die „Cap Anamur" im Fokus der italienischen Öffentlichkeit.
Unterstützer bringen Obst und Gemüse – Journalisten machen Interviews und freuen sich über T-Shirts als Souvenir.

+++ 07.07. +++

Über Funk werde ich auf die Brücke gerufen. Am Horizont nähern sich zwei größere Schiffe. Durch die Ferngläser bietet sich ein fröhlich-bunter Anblick: Ein Zweimast-Segler und ein sonnengelbes, ehemaliges Fährschiff, beide bis über die Toppen mit bunten Fahnen und Spruchbändern geschmückt, an Deck eine große Zahl von Menschen in legerer Sommerkleidung. Die italienische Umweltorganisation *Legambiente* hat für den Transport von Menschenrechtsaktivisten und Reportern zwei ihrer Schiffe zur Verfügung gestellt. Und die Besucher kommen, wie versprochen, nicht mit leeren Händen. Noch bevor die ersten neugierigen Gäste zu uns an Bord klettern, reicht man uns Obst- und Gemüsekisten mit Äpfeln, Melonen, Zucchini, Auberginen und Tomaten herauf.

Nach dieser eindrucksvollen Geste der Freundschaft und Solidarität fällt die Begrüßung der angereisten Gewerkschafter, Politiker, Kameraleute, Rundfunk- und Zeitungsreporter durch unsere Besatzung herzlich aus. Schnell machen wir die Regeln klar: „Im Interesse der Menschenwürde unserer Passagiere werden wir Sie nur in kleinen Gruppen ins Zwischendeck führen. Bitte respektieren Sie auch, wenn jemand nicht mit Ihnen sprechen oder gefilmt werden will!“ Mike übernimmt am Einstieg in die Luke die Rolle des Türstehers und verteilt an jeweils zehn Journalisten einen improvisierten Besucherausweis. Erst wenn diese Gruppe wieder auf dem Oberdeck erschienen ist, können die nächsten zehn ihre Ausweise übernehmen. Das Verfahren, aus der Not geboren, erweist sich als praktikabel und trägt uns nach anfänglichem Murren schließlich sogar Komplimente seitens der Medienvertreter ein: „Nur Deutsche können so etwas vernünftig organisieren!“ Wir tragen es mit Fassung.

Unter den Besuchern ist diesmal auch der Professor der juristischen Fakultät an der Universität von Palermo, den ich schon an Bord der „Piga“ gesehen hatte. Seinen Namen, Fulvio Vassallo, kenne ich bereits von verschiedenen Publikationen über die Flüchtlingsproblematik im Mittelmeer. Er bittet mich um eine Unterredung, die dazu benötigte Übersetzerin hat er gleich mitgebracht. Fulvio Vassallo zieht ein Kuvert mit vorbereiteten Formularen hervor. Er möchte beim Europäischen Gerichtshof für Menschenrechte in Straßburg eine Klage gegen den italienischen Staat einreichen. „Denn was die Behörden hier mit euch machen, ist durch die Genfer Flüchtlingskonvention ausdrücklich verboten – ein *group refoulement*, also

*Pressekonferenz an Bord (von links): Anwalt Fillipini la Rosa, Christopher Hein (*CIR*), Elias Bierdel, Stefan Schmidt und Emilia Tornatore (*Emergency*).*

*Italienische Journalisten mit dem begehrten T-Shirt von „Cap Anamur" (v.l.n.r.): Francesco Viviano (*La Repubblica*), der Fotograf Antonello Nusca und Mario Porqueddu (*Corriere della Sera*) blieben tagelang an Bord und setzten via Satellit Bilder und Berichte ab.*

die Zurückweisung einer Gruppe von Migranten an der Außengrenze!" Ich höre mir die Erläuterungen des Rechtswissenschaftlers voller Interesse an. Doch bei aller Sympathie für den Plan, die Regierung in Rom für das Theater, das sie hier mit uns veranstaltet, zur Rechenschaft ziehen zu lassen, muß ich dem Elan des Professors leider einen Dämpfer versetzen. „Wir können den 37 Afrikanern nicht zumuten, daß sie zwischen Tür und Angel irgendetwas unterschreiben, über dessen Tragweite sie sich nicht im Klaren sind", finde ich. „Dazu müßten sie zumindest Zeit für eine ausführliche Beratung haben." Denn ob es wirklich eine gute Idee ist, wenn die geretteten Schiffbrüchigen, noch bevor sie italienisches Territorium überhaupt erreicht haben, bereits den Staat verklagen, von dem sie Schutz und Asyl erhoffen, das scheint mir äußerst fraglich.

Die improvisierte Pressekonferenz findet unter dem kleinen Zeltdach vor der Krankenstation statt, das uns als Aufenthaltsraum im Freien dient. An einem der aus Lübeck mitgebrachten original deutschen Biertische nehmen wir zu fünft Platz: rechts von mir Christopher Hein, der Direktor des *CIR*, sowie sein Anwalt Fillipini la Rosa, zu meiner Linken unser Kapitän Stefan und Emilia Tornatore von *Emergency*. „Die Regierung versucht den tausendfachen Tod auf dem Meer einfach auszublenden", sagt sie. Wie mit Christopher Hein abgesprochen, unternehmen wir ansonsten aber alles, um die Konfrontation mit den italienischen Behörden zu deeskalieren. So wiederhole ich, daß es sich bei den Flüchtlingsdramen im Mittelmeer um ein gesamteuropäisches Problem handelt, mit dem man Italien nicht allein lassen dürfe. „Keinesfalls war es unsere Absicht, den italienischen Staat zu provozieren oder herauszufordern. Aber Europa muß sich als Ganzes seiner Verantwortung an der Südgrenze stellen!"

Anschließend gestehe ich auch noch – ebenfalls wunschgemäß – eigene Fehler ein und gelobe gleichzeitig Besserung: „Wir haben die italienischen Behörden zu spät kontaktiert. Das lag ganz einfach daran, daß uns nicht klar war, wer wann informiert werden sollte. Wenn man uns nun eine Liste mit Telefonnummern gibt, so verspreche ich Ihnen, im Fall einer weiteren Rettung jede einzelne dieser Nummern anzurufen!" Zum guten Schluß überreichen wir den Journalisten auch noch ein penibles Protokoll unserer genauen Fahrtroute mit Auszügen aus dem Logbuch, versehen mit dem Stempel der „Cap Anamur" und unterschrieben von Stefan und mir.

Christopher Hein ist mit dem Verlauf der Veranstaltung äußerst zufrieden. Diese Demonstration unseres guten Willens, so meint er, müßte

tagesschau.de

Ausland

"Cap Anamur"

Rom verweigert weiter Aufnahme der Flüchtlinge

An Bord der "Cap Anamur" wird das Trinkwasser knapp. Seit elf Tagen liegt das Schiff einer deutschen Hilfsorganisation mit 37 auf dem Mittelmeer aufgelesenen Flüchtlingen vor einem sizilianischen Hafen und darf nicht einlaufen. Die Regierung in Rom bleibt weiter stur, obwohl mehrere italienische Städte anbieten, die sudanesischen Flüchtlinge aufzunehmen.

Von Jörg Seisselberg, ARD-Hörfunkstudio Rom

Die Unterstützung für die "Cap Anamur" in Italien wächst. Mehrere Städte haben angeboten, die Flüchtlinge vom Schiff aufzunehmen. In Rom haben zwei Parlamentarier der Opposition angekündigt, sie wollen für die "Cap Anamur" in Hungerstreik treten. Ihre Forderung: Die italienische Regierung solle sofort grünes Licht geben und dem Schiff der deutschen Hilfsorganisation erlauben, in den sizilianischen Hafen Porto Empedocle einzulaufen, damit den Flüchtlingen an Bord geholfen werden kann.

Das deutsche Rettungsschiff "Cap Anamur"

Vertreter von Gewerkschaften, von Sozialorganisationen und Umweltverbänden wollen dem Schiff persönlich frische Hilfsgüter aufs Meer liefern. "Wir bringen Lebensmittel und Wasser - die Sachen, die im Moment am dringensten an Bord gebraucht werden", sagt der Chef der Umweltorgansation "Legambiete Ferante". Aber das sei nur eine erste Hilfe. Gefragt sei jetzt die italienische Regierung, die der "Cap Anamur" endlich die Erlaubnis geben müsse, in Italien anzulegen. Denn die Situation auf dem Schiff könne nicht lange so weitergehen.

Rom: Flüchtlinge müssen nach Malta

Vor knapp drei Wochen hat die Cap Anamur 37 Flüchtlinge aus Afrika, die auf einem Schlauchboot unterwegs waren, aus dem Mittelmeer gerettet. Seit elf Tagen liegt das Schiff der deutschen Hilfsorganisation 15 Seemeilen vor der sizilianischen Küste. Ziel ist der Hafen Porto Empeclode, aber die Regierung in Rom verweigert dem Schiff die Einfahrt in italiensche Gewässer. Die Begründung von Innenminister Pisanu: Die Flüchtlinge seien von der Cap Anamur vor Malta aufgegriffen worden, daher müssten die Geretten nicht in Italien, sondern in Malta an Land gehen.

Der Chef der Hilfsorganisation Elias Bierdel, der sich mit an Bord befindet, schüttelt den Kopf über diese - wie er sagt - Politik des Verschiebebahnhofs auf dem Rücken von Flüchtlingen. Die Cap Anamur, betont Bierdel, habe die Menschen vor der italienischen Insel Lampedusa gerette: "Wir können es beweisen. Wir haben hier Systeme an Bord, die elektronisch und automatisch die Position dieses Schiffes zu jeder Stunde registrieren."

Die Geräte zeigen laut Bierdel, dass die Flüchtlinge etwa 100 Meilen von Lampedusa entfernt, aber 180 Meilen von Malta gerettet worden seien: "Das ist der Grund, warum wir einen italienischen Hafen ansteuern."

Video

Hilfsschiff "Cap Anamur" vor der sizilianischen Küste
- tagesschau um fünf, 08.07.04 [mehr]

Dossier

Asylrecht
Europa einigt sich auf gemeinsame Regeln [mehr]

Hintergründe

Lampedusa: Gebete für die Namenlosen

Links

Videotagebuch von der Cap Anamur [cap-anamur.org]

Mehr Ausland

Sicherheitsrat setzt Teheran Frist

Israels Staatspräsident will schnelle Regierungsbildung

Parteifreunde setzten Blair unter Druck [dw-world]

Bush will Menschenschmuggel bekämpfen

USA: Ex-Lobbyist Abramoff zu Haftstrafe verurteilt

"Cap Anamur" darf noch immer nicht anlegen | tagesschau.de Seite 2 von 2

Italien, sagt Bierdel, sei nach internationalem Seerecht verpflichtet die Schiffbrüchigen aufzunehmen. Die Weigerung, hier zu helfen, hält er für einen Skandal.

Bierdel: Flüchtlinge über Ungewißtheit verzweifelt

Die Flüchtlinge stammen nach eigenen Angaben vor allem aus einem Bürgerkriegsgebiet im Sudan. Fast drei Wochen nach ihrer Rettung aus Seenot, so Bierdel, seien die meisten körperlich wieder erholt. Dagegen wachse die Verzweiflung darüber, dass sie immer noch auf dem Meer festgehalten werden. "Sie sind aber unter Schock nach allem, was sie durchgemacht haben. Sie sind psychisch in einer Ausnahmesituation und bedrückt, was ihre weitere Zukunft anbelangt", sagte Bierdel.

Auch die katholische Kirche auf Sizilien beschäftigt sich mit dem Fall der "Cap Anamur". Aus Solidarität mit dem Schicksal der Flüchtlinge will Erzbischof Ferraro aus Agrigent übermorgen auf dem Schiff eine Messe lesen. Die meisten der Sudanesen an Bord der "Cap Anamur" sind Christen.

▸ **Videotagebuch von der Cap Anamur** [cap-anamur.org]

Stand: 09.07.2004 14:36 Uhr

tagesschau.de ist für den Inhalt externer Links nicht verantwortlich.

genügen, um die verhärteten Fronten in Rom etwas aufzuweichen. „Ich will sehen, was ich machen kann“, sagt er mir zum Abschied unter vier Augen. „Mit ein bißchen Glück könnte bis zum Wochenende eine Lösung zu erreichen sein.“ Ich hoffe inständig, daß sich sein persönlicher Draht zum Kabinettschef des Innenministers als belastbar erweist.

Auch für die zahlreichen Journalisten war der Besuch an Bord offensichtlich ein voller Erfolg. Fast alle wünschen uns zum Abschied viel Glück und erbitten ein ganz spezielles Souvenir von ihrem Ausflug auf hoher See. Unsere weißen Team-Shirts mit dem blauen Schriftzug, die einheitliche Dienstkleidung für Cap Anamur-Mitarbeiter auf der ganzen Welt, werden zur heißbegehrten Trophäe. Natürlich muß niemand ohne sein persönliches „Cap Anamur“-Andenken nach Hause fahren. Fröhlich winkend machen sich die Besucher auf die Heimreise. In ihren Kameras, Kassettenrekordern und Notizblöcken bringen sie jenen Rohstoff an Land, der in den Redaktionen von Zeitungen, Rundfunk- und Fernsehsendern in den nächsten Stunden zu Artikeln und Beiträgen verarbeitet werden soll. Von dem, was da gesagt, gezeigt und geschrieben wird, hängt jetzt für uns vieles ab.

Schon am Abend melden uns Freunde vom Festland, daß das Medienecho in ganz Italien, sogar in den Berlusconi-Sendern, überwiegend positiv ausfällt. Offenbar ist es uns gelungen, die kritischen Journalisten von der Aufrichtigkeit unseres Anliegens zu überzeugen.

Einige Reporter bleiben bei uns an Bord. Mit Francesco Viviano von der konservativen *La Repubblica*, Mario Porqueddu vom eher liberalen *Corriere della Sera* sowie Roberto Monteforte von der linken Tageszeitung *Unita* haben gleich drei wichtige italienische Zeitungen ihre Berichterstatter permanent am Ort des Geschehens. Auch der freie Fotograf Antonello Nusca hat sich spontan zum Bleiben entschlossen. Mike organisiert für unsere Übernachtungsgäste provisorische Arbeits- und Schlafplätze in einem der zur Krankenstation gehörenden Container an Deck. Ich wende mich eindringlich an unsere italienischen Beobachter: „Auf diesem Schiff stehen Ihnen alle Türen und Dokumente offen. Sie können mit jedem sprechen, und wir werden versuchen, alle Ihre Fragen zu beantworten. Was Sie schreiben, können wir noch nicht einmal verstehen. Ich kann also nur an Ihr Verantwortungsbewußtsein als unabhängige Journalisten appellieren. Denn wir alle hoffen doch, daß wir diese Angelegenheit im Interesse der Geretteten nun schnell zu einem guten Ende führen können." Die Italiener, erfahrene Star-Reporter ihrer Blätter, verziehen keine Miene. Ich frage mich, ob sie überhaupt verstehen, was ich sage.

Spät abends erreicht mich schließlich noch ein Anruf, der die Hoffnung auf einen baldigen glücklichen Ausgang unseres Dramas weiter nährt. Das Büro der Linkspartei *Democratia Sinistra* teilt mir mit, daß Erzbischof Ferrara meinen Brief erhalten hat und so schnell wie möglich geistlichen Beistand auf die „Cap Anamur" schicken wird. „Es handelt sich um zwei kolumbianische Missionare", sagt die Stimme am Telefon. Kolumbianer? Bitte, warum nicht. Mir ist an diesem Abend alles recht.

+++ 08.07. +++

Erst am Donnerstag beginnt man sich endlich auch in Deutschland für den einmaligen Fall eines europäischen Rettungsschiffs zu interessieren, dem die Einfahrt in einen europäischen Hafen verwehrt wird. Luten Leinhos berichtet unter dem Titel „Odysse ins gelobte Land" im *ZDF-Auslandsjournal* über die Rettung der 37 Afrikaner und den kriegerischen Empfang, den man uns vor Porto Empedocle eine Woche zuvor bereitet hat. Auch die *heute*-Nachrichten greifen den Fall auf. Nun erst erwachen die Redaktionen von Rundfunk und Tageszeitungen in der Heimat und fragen telefonisch auf der „Cap Anamur" nach, was bei uns eigentlich los sei.

In Italien hingegen schlägt die Sache zu diesem Zeitpunkt längst hohe Wellen. Die Opposition setzt die Berlusconi-Regierung mit einer Sondersitzung des Parlaments unter Druck, „im Namen der Menschlichkeit" endlich einer humanitären Lösung zuzustimmen. Der linksliberale römische Bürgermeister Walter Veltroni bietet öffentlich an, die Afrikaner in der Ewigen Stadt aufzunehmen. Der Fall stehe just für jenes Europa, wie er es nicht wolle, so Veltroni. Auch die italienischen Grünen fordern den Innenminister auf, seine harte Linie zu verlassen. Ein Abgeordneter kündigt sogar einen Hungerstreik aus Solidarität mit der „Cap Anamur" an. Doch Innenminister Guiseppe Pisanu bleibt eisern bei seiner (eigentlich längst widerlegten!) Version, die Schiffbrüchigen seien vor Malta an Bord genommen worden und folglich sei Malta auch der richtige Hafen, um sie an Land zu lassen. Prompt erklärt die maltesische Regierung am nächsten Tag, sie werde die 37 Geretteten nicht aufnehmen, vielmehr sei Libyen zuständig.

Während die europäischen Regierungen mit uns offenbar ein ‚Schwarzer Peter-Spiel' spielen, wird die Lage auf dem Schiff zunehmend schwieriger. Bei den regelmäßigen Treffen mit den ‚Boys' und ihren Sprechern werden die Fragen immer drängender: „Wie geht es weiter mit uns? Kommen wir nach Italien oder müssen wir noch länger an Bord bleiben?" Wir versuchen, Optimismus zu verbreiten, aber im Grunde weiß keiner von uns, was nun passieren wird. Meine Hoffnung ruht jetzt ganz auf Christopher Hein, der in Verhandlungen mit dem Innenministerium steht. „Wenn jetzt alles glatt geht, dann könntet ihr am Montag in Porto Empedocle sein", gibt er telefonisch den Zwischenstand durch. Im Zwischendeck erwähne ich diese Perspektive allerdings mit keinem Wort. Solange nicht hundertprozentig klar ist, wie die Sache laufen wird, will ich keine trügerischen Hoffnungen wecken. Außerdem hat mich unser Vermittler um „äußerste Diskretion" gebeten. Folglich weihe ich auch die italienischen Reporter an Bord nicht ein.

Allmählich bekommen wir nun auch Probleme mit unserer Wasserversorgung. Die Seewasser-Aufbereitungsanlage der „Cap Anamur" ist im Normalbetrieb für 14 Personen der Besatzung ausgelegt. Ihre Kapazität reicht aber bei weitem nicht aus, um dauerhaft dreimal so viele Menschen zu versorgen. Außerdem darf der Pegel im zentralen Wasserreservoir nicht unter einen bestimmten Stand fallen, da er auch zur Kühlung der Antriebswelle dient. Zwar sind in einem Tank im Laderaum noch rund 20 Tonnen, die wir bei der Abfahrt in Lübeck gebunkert hatten. Doch durch die lange Reise bei tropischen Temperaturen ist diese Notreserve mit Kolibakterien verkeimt. Zum Trinken gibt es zwar noch eine große Menge von abgepackten Wasserflaschen, aber den übrigen Wasserverbrauch hat Stefan streng rationiert. Duschen und Waschen sind damit ein seltener Luxus geworden. Auch diese Einschränkung drückt die allgemeine Stimmung.

Von Stunde zu Stunde nimmt die Unruhe unter den Geretteten spürbar zu. Schon das leichte Schaukeln des Schiffes in der Dünung löst Angst aus. Immer wieder machen einzelne gegenüber Dominik, Birgit oder Mike Andeutungen, sie würden sich das Leben nehmen, sollte nicht bald eine Lösung ihrer verzweifelten Lage in Sicht sein. Wir versuchen auf jede erdenkliche Weise, der Gruppe Mut zu machen. Im Zwischendeck stellen wir ein Fernsehgerät auf. Dort können sich die 37 Männer davon überzeugen, daß die Journalisten, die sie immer wieder mit Fragen gequält haben, jetzt praktisch rund um die Uhr über ihre Lage berichten. Stanley und Ahmed erklären ihren Freunden, daß sie nicht vergessen sind: „In diesem Land, Italien, gibt es viele Leute, die sich für uns einsetzen!" Alle beten gemeinsam, daß es helfen möge.

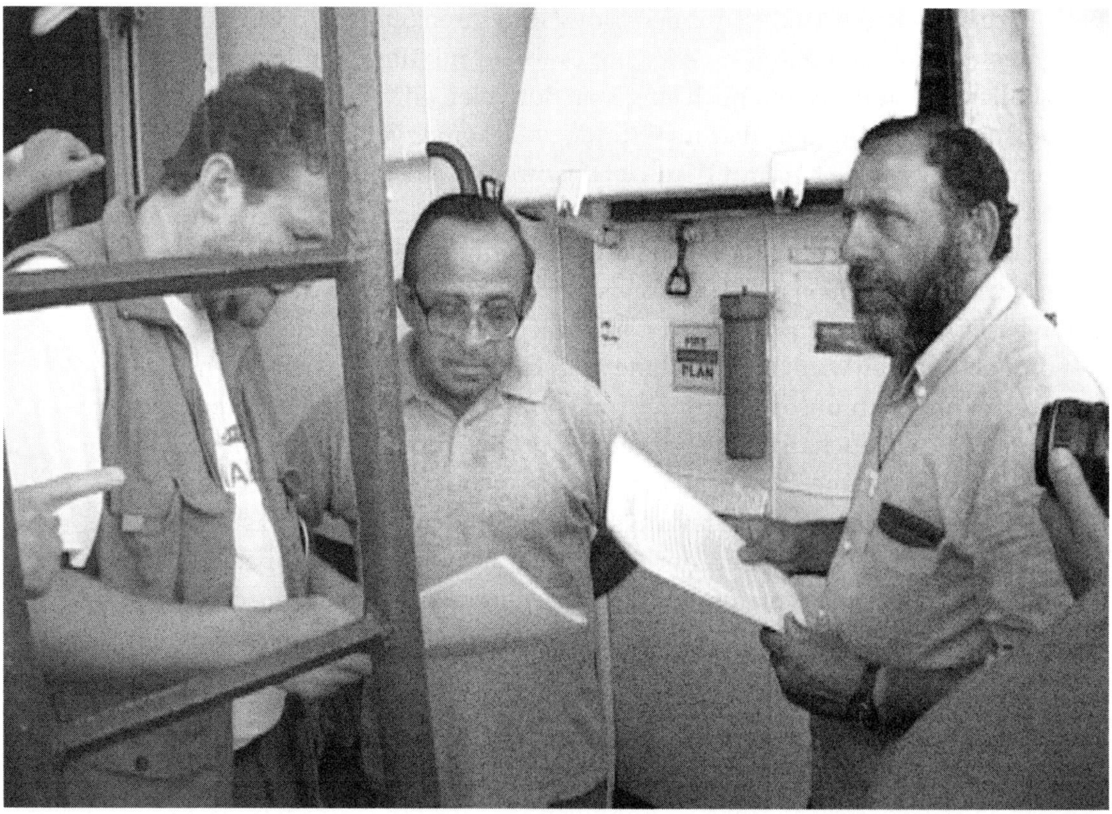

Die Kombonianer-Missionare Cosimo (Mitte) und Gaspare, Gesandte des Erzbischofs von Agrigento.

+ + + 09./10.07. + + +

Spätabends, in der Nacht auf den 10. Juli übergibt Dan Aziz im Auftrag der Gruppe auf der Brücke 37 handschriftliche Briefe. In ihnen bitten die Geretteten den Kapitän des Schiffes um „Schutz und Hilfe“. Natürlich können sie bei uns an Bord keine offiziellen Asylanträge stellen. Das dürfen Flüchtlinge nur, wenn sie sich bereits auf dem Territorium des Landes befinden, in dem sie um Asyl bitten wollen. Da die Europäische Union aber – völkerrechtswidrig – den Schiffbrüchigen die Einreise verweigert, können sie sich nur an die einzige Amtsperson wenden, mit der sie zu tun haben. Und das ist in diesem Fall Stefan, die höchste Autorität an Bord der „Cap Anamur“. Wir sehen die Verzweiflung, die hinter dieser hilflos-feierlichen Geste steckt und möchten gerne helfen. Obwohl mir klar ist, daß wir uns hier eher im symbolischen Bereich bewegen, leite ich die Briefe noch in der Nacht per E-Mail an das *Bundesamt zur Anerkennung ausländischer Flüchtlinge* in Nürnberg weiter, wie es mir Karl Kopp von *PRO ASYL* geraten hat. Gleich am nächsten Tag wird Innenminister Otto Schily in Berlin erklären, daß „Schreiben dieser Art keinerlei Rechtswirksamkeit“ besitzen. Vereinzelte Politiker der deutschen Grünen (Claudia Roth, Christian Ströbele) und der SPD (Dieter Wiefelspütz) hingegen fordern den Innenminister auf, den 37 Männern von der „Cap Anamur“ wenigstens den Zugang zu einem Asylverfahren in Deutschland zu ermöglichen. Ohne Erfolg.

Am Samstag (10. Juli) kommt wieder ein Boot mit Besuchern zu uns herausgefahren. Angelo Capodicasa, der schnauzbärtige Linkspolitiker, bringt uns die Gesandten der katholischen Kirche Italiens persönlich an Bord. An der Lotsenleiter begrüße ich Cosimo und Gaspare, zwei Missionare des erfreulich handfesten Kombonianer-Ordens (und nicht etwa „Kolumbianer“, wie ich am Telefon irrtümlich verstanden hatte) mit langjähriger Afrika-Erfahrung.

Wir einigen uns schnell auf Französisch als Amtssprache. „Der Bischof schickt uns zu euch“, eröffnet Bruder Cosimo formvollendet, „um zu sehen, ob die Sache, für die ihr kämpft, auch eine gerechte Sache ist. Wir sind hier um das festzustellen. Wenn wir den Bischof von eurem Anliegen überzeugen, dann wird er euch helfen!“ „Nun, der Bischof ist ein vorsichtiger Mann“, antworte ich etwas überrumpelt. „Allerdings“, fügt Gaspare schmunzelnd hinzu, „sonst wäre er ja auch nicht Erzbischof geworden!“ Damit wäre wohl das Wichtigste gesagt.

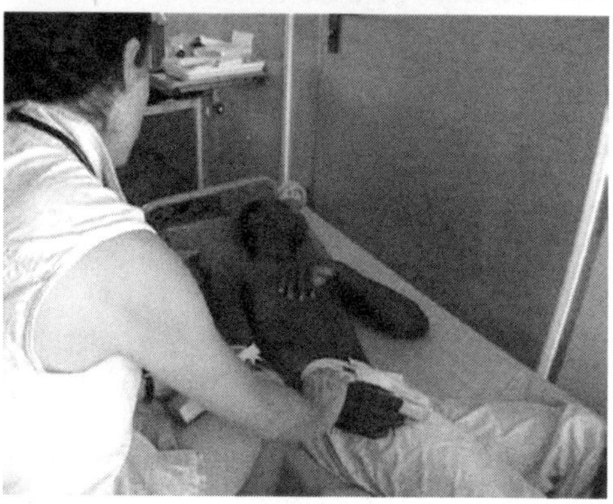

Bei der Begrüßung im Zwischendeck wird mir schon nach wenigen Minuten klar, was für vortreffliche Männer uns Erzbischof Ferrara da geschickt hat: Beide haben lange Jahre in Ägypten und im Sudan verbracht, sie sprechen Arabisch und etliche afrikanische Sprachen. Zunächst nehmen sie sich Zeit für ein ausführliches Gespräch mit der Gruppe. Es ist für mich faszinierend zu beobachten, wie schnell die 37 Schiffbrüchigen Vertrauen fassen zu den beiden Priestern, die sich mitten unter sie auf den Boden gesetzt haben. Man behandelt sie wie Ehrengäste. Das Küchenteam serviert ihnen vom selbstgekochten Essen, Huhn mit Reis. Cosimo und Gaspare spenden mit Worten, Blicken und Gesten Trost und Zuversicht. Auch die Traurigsten und Verzagtesten, Christen wie Moslems, beten und singen im Gottesdienst besonders inbrünstig mit.

„Diese Leute müssen sofort an Land", sagt mir Cosimo später besorgt. „Sie wollen es sich nicht anmerken lassen, aber man sieht es an ihren erloschenen Augen, wie niedergeschlagen die Männer sind." Achtzehn Jahre lang war Bruder Cosimo im Missionsdienst im Sudan, hat Kinder getauft, an Schulen unterrichtet, Ehen geschlossen, Krankenhäuser eingeweiht und Sterbenden die letzte Ölung erteilt. Er ist felsenfest davon überzeugt, daß es sich bei den meisten der Geretteten in der Tat um Sudanesen handelt. Ich antworte ihm, daß uns diese Frage von Anfang an nur am Rande interessiert hat. „Europa unterscheidet nach Herkunftsregion, ob jemand Asyl erhält oder nicht. Wir aber versuchen jeden zu retten, der in Not ist. Ohne Unterschied."

Die Anspannung unter den Geretteten nimmt zu. Einige brechen in Tränen aus, andere kollabieren und müssen im Bordhospital behandelt werden.

Die beiden Ordensbrüder lassen sich von Stefan und mir das Logbuch und den Navigationscomputer zeigen, auf dem alle Stationen unserer Reise minutiös aufgezeichnet sind. Sie notieren Positionen, Daten und Uhrzeiten. Dann nicken sie sich gegenseitig zu. Sie haben genug gesehen – und werden fortan zu unseren unbeugsamsten Fürsprechern gehören.

In diesem Moment meldet sich Mike über das Handfunkgerät mit einem Notruf vom Vorderdeck: „Elias, Stefan – kommt ganz schnell hier runter! Wir kriegen die Lage alleine nicht mehr in den Griff!" Wir hasten die Treppen hinunter. In Minutenschnelle sei die Situation eskaliert, berichtet er uns. Die allgemeine Stimmung habe sich auf einmal aus tiefster Niedergeschlagenheit in Richtung Aggression gedreht. Ausgerechnet Dominik, der längst Freundschaften im Zwischendeck geschlossen hat, wurde plötzlich beschuldigt, sich „rassistisch und beleidigend" zu verhalten. Es sei zum Tumult gekommen. „Plötzlich stand einer auf der Reling und schrie nach seinen Eltern, die schon lange tot sind", berichtet einer der italienischen Journalisten. Der Mann habe sich ins Meer werfen wollen. „Zu zweit haben wir ihn gerade noch am Arm zurückreißen können!" Es war Rashid, der von Anfang an zu Birgits ‚Sorgenkindern' gehörte. Er hat dem Druck nicht mehr standgehalten. Auch andere Männer sind weinend zusammengebrochen, einige haben Beruhigungsmittel erhalten, zwei liegen bewußtlos in der Krankenstation am Tropf.

Wir müssen alle Überredungskunst mobilisieren, um wenigstens einigermaßen für Ruhe zu sorgen. Christopher Hein hat mir am Telefon angedeutet, daß man uns wohl am Montag in den Hafen lassen wird. Das wären also noch knapp zwei Tage. „Die Lösung ist ganz nah, wir müssen nur noch wenige Stunden durchhalten", schärfe ich der Gruppe ein. „Ihr müßt uns einfach versprechen, daß ihr jetzt keine Dummheiten mehr macht!" In dieser Nacht verdoppeln wir die Wachen im Zwischendeck. Aber an Schlaf ist kaum zu denken. Glücklicherweise bleiben auch die Priester an Bord.

+ + + 11.07. + + +

Offensichtlich befinden sich unsere Passagiere schon seit gestern im nichterklärten Hungerstreik. Bruder Cosimo ist es zuerst aufgefallen: Keiner hat mehr sein Essen angerührt. Da sich die Gruppe weitgehend eigenständig versorgt, konnte das zunächst unbemerkt bleiben. Während wir in meiner Kammer beisammenstehen, um die Konsequenzen zu beraten, kommt der nächste Notruf vom Vorschiff: Eben habe ein weiterer Mann versucht, sich ins Meer zu stürzen. Die übrigen stünden an der Reling und machten Anstalten, ihm zu folgen. Die Besatzung kann nur noch mit Mühe das Schlimmste verhindern – auch die Journalisten tun alles, um die Verzweifelten zurückzuhalten. Wir müssen sofort handeln.

„Laßt sofort Schwimmwesten austeilen!", rufe ich Stefan zu. Der Kapitän überlegt kurz und antwortet dann ruhig, aber bestimmt: „Nein, das werden wir nicht tun!" – „Was?" Ich kann es nicht fassen.

„Wenn wir den Jungs Schwimmwesten austeilen, dann springen die garantiert – in der Verfassung, in der die jetzt sind!", ist Stefan überzeugt. „Aber wenn sie ohne Schwimmweste springen, sind sie tot! Von denen kann doch keiner schwimmen!" Die Priester haben unseren Disput verständnislos mitverfolgt. Ich übersetze ihnen unsere Argumente und wende mich direkt an die kirchlichen Gesandten: „Meine Herren, Sie sehen ja, in welcher Lage wir stecken! Was sagen Sie als Geistliche: Wie sollen wir uns entscheiden?" Ohne eine Antwort zu geben, laufen beide hinaus, um sich an Deck selbst ein Bild von der Situation zu machen. Nach Rücksprache mit unserer Krankenschwester Birgit setze ich ein neues Schreiben an Loris de Filippi ab, in dem ich dringend um das *MSF*-Psychologenteam bitte.

Etwa eine halbe Stunde später ruft mich Stefan auf die Brücke. Seine Stimme hat wieder diesen speziellen Klang, wie immer, wenn es offiziell wird: „Elias, was ich dir jetzt sage, hat wenig mit humanitärer Arbeit, aber viel mit Seefahrt zu tun. Ich habe hier als Kapitän dieses Schiffes eben mit den Offizieren einen *ship council* (Schiffsrat) abgehalten. Das ist die seerechtlich vorgeschriebene Prozedur für einen Notfall wie diesen!"

„Aha. Und was hat der hohe Rat beschlossen?"

„Wir haben festgestellt, daß wir nicht mehr die volle Kontrolle über dieses Schiff haben!"

„Und was soll das nützen?"

Stefan, Vladimir und Erhard erklären mir, wie sie die Lage einschätzen.

Sollten sich tatsächlich mehrere Männer gleichzeitig an verschiedenen Stellen ins Wasser stürzen, wäre die Besatzung außerstande, sie zu retten. Strömung und Wellengang würden die Ertrinkenden schnell vom Schiff wegtreiben und unsere Schlauchboote würden möglicherweise nicht schnell genug bei ihnen sein. Ein Horrorszenario!

„Außerdem ist die Frage: Was machen die anderen, wenn die ersten gesprungen sind?", gibt Erhard zu bedenken. Nach seiner Meinung kann auch niemand mehr dafür garantieren, daß die Gruppe friedlich bleibt, wenn vor ihren Augen die ersten Kameraden in den Tod gesprungen sind. „Einen Vorgeschmack, wie schnell die Stimmung umschlagen kann, haben wir ja in den letzten Tagen schon bekommen!" Für Vladimir ist das Ganze eine schlichte Rechenaufgabe: „Wir sind nur 14 Leute – die sind doppelt so viele", meint er. „Alles kräftige junge Männer. Wenn ernst wird, machen mit diesem Schiff, was sie wollen." Auch wenn sich innerlich alles dagegen sträubt, mir eine solche Entwicklung auch nur vorzustellen, so muß ich doch einsehen, daß sich die enorme Anspannung an Bord in alle möglichen Richtungen entladen kann.

„Was habt ihr also vor?", will ich vom Kapitän wissen.

„Ich werde jetzt gegenüber den italienischen Behörden erklären, daß wir die Situation hier nicht mehr voll im Griff haben. Das ist ein Notfall – und wir müssen jetzt verdammt nochmal in den nächsten Hafen!"

Kurz darauf zeigt mir Stefan den Text, den er gleichlautend über Funk, E-Mail, Fax und Telefon verbreiten wird. Darin bittet er (nach meinem Geschmack noch viel zu höflich) um die Erteilung der Einfahrtgenehmigung. Gleichzeitig stellt er auch ein Ultimatum: „Sollten wir bis 12 Uhr keine positive Antwort erhalten, so sehen wir uns leider gezwungen, auch ohne Genehmigung in Porto Empedocle einzulaufen."

Auch das Lagezentrum des Auswärtigen Amtes wird informiert.

Um 10 Uhr stehe ich im Zwischendeck, um die neue Entwicklung bekanntzugeben. Zunächst wollen sich nicht alle anhören, was ich zu sagen habe. Einige bleiben demonstrativ mit verschränkten Armen in ihrer Ecke im Dunkel des Laderaums sitzen. Ich bitte Stanley und Aminu, auch die Widerspenstigen noch einmal davon zu überzeugen, sich mit in die Runde zu setzen. „Es ist wirklich sehr wichtig, was ich euch sagen möchte. Alle sollten es hören!" Nach fünf Minuten sitzen sie tatsächlich vollzählig beisammen, mit Ausnahme der Patienten, die Birgit immer noch in der Krankenstation behandelt. Als ich vor die Gruppe trete, sind zwar alle

Augen auf mich gerichtet, aber in den Blicken liegt keine Erwartung mehr. Dafür sehe ich viel verletzten Stolz, vor allem aber: tiefe Verzweiflung. Noch bevor ich etwas sagen kann, stürzt der erste auf mich zu und wirft sich in meinen Arm. Es ist Ahmed, ein junger Mann von vielleicht 19 Jahren. Er fängt hemmungslos an zu schluchzen: „Why? Why?" – Warum? Das ist das einzige Wort, das er herausbringt.

Ahmeds Zusammenbruch ist wie ein lange erwartetes Signal für die übrigen jungen Afrikaner, nun endlich ihren Gefühlen freien Lauf zu lassen. Die Spannung entlädt sich in einem gemeinsamen Aufschrei der Wut und des Schmerzes – augenblicklich fließen die Tränen auch bei den erwachseneren Männern. Selbst die hartgesottensten vergraben jetzt ihr Gesicht in den Händen. Es dauert nicht lange, und wir weinen alle gemeinsam über das Unrecht, das uns geschieht. Cosimo und Gaspare schlagen Moslems und Christen ein gemeinsames Gebet vor. „Auf daß der Herr uns hilft, den richtigen Weg in die Freiheit zu finden." Unter Schluchzen beten und singen alle mit. Es der 11. Juli – im katholischen Kirchenjahr der „Sonntag des barmherzigen Samariters".

Jetzt erst komme ich dazu, meine wichtige Botschaft loszuwerden: „Wir werden in etwa zwei Stunden in den Hafen einfahren! Allerdings haben wir immer noch keine Genehmigung der Regierung erhalten. Wir wissen also nicht, wie man uns dort empfangen wird. Doch wir tun alles, um dafür zu sorgen, daß Freunde und Helfer dabei sind, wenn wir ankommen. Auf jeden Fall aber endet diese entsetzliche Warterei!"

Diese Nachricht wird überwiegend mit Kopfnicken quittiert. Die Gesichter hellen sich etwas auf, vereinzelt ist sogar ein zaghaftes Lächeln zu sehen. Auf dem Peildeck über der Brücke hißt Dominik die Regenbogenflagge der Friedensbewegung, die uns Besucher mitgebracht hatten.

Der Notruf des Kapitäns ist, wie alle anderen Kommunikationsversuche in den letzten zehn Tagen auch, ohne jede Reaktion seitens der Behörden geblieben. Kurz vor Mittag gibt Stefan den Befehl, die Hauptmaschine zu starten, und um Punkt 12 Uhr fährt die „Cap Anamur" in italienische Hoheitsgewässer ein. Unsere ständigen Bewacher folgen uns, machen aber keine Anstalten, das Schiff an der Weiterfahrt zu hindern. Schnell kommen weitere Boote von Polizei und Küstenwache dazu, die einen regelrechten Geleitzug bilden, während wir mit halber Kraft auf Porto Empedocle zuhalten. Zu unserer Überraschung kommt ein Lotse an Bord, so als handele es sich um die routinemäßige Einfahrt eines x-beliebigen Frachtschiffs. Er begrüßt den

[redacted]

Your message has been delivered via: **GLOBE WIRELESS®**

Responses may be sent through Globe Wireles
facsimile number +1 (650) 726-8604.

For other contact numbers,
please call +1 (321) 308-0112.

```
REF:      9905885A001      SUN 11 JUL 04 12:44 GMT

 FROM: CAP ANAMUR 127<DNRE.shp>
 DATE: 11 Jul 2004 08:33:00 UTC
 TO: 39922535747.fax
 SUBJECT: Permission to enter Port Empedocle

TOP URGENT

Good morning
this message is for the Coast Guard and all other Authorities concerned, kindly
forward.
this is the Master of the German non commercial rescue, supply and hospital vess
el "Cap Anamur".
I as Master of this vessel do not have the situation any longer fully under con
roll, and asking you nt harm to crew, vessel and shipwracked persons on board
indly have the pilot ready for us at 14.00 hrs.
With kind regards
Captain Stefan Schmidt

Received: from GCC at Globe Wireless;
Sun, 11 Jul 2004 10:17 UTC
Message-id: 149771407

END
```

Last page, 1 page in total

Der Notruf von Bord der „Cap Anamur", mit dem Kapitän Stefan Schmidt ultimativ die Genehmigung zur Einfahrt in den Hafen von Porto Empedocle verlangt.

Kapitän und mich freundlich mit Handschlag und bittet uns, in jedem Fall unbedingt seinen Anweisungen zu folgen, „um jedes Mißverständnis zu vermeiden".

Wie nervös die Staatsmacht ist, sehen wir an den Manövern der Boote rings umher. Immer mehr Uniformierte umkreisen uns in gegenläufiger Richtung, zwei lächerlich kleine Nußschalen der Carabinieri haben offenbar den Auftrag erhalten, die „Cap Anamur" aufzuhalten, sollte sie

Mit Mundschutz und Gummihandschuhen: Der Hafenarzt inspiziert mit seinen Mitarbeitern die „Cap Anamur“ vor Porto Empedocle.

gewaltsam die Hafeneinfahrt erzwingen wollen. Also manövrieren die Bootsführer direkt vor unseren Bug, wo sie von der Brücke aus nicht zu sehen sind. Sicherheitshalber zieht Stefan das Schiff einige Meter zurück, um eine Kollision um jeden Preis zu vermeiden. Dort bleiben wir, unmittelbar vor der Hafeneinfahrt, liegen und warten auf weitere Instruktionen.

Von Emilia erfahre ich telefonisch, daß auf dem Kai ein großes Polizeiaufgebot auf uns wartet. Auch ein Bus vom UNHCR sei da, um die 37 Männer zur Identifizierung zu bringen. Viele Freunde und Unterstützer hätten sich ebenfalls versammelt, sie würden jedoch durch weiträumige Absperrungen daran gehindert, bis auf den Levante Kai vorzudringen. Sogar das Team der *Ärzte ohne Grenzen* wird an einer Barriere aufgehalten. Angeblich hat der Polizeipräsident persönlich untersagt, daß der *MSF*-Psychologe und die interkulturellen Vermittler zur Anlegestelle vorgelassen werden.

Und ein weiterer Anruf erreicht mich: Aus Berlin meldet sich der juristische Direktor des Auswärtigen Amtes. „Ich habe gehört, Sie stecken in Schwierigkeiten?", erkundigt er sich im entspannten Plauderton. Als ich ihm die neueste Entwicklung schildern will, stellt sich schnell heraus, daß der Herr Direktor offenbar soeben zum ersten Mal von unserem Fall gehört hat. Er verlangt also, zunächst ausführlich in aller Form über den „gesamten Vorgang" seit der Rettung von mir unterrichtet zu werden. Volle zehn Tage, nachdem ich im Außenministerium offiziell um Schutz durch die Bundesregierung ersucht hatte!

Inzwischen haben uns die Hafenbehörden angewiesen, unsere gegenwärtige Position zu verlassen und einen Ankerplatz drei Meilen außerhalb anzusteuern. Dort werde dann der ärztliche Dienst an Bord kommen, um die fälligen Untersuchungen an Passagieren und Besatzung vorzunehmen. In meiner Wut bedränge ich Stefan, diesem unwürdigen Hinhaltespiel ein Ende zu machen und ohne weitere Verzögerung in den direkt vor uns liegenden Hafen einzulaufen. Auch Erhard ist jetzt soweit, daß er für die sofortige Einfahrt plädiert. Gottlob behält Stefan aber einen kühlen Kopf. „Ich bin hier der Kapitän. Und da wir uns in italienischen Hoheitsgewässern befinden, werde ich mich an die Anweisungen der italienischen Behörden halten." Also dreht die „Cap Anamur" nach backbord ab und geht in der Bucht vor Anker.

Der Hafenarzt läßt sich auf einem Polizeiboot zu uns herausfahren. Noch ehe er mit seinen beiden Helfern (sie tragen Mundschutz und Gummihandschuhe, so als erwarteten sie einen unmittelbar bevorstehenden Ausbruch der Pest an Bord) über die Lotsenleiter hinaufklettert, fragt einer der

Uniformträger unschuldig, ob wir Lebensmittel und Wasser brauchen? Jetzt erst fällt mir auf, daß der gute Onkel Doktor auch gleich einen eigenen Kameramann des halbstaatlichen *RAI*-Fernsehens mitgebracht hat. Offenbar soll hier gefilmt werden, wie überaus freundlich und großzügig sich die Behörden um die armen Schwarzen kümmern, die so lange draußen auf See waren. „Nein danke!", rufe ich zurück. „Wir haben alles!" Dennoch werden augenblicklich Wasserflaschen und Plastiktüten heraufgereicht. Vor allem die in Alufolie eingewickelten ‚Sandwiches' sorgen auf der „Cap Anamur" für Erstaunen. Die milden Gaben bestehen aus aufgeschnittenem, trockenem Weißbrot mit einer Füllung aus Pommes frites. Diese sizilianische Spezialität war auch den italienischen Journalisten an Bord bis dato unbekannt.

Der Hafenarzt erweist sich als vergleichsweise umgänglich. Nach kurzer Diskussion können wir ihn und seine beiden Helfer sogar davon überzeugen, daß sie ohne Gefahr für Leib und Leben ruhig ihren Mundschutz abnehmen können. Der amtliche Gesundheitsprüfer sieht sich kurz in der Krankenstation um, wo Schwester Birgit sich um einen weiteren, soeben kollabierten Patienten kümmert, und läßt sich die Lage ausführlich schildern. Handschriftlich notiert er „psychologische Betreuung erwünscht" und knallt schließlich seinen Stempel auf das mitgebrachte Formular: „Free pratique". Aus medizinischer Sicht können wir uns also in Italien frei bewegen. Immerhin etwas. „Und wann können wir nun endlich an Land?" Der Doktor zuckt mit den Schultern: „Tut mir leid, das liegt nicht in meinem Ermessen." Ihm ist die ganze Sache sichtlich unangenehm.

Der Hafenarzt und seine Helfer sind eben über die Lotsenleiter heruntergeklettert, als schon das nächste Polizeiboot längsseits geht. Diesmal befinden sich ausschließlich Uniformierte darauf. „Was wollen Sie?", rufe ich mit dem Megaphon über die Reling herunter. „Wir sind Ärzte und kommen zur medizinischen Untersuchung!", schallt die Antwort zurück. Uns ist völlig klar: Wenn das Ärzte sind, dann bin ich der nächste italienische Staatspräsident! „Der Hafenarzt war soeben da. Wir brauchen keine weiteren Ärzte!", lasse ich die verdutzten Staatsdiener wissen. „Aber drüben im Hafen warten Psychologen darauf, an Bord gelassen zu werden. Die brauchen wir hier dingend! Bitte bringen Sie das Team von *MSF* zu uns!" Das überschreitet offensichtlich die Kompetenzen der Uniformträger. Schließlich begibt sich Bruder Gaspare auf das Boot und läßt sich zum Polizeipräsidenten bringen. Doch auch der Priester kann die Behörden nicht umstimmen: „Die haben meine Beamten nicht aufs Schiff gelassen, und jetzt lasse ich auch die Psychologen nicht an Bord!", lautet die schlichte Logik. Der Kombonianer-Missionar tritt unmittelbar nach dieser Begegnung vor die versammelten Pressevertreter und prangert voller Empörung die Engherzigkeit und Starrköpfigkeit der Behörden an. Anschließend unterrichtet Gaspare den Erzbischof, der seinerseits umgehend die italienische Bischofskonferenz einschaltet.

Währenddessen ist es uns mit vereinten Kräften gelungen, die Lage auf dem Schiff noch einmal zu beruhigen. Nach hitzigen Diskussionen, nach erneuten Tränen und einem weiteren Gebet schlafen die meisten der 37 Männer im Zwischendeck, wie mir Mike berichtet. Es ist kurz vor Mitternacht, als ich mit Cosimo an der Reling stehe. Gemeinsam sehen wir auf die Lichter von Porto Empedocle. Der Hafen ist zum Greifen nah. Wenn man uns jetzt noch einmal über Tage und Nächte hinhalten sollte, dann ist wirklich nichts mehr zu retten. Dann werden wir die Verzweifelten nicht mehr davon abhalten können, sich über Bord zu stürzen. Der Priester hat meine Gedanken erraten: „Ja, ja, morgen werden wir endlich in den Hafen einfahren können", sagt er unvermittelt.

„Oh, das hoffe ich wirklich sehr, Cosimo!"

„Ja, aber du bist dir schon im Klaren darüber, wie es dann weitergeht?", fragt er mich. – „Nun, ich denke es ist doch alles besprochen: Der Bus bringt unsere Jungs zur Identifizierung, sie werden nicht wie Kriminelle behandelt, nicht eingesperrt und..."

„Aber das meine ich nicht", unterbricht mich der Missionar.

„Was sonst?"

„Man wird das Schiff hereinlassen. Aber danach geht es hier nur noch um eins: Um Rache!"

„Rache? Rache wofür?" Ich widerspreche ihm heftig. Geduldig hört sich Cosimo an, welche guten Gründe ich gegen seinen Pessimismus vorzubringen habe: Daß diese absurde Seeblockade doch nun zu Ende sei und jeder Beteiligte Interesse an einer Rückkehr zur Vernunft haben müsse. Daß auch die italienischen Beamten keine Unmenschen sind und eventuell bestehende Mißverständnisse schnell ausgeräumt werden könnten.

Als ich fertig bin, gibt mir unser Bord-Seelsorger nur noch einen einzigen Satz mit auf den Weg: „Das ist alles schön und richtig, ich fürchte nur, du schätzt die italienische Mentalität falsch ein."

Anlegen am 12. Juli: Der Bus des UNHCR steht bereit – die Vertreter der Staatsmacht auch.

Landung in Porto Empedocle

+ + + 12.07. + + +

Am Montagmorgen, kurz nach neun Uhr, kommt über Funk der lakonische Satz, auf den wir so lange gewartet haben: „‚Cap Anamur', Sie können jetzt in den Hafen einfahren!" Als wäre es die normalste Sache der Welt. Während Stefan die Hauptmaschine starten läßt, fällt augenblicklich die Spannung der letzten Wochen von uns ab. Alle reden aufgeregt durcheinander, liegen sich in den Armen, lachen, schmieden Pläne und bereiten sich zum Landgang vor. Die Reporter an Bord – in den letzten Tagen ist als einziger deutscher Journalist Karl Hoffmann hinzugekommen, der auf Sizilien lebt und seit Jahren über die Dramen der afrikanischen *clandestini* berichtet – informieren ihre Redaktionen und setzen erste Kurzberichte ab. Im Zwischendeck schnüren die 37 Schiffbrüchigen ihre Bündel. Zum Abschied schenkt Mike jedem noch eines unserer Team-T-Shirts.

Pausenlos werde ich jetzt vom Festland angerufen. Vor allem italienische und deutsche Zeitungen, Radio- und Fernsehstationen, aber auch die britische *BBC*, wollen von mir erfahren, wie es zu diesem glücklichen Ausgang gekommen ist. „Ich bin einfach nur erleichtert, daß die absurde Situation einer Seeblockade gegen afrikanische Schiffbrüchige nun beendet ist und alle in Sicherheit und an Land kommen!", sage ich immer wieder und erinnere an die vielen Toten auf dem Mittelmeer. Dann, auf die Frage, was die „Cap Anamur" denn nun weiterhin unternehmen werde: „Wir werden weiterhin versuchen, so viele Menschenleben wie möglich zu retten. Das ist unsere Aufgabe. Und ich hoffe sehr, daß wir nach dem Muster, das wir hier einmal konfrontativ durchstehen mußten, auch weiterhin verfahren können." Ich bin glücklich und einfach nur erleichtert, daß das elende Spiel jetzt ein Ende haben wird.

Dominik hat in den letzten Tagen aus der Handkamera und einem alten Antennenkabel eine sogenannte „Außenposition" auf dem Oberdeck gebastelt, von der ich über die ISDN-Satellitenanlage direkt ins deutsche Fernsehen geschaltet werden kann. So sind die Zuschauer des Nachrichtenkanals *n-tv* live dabei, als die „Cap Anamur" am Vormittag des 12. Juli in den Hafen von Porto Empedocle auf Sizilien einfährt. Sie sehen das Polizeiaufgebot am Kai, den weißen Bus, der zur Abholung der Geretteten bereitsteht, die Absperrgitter, die unsere Freunde und Unterstützer von der

Sympathisanten im Hafen von Porto Empedocle grüßen mit hochgereckten Armen. Aus der Erwiderung dieses Grußes wurde in manchen deutschen Medien eine „Triumphator-Geste“.

Anlegestelle fernhalten sollen. Auch die Journalisten, Kameraleute und Fotografen müssen hinter dieser Absperrung stehen. Während das Schiff langsam durch das Hafenbecken gleitet, gehe ich mit dem Megaphon aufs Vorschiff, um ein paar Worte an die Wartenden zu richten. Die Männer, die fast drei Wochen lang unfreiwillig im Laderaum unseres Schiffes leben mußten, stehen an der Reling um das Anlegemanöver zu beobachten. Ihre neuen T-Shirts haben sie gleich angezogen.

„Wir laden alle Freunde zu einem Friedensfest an Bord der ‚Cap Anamur' ein!", rufe ich zur Mole herüber. „Aber zuerst müssen wir uns um unsere Passagiere kümmern und die Vertreter der Behörden empfangen, die hier so zahlreich erschienen sind!" Von der Landseite klingt Freudengeheul zu mir herüber und aufmunternde Zurufe in italienischer und englischer Sprache. Dort stehen Aktivisten verschiedener Gruppierungen, teilweise haben sie Transparente mitgebracht: „Solidarität mit der ‚Cap Anamur'" kann ich entziffern. „Weg mit den Grenzen, weg mit den Lagern" steht da ebenso wie ein schlichtes „Welcome" oder „Politisches Asyl in Italien". Einige der Demonstranten kommen mir bekannt vor. Wahrscheinlich habe ich sie Tage zuvor bei einem Besuch an Bord gesehen. Nun begrüßen sie mich mit hochgereckten Armen, und ich erwidere ihren Gruß auf dieselbe Weise.

Vor dem weißen Reisebus, der auf der Mole in der Sonne glänzt, erkenne ich Christopher Hein, den Direktor des italienischen Flüchtlingsrats. Er gibt mir ein Zeichen mit der Hand, das ich als „Alles in Ordnung" deute, während ich zum Heck des Schiffes zurückklettere. Dort wird die Gangway ausgebracht. Tennis und Joseia befestigen die vorgeschriebenen Sicherheitsnetze, damit nicht noch jemand beim Landgang ins Wasser fällt. Inzwischen betrachte ich die Vertreter der Staatsmacht, die ungeduldig darauf warten, endlich zu uns an Bord zu kommen. Es sind vorwiegend Polizisten, aber auch Uniformierte verschiedener anderer Behörden. Viele tragen Mundschutz und Gummihandschuhe, wie schon am Vortag die Helfer des Hafenarztes. Außerdem sind sie bewaffnet. Francesco, der Reporter der italienischen Zeitung *La Repubblica*, macht mich auf einen Mann aufmerksam, der ein gelbes Polohemd trägt: „Hoher Besuch! Das ist der Questore, der Polizeichef persönlich!"

Als die Vertreter der Staatsmacht an Bord kommen, ist der Mann in Gelb der erste, der über die Gangway steigt: „Benvenuti a bordo", versuche ich eine italienische Begrüßung. Der Questore gibt mir die Hand und bemüht sich sogar um ein Lächeln, während weitere Behördenvertreter aufs Schiff

Die Polizei drängt Demonstranten und Journalisten ab. Auch das bereitstehende MSF-*Psychologenteam wird nicht zu uns vorgelassen.*

drängen. „Niemand verläßt das Schiff!", läßt mich der Polizeichef mithilfe eines Übersetzers wissen. „Wir wollen uns erst einmal unterhalten." „Ja, das sollten wir unbedingt tun. Wenn mir die Herren in den Kapitäns-Salon folgen. Da können wir ungestört reden." Während wir die engen Treppen hinaufsteigen, ruft mich Birgit über Funk: „Elias, die holen hier die ersten Jungs von Bord – ist das so abgesprochen?" „Was? Nein – auf gar keinen Fall!" Noch auf der Treppe vergewissere ich mich beim Questore. „Sie sagten doch eben: Niemand verläßt das Schiff?" „Genau so ist es." „Also bleiben auch die Schiffbrüchigen vorerst an Bord?" „Ja." Ich rufe Erhard mit dem Handfunkgerät: „Sorgt dafür, daß keiner das Schiff verläßt!" „Mach´ ich, Boß!", antwortet der Offizier der Bundesmarine. Er stellt sich vor die Gangway und wartet auf weitere Anweisungen.

Stefan begrüßt die offiziellen Besucher mit allem, was Küche und Kühlschrank hergeben: Kaffee, Fanta, Wasser, Cola. „Was soll jetzt mit den Geretteten geschehen?", will ich wissen. „Sie werden zur Identifizierung gebracht, wie abgesprochen", bekomme ich zur Antwort. „Aber sie sind keine *clandestini*, sie kommen nicht nach San Benedetto?!" Den Namen dieses berüchtigten Abschiebegefängnisses kenne ich von Emilia. „Jaja, alles wie abgesprochen", erwidert der Polizeichef. „Aber wir haben noch ein paar Fragen bezüglich der Fahrtroute Ihres Schiffes. Können Sie uns Unterlagen über den genauen Reiseverlauf der vergangenen drei Wochen zur Verfügung stellen?" „Natürlich können wir das", antwortet der Kapitän. „Wir haben das Logbuch und die Protokolle des elektronischen Navigationssystems." In Begleitung eines Offiziers der Hafenbehörden geht er auf die Brücke, um die entsprechenden Unterlagen zu holen. „Aber was ist der Hintergrund Ihrer Frage?", will ich wissen. „Mir wurde gesagt, es gibt keine Ermittlungen gegen uns!" – „Nein, aber es gibt eine Anzeige gegen Unbekannt, der wir nachgehen müssen. Eine reine Formalität."

Als Stefan mit dem Logbuch und den Ausdrucken des Bordcomputers zurückkommt, haben wir uns bereits auf die nächsten Schritte geeinigt. Zunächst einmal sollen die 37 Männer von Bord gehen. Sie werden von uns verabschiedet und anschließend in der Obhut des UNHCR, der Priester und von Christopher Hein den Bus besteigen. „Anschließend bitte ich Sie sowie den Kapitän und den Ersten Offizier, uns auf die Polizeistation zu folgen", sagt der Questore. „Warum stellen Sie uns Ihre Fragen nicht hier?", will der Kapitän wissen. Im Gesicht des Polizeichefs zeichnet sich tatsächlich eine Art Verlegenheit ab. „Nach dem ganzen öffentlichen

Zwischen Angst und Apathie: Mohammed Yussif (†), Hamid Yahaya, Dan Mohamed Aziz (oben) und Nurideen Iddrisu (unten).

Trara, dem Medienzirkus und all dem", sagt er schließlich, „müssen wir der Öffentlichkeit einfach zeigen, daß wir ernsthaft ermitteln. Wir müssen Sie deshalb jetzt noch einmal böse angucken!" Dazu schneidet er eine Grimasse, die mich an den Räuber Hotzenplotz erinnert. Wir lachen. Ich denke an Cosimos Worte von der „italienischen Mentalität". Wenn die Behörden aus Gründen der ‚Gesichtswahrung' eine böse Mine zeigen müssen, dann werden wir ihre Fragen eben auf der Polizeiwache beantworten. Wir stimmen also zu, und der Questore gibt sich erleichtert.

Am Fuß der Gangway nimmt die Besatzung Abschied von den geretteten Schiffbrüchigen. Jutta, Ben, Henryk, Tennis und Joseia, Mike, Birgit, Dominik und ich schütteln jedem einzelnen die Hand. Alle bedanken sich bei uns, ehe sie den Bus besteigen. Sie sind vor allem froh, wieder festen Boden unter den Füßen zu haben, wenn auch manchem das massive Polizeiaufgebot Angst macht. Birgit hat Tränen in den Augen, als sie ihre Patienten und Schützlinge entläßt. Auch bei mir verabschieden sich Aminu, Stanley und Ahmed besonders herzlich. Selbst Salau Deen, den ich immer als unnahbar und verschlossen empfunden habe, schließt mich lachend in die Arme, ehe er mit seinen Freunden in den Bus des UNHCR einsteigt. Die meisten sind sichtlich erleichtert darüber, daß ihre Reise hier vorerst zu Ende geht. „Seid

Die „Cap Anamur-Boys" packen im Laderaum ihre Habseligkeiten, während das Schiff in Porto Empedocle festmacht.

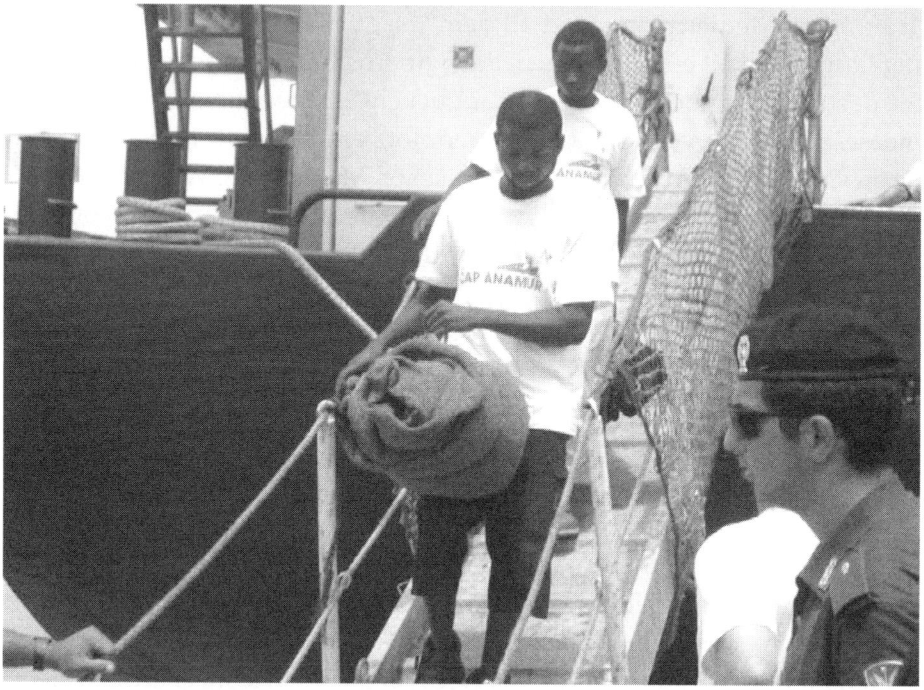

Abschied von Bord nach drei Wochen auf See.

Adam Issah (vorn) und Adams Moses verabschieden sich von der Besatzung.

unbesorgt, Christopher Hein und die Missionare fahren mit. Sie werden an eurer Seite bleiben", lautet unsere letzte, aufmunternde Botschaft an die Ängstlicheren unter ihnen. Schließlich fährt der Bus durch den Pulk der Demonstranten, Kameraleute und Fotografen davon – aus den Fenstern winken die 37 Männer, die am 20. Juni von der „Cap Anamur" aus ihrem abenteuerlichen Schlauchboot gerettet worden sind.

Danach ist es an uns, das Schiff zu verlassen. Stefan, Vladimir und ich sollen als Zeugen zur Befragung ins Polizeipräsidium fahren. Der Kapitän klemmt sich das Logbuch und ein paar weitere Dokumente unter den Arm, und wir besteigen die Polizeiwagen – jeder von uns ein anderes Auto. In einem weiteren Fiat fährt Salvatore mit, der Anwalt des *CIR*.

Auch ich winke aus dem Fenster einigen Unterstützern zu und verabrede mich für den Abend zum geplanten „Friedensfest" an Bord unseres Schiffes. Unterwegs deutet nichts darauf hin, daß dieses möglicherweise nicht stattfinden wird. Im Gegenteil, die beiden jungen Polizisten, die mich zu ihrem Hauptquartier am Stadtrand von Agrigento fahren, beteuern, daß unsere Befragung sicherlich nicht lange dauern werde. „Schon am Abend könnt ihr an der Piazza eure erste Pizza essen", sagt einer in bestem Deutsch. Er ist als Gastarbeiterkind im Ruhrgebiet aufgewachsen. Die Adresse eines

Letzter Gruß: Mohammed Yussif (†) vor dem UNHCR-*Bus.*

empfehlenswerten Fischrestaurants liefert er ungefragt auch noch nach.

Nach zwanzigminütiger Fahrt erreichen wir das Polizeipräsidium, einen wuchtigen Neubau hinter stabilen Zäunen und Toren. Im zweiten Stock bietet man mir freundlich einen „echten italienischen Kaffee" an, während Stefan und Vladimir mitsamt dem Logbuch in einem Vernehmungszimmer verschwinden. Weiterhin klingelt im Minutenabstand mein Handy. Erhard will im Namen der Besatzung wissen, wie unsere Sache sich entwickelt, diverse Journalisten erkundigen sich ebenfalls nach dem Stand der Dinge. Aus Berlin meldet sich die Redaktion der *tageszeitung* (*taz*) und bittet um ein Interview. Ich berichte freimütig von den jüngsten Ereignissen und äußere vor allem meine Freude darüber, daß am Ende wohl doch noch die Vernunft über die Wagenburgmentalität in der Festung Europa gesiegt hat.

Der nächste Anruf kommt aus Hamburg. Es ist die Zentralredaktion der *Deutschen Presse-Agentur* (*dpa*), die ebenfalls einige Fragen zum genauen Ablauf hat. Mitten in einer Antwort werde ich unterbrochen: „Herr Bierdel, ich erhalte hier soeben die Meldung, wonach der Kapitän Ihres Schiffes verhaftet worden ist. Können Sie das bestätigen?" – „Wie bitte? Niemand ist hier verhaftet worden! Wir sind lediglich freiwillig zu einer Befragung ins Polizeipräsidium mitgefahren. Wo haben Sie denn das nun wieder her?", will ich wissen. „Diese Meldung erreicht uns in diesen Minuten von unseren italienischen Kollegen der Agentur *ANSA*!" „Seit uns die Einfahrt in den Hafen von Porto Empedocle verweigert wurde gab es noch keinen Tag, an dem die *ANSA* nicht irgendeinen Blödsinn über uns verbreitet hat", gebe ich zurück. „Selbstverständlich haben es die werten Kollegen nicht nötig gehabt, auch nur ein einziges Mal mit uns selbst zu sprechen! Aus meiner Sicht ist das keine Nachrichtenagentur, sondern ein Propagandainstrument der Berlusconi-Regierung. Aber warten Sie einen Moment, ich werde Ihre Information überprüfen!" Draußen im Flur steht, mit einer Tasse Espresso in der Hand, unser Anwalt Salvatore. „Ist hier irgendjemand verhaftet worden?", frage ich ihn. „Nicht, daß ich wüßte", gibt er erstaunt zurück. Voller Empörung dementiere ich die neuerliche, vermeintliche Falschmeldung der *ANSA*. Daß deren Korrespondenten über einen direkten Draht in das geschlossene

Behörden beenden Odyssee der Flüchtlinge auf der „Cap Anamur“

stellen Asylantrag in Deutschland

Flüchtlinge

VON MICHAEL STÜRMER

Ein Elend, dass nicht auf den Bildschirmen der Welt erscheint, lässt sich vergessen. Eine stumme Totenklage an der Grenze von Arabisch Afrika zu Schwarzafrika kostet nicht mehr als ein Bedauern, solange nicht Öl im Spiel ist oder Flüchtlinge kommen, oder beides. Der Kapitän der deutschen „Kap Anamur“ hat in seiner Verzweiflung in Kauf genommen, mit dem Gesetz in Konflikt zu geraten: Legitimität der Menschenrechte gegen Legalität der Passvorschriften. Es sind nicht die ersten, und es werden nicht die letzten Flüchtlinge sein, die uns in diesen Konflikt bringen.

Was anfangs noch aussieht wie einer der vielen Bürgerkriege am Rande der Zivilisation, von denen niemand außer ein paar Idealisten und Journalisten Kenntnis nimmt, entwickelt sich zum Genozid. Die so genannte Staatengemeinschaft, statt dem grauenvollen Treiben durch Entsendung von Eingreiftruppen ein Ende zu setzen – wie die Briten es in Sierra Leone taten oder die Franzosen, durch Bundeswehr unterstützt, am oberen Kongo – tut lange so, als sei das Ganze innere Angelegenheit. Beizeiten beherztes Eingreifen hätte viele Menschen gerettet und Europa ein unlösbares Dilemma erspart. Was meinte Kofi Annan mit der Mahnung, Souveränität dürfe nicht Schutzmauer für Massenmörder sein? Was die Bundesregierung, als sie menschenrechtsgeleitete Außenpolitik versprach? Nichts jedenfalls, was zu Taten verpflichtet. Die EU droht jetzt, ein bisschen spät, ärgerlich zu werden.

Der Kapitän ist ein tragischer Held im klassischen Sinne, stellvertretend für Europa.. Auch er weiß, dass die Schlepper Blutgeld verdienen, dass die Hoffnung auf das gelobte Land noch immer mehr Flüchtlinge erzeugt und dass die rettenden Küsten Europas nicht alle Mühseligen aufnehmen können. Aber als er die im Mittelmeer ausgesetzten Flüchtlinge fand, sollte er da wegschauen? Wer könnte das tun, ohne Europa und seine Werte zu verraten?

küste Siziliens
t Montag ein
nachdem die
nwache nach
Rettungsschiff
; Einlaufen in
locle gestattet
t eine Odyssee
die eine neue
sche Dimensi-
, seit die deut-
„Cap Anamur“
südlichen Mit-
n aus Sierra
nesen aus Dar-
ılauchboot an

Behörden wei-
das Schiff in
nlaufen zu las-
beharrten, dass
den Flüchtlin-
sche Gewässer
glich hätten sie
gehen müssen,
er Asyl zu be-
Stefan Schmidt
n, die Sudane-
on Lampedusa
Hoheitsgewäs-
pen, wo in den
usende illegale
Nordafrika auf
b den Eintritt
ngen haben.
m Versuch er-
t der Konflikt
nderen Aspekt
ropas aus, weil
Fläche der Uni-
e Südküste er-
üchtlinge und
en aus Afrika
er die porösen
d Spaniens an
ren. Besonders
hatte die italie-
he der „Cap
gen in einem
veigert.
Am Wochenende hatte sich die

Schiff berichtet hatten. Die Flüchtlinge seien verzweifelt, ließ Pater Gaspare Spadavecchia die italienische Nachrichtenagentur Ansa wissen: „Sie sind nur eine Meile von der Küste entfernt, sehen das Land, aber können es nicht erreichen. Die meisten sind einem emotionalen Kollaps nahe.“ Manche hätten gedroht, ins Meer zu springen, ließ auch Kapitän Schmidt wissen: „Als Kapitän des Schiffes habe ich die Situation nicht mehr vollständig unter Kontrolle und bitte um die Erlaubnis,

Schwer bewacht liegt die Cap Anamur endlich in Empedocle im Hafen

Porto Empedocle noch heute anzulaufen.“ Auch ohne Genehmigung sehe er „keine andere Möglichkeit, als den Hafen umgehend anzulaufen“, wie es internationale Gesetze in unmittelbarer Notlage erlaubten. Sogar die UNO hatte sich danach bei den italienischen Behörden dafür eingesetzt, den Flüchtlingen aus humanitären Gründen den Landgang zu gestatten, die sich diesem Ansinnen lange gesperrt hatten, um keinen „gefährlichen Präzedenzfall“ zu schaffen. Kurz nach zehn Uhr erlaubten sie gestern dann dennoch das Einlaufen in den Hafen. Handschriftliche Asylanträge für einen

Bericht und Kommentar aus Die Welt, *13. Juli 2004.*

Vernehmungszimmer am Ende des Flures verfügen könnten, übersteigt, bei aller berechtigten Kritik, vorerst noch mein Vorstellungsvermögen.

Es dauert ungefähr zehn Minuten, ehe ich wieder etwas Entscheidendes dazulernen darf. Man führt mich den Gang hinunter vor die bewußte Tür. Stefan kommt heraus, mit einem Gesicht, als wäre er in einen Topf mit Sauren Gurken gefallen. „Alles in Ordnung?", frage ich ihn betont lässig. „Gar nichts ist in Ordnung", knurrt er mich an. „Wir sind verhaftet!"

Die Staatsmacht auf der Brücke der „Cap Anamur" – während die Besatzung ihre Sachen packt.

Ich habe wenig Zeit, mich von dem Schock zu erholen. Während Stefan und Vladimir abgeführt werden, drängen mich mehrere Polizisten in das Vernehmungszimmer. Mein Mobiltelefon sei umgehend auszuschalten, bedeutet man mir. Ich bin außer mir, protestiere lauthals und verlange, sofort meinen Anwalt zu sprechen. Über eine Dolmetscherin werde ich darüber aufgeklärt, daß ich kein Recht dazu habe. Ich krakeele so lange weiter, bis man schließlich Salvatore hineinführt. Er sieht müde und ängstlich aus. „Elias, du wirst hier nur als Zeuge vernommen, und als Zeuge hast du in Italien keinen Anspruch auf anwaltliche Begleitung", läßt er mich wissen. „Aber die nehmen uns hier fest!", fahre ich ihn an. „Nein, das ist zunächst nur eine Zeugenbefragung!" „Aber der Kapitän und Vladimir sind bereits verhaftet! Ist doch klar, daß es mir nicht anders gehen wird!" Zur Antwort erhalte ich einen jener Sätze, wie er nur einem Juristenhirn entspringen kann. „Wenn sich dein Status von dem eines Zeugen zu dem eines Beschuldigten ändern sollte, dann erst hast du das Recht auf einen Anwalt!" Da kann ich nur lachen. „Und wie erfahre ich, wenn sich mein Status ändern sollte?" „Das wird man dir dann rechtzeitig mitteilen. Ich warte solange draußen!" Mit diesen Worten überläßt mich Avvocato Salvatore Filippini la Rosa de Regibus, Sproß eines uralten Genueser Adelsgeschlechts, meinem weiteren Schicksal.

Im Vernehmungszimmer stehen linkerhand zwei Schreibtische mit Computern, davor die Stühle für die sichtlich nervöse Dolmetscherin und mich. Es geht zu wie in einem Taubenschlag. Ständig geht die Tür auf, irgendjemand kommt hektisch hereingestürzt oder läuft noch hektischer heraus. Sechs Polizisten sind permanent anwesend, mindestens zwei von ihnen, die am Rand stehen, flüstern ununterbrochen halblaut in ihre Handys. Womit zumindest die offene Frage, woher die verblüffend früh informierte *ANSA* ihr einseitiges Wissen bezieht, schon mal geklärt wäre. Die Dolmetscherin stellt sich in gebrochenem Deutsch als gelernte Fremdenführerin vor, die hauptberuflich teutonischen Touristen die Schönheiten ihrer Insel zeigt. „Von Seefahrt und illegaler Einwanderung" habe sie leider überhaupt keine Ahnung, fügt sie entschuldigend hinzu. „Ich auch nicht", gebe ich zurück. Damit kommen wir zum eigentlichen Zweck unseres wenig gemütlichen Beisammenseins.

Das vergleichsweise unverfängliche Ritual der Personalienfeststellung nutze ich dazu, meine unvorstellbare Wut wieder in den Griff zu bekommen. *B-I-E-R-D-E-L, Elias.* Es ist vor allem Wut auf mich selbst, der ich dumm genug war, mich auf eine derart simple Weise hereinlegen zu lassen. *Geboren in Berlin, Deutschland.* Wenn ich mich jetzt nicht zusammenreiße, dann könnte ich durch unbedachte Äußerungen die Lage für uns alle womöglich noch verschlimmern. *Familienstand: Verheiratet.* Also verordne ich mir ‚Ruhig Blut!', obwohl es innerlich brodelt und kocht wie selten zuvor. *Zwei Kinder.* Ich muß mich konzentrieren, damit man mich nicht noch einmal über den Tisch zieht. *Wohnhaft in der Gemeinde Windeck, Deutschland.* Ich versuche die Situation zu analysieren.

Die Dauertelefonierer scheinen Aufpasser zu sein, aber wohl weniger für mich, sondern vor allem, um ihre eigenen Kollegen zu kontrollieren. Die Vernehmungsbeamten, beide in Zivil, versuchen unter diesem Druck ihre enorme Anspannung durch den Anschein routinierter Geschäftigkeit zu überspielen. Es gelingt ihnen nicht. Sie rauchen hastig und zünden sich eine Zigarette nach der anderen an. Dann stellen sie endlich die ersten Fragen zur Sache. Das Spiel beginnt.

„Wann haben Sie zum ersten Mal von der Rettung der Illegalen gehört?"

„Ich weiß nicht was Sie mit ‚Illegalen' meinen", antworte ich. „Die Rettung der Schiffbrüchigen wurde mir am 20. Juni vom Schiff gemeldet."

„Wann genau sind Sie danach in Malta an Bord gekommen?"

„Ich bin am 28. Juni auf die ‚Cap Anamur' zurückgekehrt. Aber nicht von Malta aus, sondern mit einem Schnellboot von der tunesischen Insel Djerba!"

„Warum haben Sie italienische Journalisten auf Ihr Schiff gerufen?"

„Ich habe niemanden gerufen, sondern die Journalisten meldeten sich bei uns!" In diesem Stil geht es weiter. So gut wie jede Frage geht entweder von falschen Voraussetzungen aus oder enthält sogar – mehr oder weniger indirekt – bösartige Unterstellungen. Schließlich kommt es zu einem Punkt, der für die Vernehmungsbeamten offenbar von größter Wichtigkeit ist, denn sie beugen sich vor und ziehen noch heftiger als zuvor an ihren Zigaretten:

„Wie genau verlief die Begegnung mit dem Flüchtlingsboot der elf somalischen *clandestini*?", wollen die Kettenraucher wissen. Im Raum ist es jetzt mucksmäuschenstill. Auch die Aufpasser unterbrechen ihre Telefonate und spitzen die Ohren.

„Auch hier ist mir von Illegalen nichts bekannt", lasse ich die peinlich berührte Dolmetscherin zum wiederholten Male übersetzen. „Aber es gab eine Begegnung mit einem kleinen Holzboot, über die mir der Kapitän telefonisch berichtet hat."

Anschließend schildere ich den Inhalt des Gesprächs und ende wahrheitsgemäß mit meiner Empfehlung an den besorgten Kapitän, das Boot zu eskortieren, wenn er begründete Zweifel an dessen Seetüchtigkeit hat.

„Aha!“ – Auf diesen Satz haben die Verhörspezialisten offenbar gewartet. Während die einen mit geradezu triumphaler Geste die Computer-Tastatur beackern, reportieren die anderen das anscheinend freudige Ereignis simultan in ihre Mobiltelefone. Mir wird mulmig. Irgendetwas muß an dieser, aus meiner Sicht eher banalen, Szene sein, das auf die versammelte Staatsmacht euphorisierend wirkt. Aber was nur? Während ich noch rätsele, wird die Tür aufgerissen. Der Herr Questore gibt sich die Ehre, vermutlich herbeitelefoniert von seinen Handy-Schergen. Der Polizeipräsident läßt sich von den Beamten die Situation erklären – was selbstredend von meiner Dolmetscherin nicht übersetzt wird – und liest am Computer-Bildschirm die entsprechende Passage nach. Dazwischen funkelt er mich listig an: „Na, das ist ja mal eine interessante Entwicklung!“, höre ich heraus. Und schon kommt die verdammte Wut wieder hoch.

„Können Sie mir bitte eines sagen, Herr Questore?“, lasse ich die unglückliche Fremdenführerin fragen. Der Polizeichef dreht sich widerwillig zu mir um. „Wird eigentlich in der Republik Italien noch die Todesstrafe vollstreckt?“ Die Dolmetscherin sitzt starr vor Schreck. „Soll ich das wirklich übersetzen?“, fragt sie, voller Hoffnung, es möge nicht so sein. „Selbstverständlich!“ Sie übersetzt. Nach einer kurzen Pause fassungsloser Stille erfüllt die kleine Provokation ihren Zweck – und der Sicherheitschef der Region zeigt mir sein wahres Gesicht: „Das ist eine unverschämte Polemik!“, brüllt der gar nicht mehr so souveräne Spitzenbeamte. „Aber warte nur, Bürschchen! Wir werden dir und deinen sauberen Kumpanen schon noch beibringen, die italienischen Gesetze zu beachten!“ Die Dolmetscherin hat Mühe, mitzukommen.

Nachdem ihr Chef türenschlagend den Raum verlassen hat, fordern mich seine Untergebenen auf, das ausgedruckte Protokoll zu unterschreiben. Mein Ansinnen, es zuvor zumindest einmal durchzulesen, trifft bei den Vernehmern zunächst auf Unverständnis. „Aber warum denn? Wir haben doch nur aufgeschrieben, was Sie gesagt haben!“ Irgendetwas stinkt gewaltig zum Himmel. Mir ist schon klar, daß man mich hier wohl für beschränkt hält – leider nicht ganz unbegründet –, aber das geht nun doch zu weit. Mit der zu einem Häufchen Elend zusammengesunkenen Touristen-Dolmetscherin gehe ich das Protokoll Wort für Wort durch. Schnell wird deutlich, daß es praktisch in jeder Zeile von dem abweicht, was ich gesagt habe: „Hier steht etwas von *clandestini* – Illegalen“, moniere ich gleich zu Anfang. „Aber ich habe doch ausdrücklich nur von *naufraghi* – Schiff-

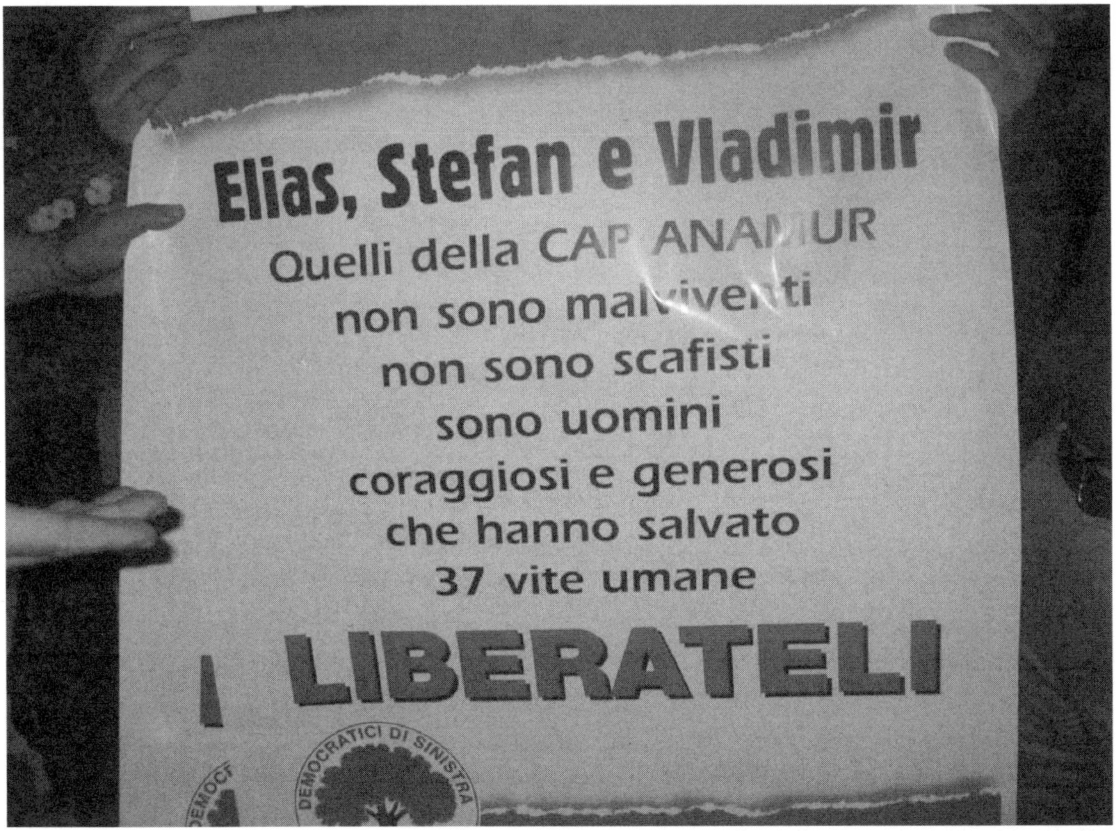

Plakate in Agrigento:
Sie sind keine Schlepper –
befreit sie!

Transparent an der beschlagnahmten „Cap Anamur“: Kein Krieg gegen Flüchtlinge!

brüchigen gesprochen!“ Der Protokollführer versucht es noch einmal auf die ganz blöde Tour: „Aber das ist doch dasselbe!“ „Für mich nicht! Ich bestehe darauf, daß dieses Wort aus meiner Vernehmung verschwindet!“ Nach einigem Hin und Her erfüllt man murrend meinen Wunsch. Mir wird ein neuer, korrigierter Ausdruck vorgelegt.

Diese Prozedur wiederholt sich einige Male, bis ich schließlich bei der fraglichen Passage mit dem Boot der Somalis angekommen bin, die nach Malta unterwegs waren. „... und dann halfen wir den Illegalen in den Hafen von Malta!“, übersetzt die entnervte Fremdenführerin aus der Niederschrift. „Wie bitte? Aber das habe ich niemals gesagt!“, melde ich empört meinen Protest an. „Doch! Genau so haben Sie das gesagt!“, schreien mich die Vernehmungsbeamten an. Auch ihre Nerven liegen mittlerweile blank. Daher weht also der Wind! Man versucht, uns Schleuserei unterzuschieben – denn selbstverständlich steht es in Europa unter schwerer Strafe, „Illegalen“ in einen Hafen zu helfen. „Ich habe davon gesprochen, daß die ‚Cap Anamur‘ das Boot *eskortiert* hat! Das ist ja wohl ein Unterschied!“ Sogar die Dolmetscherin faßt sich angesichts der offenkundigen Manipulationsversuche ein Herz: „Bitte, Herr Inspektor! Der Zeuge hat wirklich nur ‚*eskortieren*‘ gesagt!“ Aber es hilft nichts. Die Beamten beharren auf ihrem Standpunkt und ich auf meinem. Am Ende ist das Protokoll zehnmal umgeschrieben worden, aber ich verweigere dennoch die Unterschrift, denn es enthält weiterhin Formulierungen, die mit meiner Schilderung kaum etwas zu tun haben.

Es ist dunkel geworden, als man Stefan, Vladimir und mich abführt. Von unserem Anwalt ist nichts mehr zu sehen. Leider hat er auch meine stillschweigende Beförderung vom „Zeugen“ zum „Beschuldigten“ nicht miterleben dürfen. Wie auch, die entsprechende Mitteilung erhalte ich erst Stunden später, als man uns fotografiert und die Fingerabdrücke nimmt. In meinem Leben ist es die erste „erkennungsdienstliche Behandlung“. Ich bin erstaunt, wie grimmig ich auf den Polizeifotos dreinblicke. Wie ein Schwerverbrecher eben. Nachdem eine Beamtin meine beiden kompletten Hände und anschließend jeden einzelnen Finger in ein Tintenkissen gedrückt und auf einer dafür bestimmten Pappe abgerollt hat, fordere ich sie auf, meine Hände bitte auch wieder zu reinigen, da sie sie ja schließlich auch verschmutzt hat. Das Ansinnen sorgt für allgemeine Heiterkeit und trägt mir endgültig den Ruf des Querulanten ein. In der Folge behandelt man mich ausgesprochen ruppig.

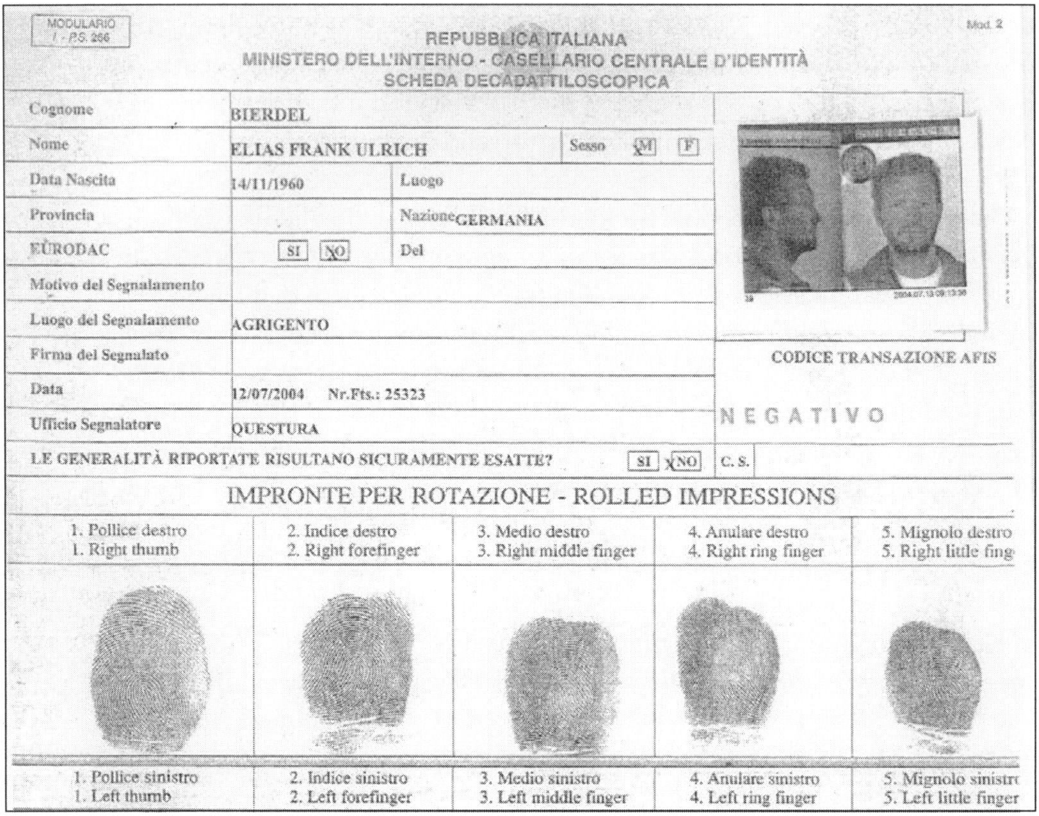

MODULARIO I - P.S. 266

Mod. 2

REPUBBLICA ITALIANA
MINISTERO DELL'INTERNO - CASELLARIO CENTRALE D'IDENTITÀ
SCHEDA DECADATTILOSCOPICA

Cognome	BIERDEL
Nome	ELIAS FRANK ULRICH — Sesso [X M] [F]
Data Nascita	14/11/1960 — Luogo
Provincia	Nazione GERMANIA
EURODAC	[SI] [X NO] — Del
Motivo del Segnalamento	
Luogo del Segnalamento	AGRIGENTO
Firma del Segnalato	
Data	12/07/2004 Nr.Fts.: 25323
Ufficio Segnalatore	QUESTURA
LE GENERALITÀ RIPORTATE RISULTANO SICURAMENTE ESATTE?	[SI] [X NO] — C. S.

CODICE TRANSAZIONE AFIS

NEGATIVO

IMPRONTE PER ROTAZIONE - ROLLED IMPRESSIONS

1. Pollice destro 1. Right thumb	2. Indice destro 2. Right forefinger	3. Medio destro 3. Right middle finger	4. Anulare destro 4. Right ring finger	5. Mignolo destro 5. Right little fing
1. Pollice sinistro 1. Left thumb	2. Indice sinistro 2. Left forefinger	3. Medio sinistro 3. Left middle finger	4. Anulare sinistro 4. Left ring finger	5. Mignolo sinistro 5. Left little finger

Als ich irgendwann allein in einer Zelle lande, muß ich leider feststellen, daß auf dem Bettenrost weder eine Matratze liegt noch die Toilette über Wasser oder gar Papier verfügt. Reklamationen werden an diesem Abend keine entgegengenommen. Leider sind die Schließer für mich nicht mehr zu sprechen.

Da ergeht es Stefan und Vladimir etwas besser. Sie haben sich zu keinerlei unbotmäßigen Äußerungen hinreißen lassen und dürfen deshalb wenigstens ein paar Stunden schlafen. Ich dagegen habe in dieser ersten Nacht im Knast viel Zeit, über den Zusammenhang zwischen Temperament und Temperatur nachzudenken. Denn nach der Hitze des Tages dringt nun durch die Gitter unangenehme Kälte herein, und ich habe nichts weiter am Leib als meine Jeans und ein verdrecktes T-Shirt. So ist mein erhitztes Gemüt bis zum nächsten Morgen wenigstens etwas abgekühlt.

Gefängnis und Demos

+++ 13.07. +++

Die *Casa Circondariale*, das Gefängnis von Agrigento, ist ein vergleichsweise großzügiger Neubau aus den 80er Jahren, so hell und freundlich wie ein Betonknast nur sein kann. Selbstverständlich ist auch dieser hoffnungslos überfüllt. Im zweiten Stock des dritten Zellenhauses befindet sich die „Europäische Abteilung", wie über dem Gittertor angeschrieben steht. Dort sitzen überwiegend Gefangene aus EU-Ländern und den Nachbarregionen. Vladimir und ich werden jeweils in Einzelzellen gesperrt, die bereits mit zwei Mann belegt sind. Stefan, der als Kapitän offenbar über höheres Ansehen verfügt, kommt zu einem Einzelhäftling. Unsere Zellen liegen in einigem Abstand auf derselben Flurseite. So ist jeder Kontakt zwischen uns vorerst ausgeschlossen.

In der Zelle Nummer 8 begrüßen mich meine künftigen Wohngenossen. Boris, ein russischstämmiger Kindskopf mit den Abmessungen eines Sumoringers (Raubüberfall) und der Tunesier Abu, verurteilt wegen Mordes an einer Prostituierten. Bei diesen beiden skurrilen Gestalten, die manchmal streiten wie ein altes Ehepaar, bin ich, wie sich schnell herausstellt, gut aufgehoben. Sie sitzen seit etlichen Jahren ein und wissen daher, wie das Leben im Knast funktioniert. Abu, der schmächtige Frauenmörder, stellt sich einfach ans Gitter und schreit Zeter und Mordio bis ein Beamter angehetzt kommt. Auf diese Weise bekomme ich schon nach wenigen Stunden ein eigenes Bett. Es wird als dritte Etage auf die Pritschen der anderen aufgesteckt und hat diesmal sogar eine Matratze. Auch einen Blechnapf, einen Trinkbecher und einen Löffel händigt man mir aus.

Vor allem aber haben Boris und Abu einen Fernseher mit Kabelanschluß. Weil es sie schon lange nicht mehr interessiert, welche Bilder da über die Mattscheibe flimmern, darf ich durch die Kanäle schalten, wie es mir gefällt. So stelle ich fest, daß das Thema der 37 Männer von der „Cap Anamur" in Italien über Tage hinweg auf allen Sendern zu den Top-Meldungen zählt. Keine Nachrichtensendung ohne ausführliche Berichte vom Schiff, den Geretteten und über unsere Verhaftung. Stundenlange Diskussionsrunden über die Einwanderungsproblematik. Reportagen von Demonstrationen und Sitzblockaden – es gibt eine breite Solidaritätsbewegung. Ich sehe den Bus mit unseren ‚Boys', dann ein Interview mit Dominik und Birgit vor

Sitzblockade vor dem berüchtigten Abschiebegefängnis „San Benedetto" von Agrigento. Kurz darauf legen Häftlinge Feuer in den Zellen, um auf ihre Lage aufmerksam zu machen.

dem Schiff. Wenn ich etwas nicht verstehe, übersetzt Abu ins Französische. „Sind die Afrikaner abgeschoben worden?" „Nein, noch nicht." Verblüfft stelle ich fest, daß selbst die Berlusconi-Kanäle im Zusammenhang mit uns plötzlich nicht mehr gewohnheitsmäßig von *clandestini* (Illegale) sprechen, sondern korrekt von *naufraghi* (Schiffbrüchige)! Anscheinend hat also selbst in den finstersten Redaktionsstuben wenigstens stellenweise so etwas wie ein Nachdenken eingesetzt.

+++ 14.07. +++

Am Mittwoch werden dramatische Bilder von einem Sammellager für Asylbewerber gezeigt. Polizisten prügeln vor dem Tor auf Demonstranten ein, während aus dem Gebäude im Hintergrund dicker Rauch aufsteigt. Abu muß sich mehrfach die Wiederholung des Berichts in den stündlichen Nachrichtensendungen ansehen, bis er mir endlich sagen kann, was da los ist. „Die Afrikaner haben Feuer gelegt! Riesiges Theater!" Nein, offenbar waren es nicht die Männer vom Schiff, sondern andere Internierte, die auf ihre verzweifelte Lage aufmerksam machen wollten, indem sie ihre Betten angezündet hatten. Gottlob wurde niemand verletzt. Da draußen ist anscheinend einiges in Bewegung geraten, während wir hier festhängen.

Auch das Vatikan-Fernsehen *Telepace* berichtet ausführlich über den Fall der „Cap Anamur" und die Vorwürfe, die gegen uns erhoben werden. Der Reporter kündigt einen Augenzeugen an, der „selbst einige Tage an Bord des deutschen Schiffs verbracht hat". Es ist Cosimo, der seine Sicht der Dinge darlegen kann. Er widerlegt Punkt für Punkt die übelsten Unterstellungen, die gegen uns in Umlauf sind und sagt schließlich in aller Seelenruhe in die Kamera des päpstlichen Satellitenprogramms hinein: „Die Regierung lügt!" Donnerwetter! Das scheint mal ein Missionar zu sein, der das Licht der Wahrheit auch in der Heimat verbreiten möchte.

Das große Medienecho macht uns im Knast zu Stars. Vor allem Stefan, den eine Zeitung als *„il commandante curaggioso"* (der mutige Kapitän) vorgestellt hat, erfreut sich einiger Bewunderung. Wie gemunkelt wird, kocht ihm sein Zellengenosse auf Wunsch sogar Kaffee, obwohl er, ebenso wie Vladimir und ich, über keinerlei Geldmittel verfügt, die Mitgefangene zu einem solchen Sonderservice motivieren könnten. Wenn wir über den Flur zu Verhören oder zur Untersuchung in die Gefängnisambulanz geführt werden, lassen uns die anderen Häftlinge ihre Sympathie spüren. Mit den

tagesschau.de

[▸ tagesschau.de ▸ Ausland ▸ "Cap Anamur"-Affäre]

Ausland

"Cap Anamur"-Affäre

Auseinandersetzung mit Behörden geht weiter

Das italienische Innenministerium fühlt sich von den Verantwortlichen der deutschen Hilfsorganisation Cap Anamur hintergangen. Der Notstand, mit dem Kapitän Stefan Schmidt am Sonntag seine vorschriftswidrige Fahrt in Richtung Hafen Porto Empedocle begründet habe, sei nicht feststellbar gewesen, als Behördenvertreter an Bord gegangen seien. Die Folge: Schmidt, sein Erster Offizier sowie der Chef der Hilfsorganisation, Elias Bierdel, wurden festgenommen.

Von Philipp Kreisselmeier, ARD-Hörfunkstudio Rom

Cap-Anamur-Chef Elias Bierdel

Die drei Festgenommenen bleiben bis auf weiteres im Gefängnis, bestätigte der zuständige Staatsanwalt Ignazio De Francisci. Wann der Gewahrsam aufgehoben oder von einem Haftrichter verlängert wird, ist laut De Francisci noch nicht bekannt, da bei seiner Behörde noch keine schriftliche Dokumentation eingegangen ist. Sobald die Akten vorlägen, werde er beim zuständigen Richter die Untersuchungshaft beantragen.

Der Aufenthalt im Gefängnis könnte sich noch tagelang hinziehen. Der Richter in der Provinzhauptstadt Agrigent dürfte erst am Donnerstag oder Freitag entscheiden, ob gegen Cap-Anamur-Chef Bierdel, Kapitän Schmidt und den Ersten Offizier des Schiffs Wladimir Daschkjéwitsch, ein hinreichender Verdacht auf "Beihilfe zur illegalen Einwanderung" besteht und Verdunkelungsgefahr vorliegt.

Streit über Herkunft der Flüchtlinge

Mindestens ebenso ungewiss das Schicksal der 37 Afrikaner, die gestern in eine wenig komfortable Einrichtung zur Aufnahme von Ausländern ohne Dokumente gebracht worden sind. Christopher Hein, der Leiter des italienischen Flüchtlingsrats, ist auch heute nicht zu den "Cap-Anamur"-Flüchtlingen vorgelassen worden. Er konnte aber über einen in dem Zentrum beschäftigten Rechtsbeistand Kontakt zu den Flüchtlingen aufnehmen.

Die Meldung des Innenmnisteriums, nach der die Sudanesen die Zusammenarbeit mit den Behörden verweigerten, erläuterterte Hein so: "Ich denke mir, das heisst, sie sagen nach wie vor, sie seien Sudanesen."

Die italienischen Behörden vermuten dagegen, die Flüchtlinge kämen gar nicht aus Sudan. Ihr Vorwurf: Bierdel und seine Mitarbeiter hätten sich den sudanesischen Bürgerkrieg zunutzegemacht, um andere Afrikaner nach Europa zu schleusen.

Hein sagte, 36 der 37 Afrikaner hätten sich von Anfang an als Sudanesen bezeichnet: "Und natürlich hatten auch die Leute von der Cap Anamur erst mal keine anderen Anhaltspunkte." Bierdel und seine Mitarbeiter hätten daran selbst Zweifel geäußert und nicht darauf beharrt, die Geretteten kämen auf jeden Fall aus Sudan.

Video

"Cap Anamur" - nachtmagazin, 23:45 Uhr, 13.07.2004 [Eckhart Qeurner, BR Rom]

"Cap Anamur" - tagesthemen, 22:30 Uhr, 13.07.2004 [Christian Feld, WDR Köln]

Ungereimtheiten im Fall "Cap Anamur" - tagesschau, 20:00 Uhr, 13.07.04 [Peter Dalheimer, BR Rom]

Audio

Cap-Anamur-Mitarbeiter bleiben in Haft - 13.07.04 [Jörg Seisselberg, BR]

Claudia Roth, Beauftragte für Menschenrechtspolitik, befragt von Michael Castritius - 13.07.04 [INFOradio]

Dossier

▷ **Asylrecht**
Europa einigt sich auf gemeinsame Regeln [mehr]

Mehr zum Thema

▷ Bundesregierung: Cap-Anamur-Chef freilassen

▷ Interview: "Entsetzt, mit welcher Härte Europa reagiert"

▷ UNHCR: "Cap Anamur" hat Regeln nicht eingehalten

▷ Rom zeigt Härte bei "Cap Anamur"

"Cap Anamur": Streit mit Behörden geht weiter | tagesschau.de Seite 2 von 2

Grünen-Abgeordneter hält Herkunft für unerheblich

Auch Gesprächspartner des ARD-Hörfunks auf der "Cap Anamur" hatten jedenfalls in den vergangenen Tagen nicht nur keine Nationalitäten genannt, sondern betont, dass sie das aus Prinzip auch anderen Journalisten gegenüber nie getan hätten. Den Verantwortlichen auf dem Schiff also einen Vorwurf daraus zu machen, dass es sich nicht, wie es in zahlreichen Berichten der letzten Tage hieß, um "37 Sudanesen" handle, wäre demnach unfair.

Ein Grünen-Abgeordneter des sizilianischen Regionalparlaments hält die Frage der genauen Herkunft für unerheblich: "Es sind Flüchtlinge, die den Kriegen entronnen sind, die in Zentralafrika herrschen: im Sudan, im Tschad, in Nigeria, der Elfenbeinküste. Zurück können sie nicht", sagte Calogero Micciché. "Man hat ihnen eine Landkarte von Afrika vorgelegt, und sie sollten mit dem Finger auf ihre Heimat zeigen. Die meisten von ihnen hatten noch nie eine Landkarte gesehen!" Micchiché hat als Zeichen der Solidarität die vergangene Nacht in der Unterkunft der Afrikaner verbracht.

Innenministerium: Kein "Notstand"

Das italienische Innenministerium warf der "Cap Anamur"-Besatzung in einer gestern veröffentlichten Erklärung nicht nur vor, die Herkunft der Flüchtlinge verschleiert zu haben. Auch sei der "Notstand" an Bord, mit dem Kapitän Schmidt das Eindringen in italienisches Hoheitsgebiet begründet habe, nicht festzustellen gewesen, als italienische Offizielle an Bord gegangen seien.

- **UNHCR: "Cap Anamur" hat Regeln nicht eingehalten**
- **Dossier: Europa einigt sich auf Asylstandards**
- **Bundesregierung: Cap-Anamur-Chef freilassen**

Ungereimtheiten [Peter Dalheimer, BR Rom]

Stand: 14.07.2004 14:23 Uhr

Hintergründe

- Irrfahrten von Flüchtlingsschiffen

Links

- Videotagebuch von der Cap Anamur [cap-anamur.org]

Forum Ausland
Diskutieren Sie mit anderen Usern. [mehr]

Mehr Ausland

- Sicherheitsrat setzt Teheran Frist
- Israels Staatspräsident will schnelle Regierungsbildung
- Parteifreunde setzten Blair unter Druck [dw-world]
- Bush will Menschenschmuggel bekämpfen
- USA: Ex-Lobbyist Abramoff zu Haftstrafe verurteilt

tagesschau.de ist für den Inhalt externer Links nicht verantwortlich.

meisten von ihnen würde ich nur ungern näher zu tun haben, aber die fragwürdige Achtung, die uns entgegengebracht wird, ist natürlich weit besser, als wenn man uns aus welchen Gründen auch immer ablehnen würde. Denn wer hier in Verschiß gerät, für den gibt es nichts mehr zu lachen.

Beim Hofgang treffe ich Stefan und Vladimir wieder. Beide haben sich ordentlich ausgeschlafen und sehen erholt aus. Schnell sammelt sich eine Gruppe von Neugierigen um uns. Abu macht den Dolmetscher für die Fragen der Gefangenen.

„Wie groß ist euer Schiff?", wollen die wissen.

„So etwa 100 Meter lang."

„Und was hat das gekostet?"

„Fast zwei Millionen Euro!"

Die Summe wird mit anerkennendem Pfeifen quittiert. Dann folgt eine heftige Diskussion unter den Anwesenden. Es gibt da offenbar einen Punkt, an dem man unsere Geschichte als wenig glaubwürdig ansieht: „Sagt mal – und mit so einem großen Dampfer, da habt ihr gerade mal 37 Leute mitgebracht? Nur 37?"

Allgemeines Kopfschütteln. Abu klärt uns auf: Die meisten der tätowierten Herren vor uns sind, oder besser gesagt waren, selbst Schlepper. Für sie ist es schlicht unvorstellbar, mit einem derartigen Riesenaufwand nur so wenige Menschen zu transportieren. Ein hagerer Marokkaner rechnet die Sache schnell im Kopf durch:

„Auf so ein Schiff packe ich mindestens viertausend Leute! Jeder gibt mir tausend Dollar. Schon ist der Kahn mit einer einzigen Fuhre abgezahlt – und zwei Millionen habe ich dabei noch verdient!"

Schwer zu sagen, ob das reines Imponiergehabe oder professionelles Business-Denken ist. Fest steht nur, wir, die vermeintlichen Helden, haben uns in den Augen dieser Mitgefangenen als hoffnungslose Versager entpuppt. Eine Schande für das Schlepper-Gewerbe sozusagen. Man wendet sich von uns ab – und dem Basketballspiel zu.

Am Nachmittag werde ich an die Zellentür gerufen. Draußen steht eine kleine Gruppe von gutgelaunten Zivilisten in Begleitung vieler mißmutiger Schließer. „Wie geht es Ihnen, Herr Bierdel?" Einer der Besucher kommt mir bekannt vor. Es ist Calogero Micciche, der Politiker der sizilianischen Grünen, der sich seinerzeit nicht getraut hatte, an Bord der „Cap Anamur" zu kommen! Mittlerweile hat er aber Mut gefaßt und eine wunderbare Idee umgesetzt: Da man ihm verweigerte, uns im Knast zu besuchen, hat er sich an sein Recht als Abgeordneter erinnert, jederzeit eine offizielle Gefängnisbesichtigung zu machen! Also ließ sich Calogero Micciche mitsamt seinen Freunde von der Anstaltsleitung ganz offiziell überall herumführen, inspizierte die Großküche im Keller ebenso wie die Tischtennisplatten in den Gemeinschaftsräumen und landete schließlich, rein zufällig, genau vor meiner Zellentür! Es reicht immerhin für ein paar persönliche Worte, ehe die sichtlich verärgerten Gefängnis-Hierarchen der gelungenen Eulenspiegelei ein vorläufiges Ende bereiten.

+++ 15.07. +++

Vorläufig. Denn bestimmt ist die Direktion der *Casa Circondariale* ebenso überrascht wie ich, als der gewiefte Polit-Schalk Micciche gleich am folgenden Tag erneut zur Knastbesichtigung erscheint. Er hatte nämlich zwischenzeitlich festgestellt, daß in dem entsprechenden Gesetz, das Abgeordneten das Recht zur Inspektion der Strafanstalten einräumt, nirgendwo geschrieben steht, wie oft dieses Recht wahrgenommen werden darf. Deshalb besteht der pfiffige Grüne auch am Donnerstag darauf, daß man ihm erneut alles vorführt: Küche, Keller, Gruppenräume undsoweiter. Als er diesmal vor meiner Tür auftaucht, steht in den Gesichtern seiner uniformierten Begleiter der blanke Haß geschrieben. Wenn es nach ihnen ginge, so verraten ihre Blicke, würde die Demokratie sofort abgeschafft, die es einem hergelaufenen Oppositionspolitiker erlaubt, hier einfach so reinzumarschieren.

Und noch jemand möchte uns treffen. Man holt Stefan und mich aus den Zellen, um uns ins Besucherzimmer zu führen. „Der Botschafter ist da", hat man uns gesagt. Joschka Fischers Spitzendiplomat in Rom ist zwar selber verhindert, hat aber immerhin seinen besten Mann für heikle Missionen geschickt: Gerd Johannes, der, wenn er nicht gerade inhaftierte Landsleute besucht, als Agrar-Attaché die Interessen der deutschen Landwirtschaft in Italien verwaltet. Für den freundlichen älteren Herrn ist das ganze offenbar ein richtiges Abenteuer – und eine willkommene Abwechslung vom harten Büroalltag in der Botschaft. Ihn interessieren vor allem die Haftbedingungen. Als wir ihm berichten, daß wir ohne Handtuch, Zahnbürste, Seife, frische Unterwäsche und vor allem ohne einen Pfennig Geld einsitzen, wundert er sich. Die Anstaltsleitung habe ihm versichert, es würde uns – wie allen anderen Gefangenen auch – an nichts fehlen. Immerhin hat die Demarche des diplomatischen Bauernvertreters Erfolg. Schon wenige Stunden später nehmen wir jeweils einen Beutel entgegen, der wenigstens einige Waschutensilien enthält. Bei meiner Rückkehr in Zelle 8 sorgt der Inhalt bei Boris und Abu für großes Erstaunen. Daß Gefangene auch Anspruch auf ein Stück Seife haben, war ihnen bis dahin nicht bekannt.

Demonstration gegen Abschiebelager und für unsere Freilassung in Agrigento.

Der deutsche Europa-Abgeordnete Tobias Pflüger am Tag des Haftprüfungstermins vor dem Gefängnistor.

+++ 16.07. +++

Am Freitag wird uns überraschend ein Duschbad gewährt – die Unterhose ist dabei anzubehalten! Anschließend führt man uns einzeln dem Untersuchungsrichter zum Haftprüfungstermin vor. Die Fragen entsprechen denen, die schon bei der denkwürdigen Vernehmung im Polizeipräsidium von Agrigento fünf Tage zuvor von so außerordentlich großem Interesse waren.

Wie ich wann und mit wem auf das Schiff gekommen sei und was sich genau abgespielt habe, als die „Cap Anamur" dem Boot mit den Somalis begegnete. Während der Richter noch überlegt, ob er uns Schwerverbrecher nicht auf Dauer festhalten soll (wie von der Staatsanwältin verlangt), erhalten wir in einem Warteraum hohen Besuch aus Brüssel. Der parteilose deutsche Europa-Abgeordnete Tobias Pflüger und seine italienische Kollegin aus der Linksfraktion, Luisa Morgantini, haben sich gegen allerlei Widerstände zu uns durchgekämpft. Sie kommen gerade noch rechtzeitig, um unsere Entlassung aus der Untersuchungshaft mitzuerleben. Die Entscheidung stellt ein Novum in der italienischen Rechtsgeschichte dar: Wir werden mit der Auflage freigesetzt, das Land umgehend zu verlassen – und mit einem Aufenthaltsverbot für die südlichen Küstenregionen Italiens belegt!

Am Abend wollen uns die Carabinieri unmittelbar am Busbahnhof abladen – ohne einen Pfennig Geld in der Tasche, ohne unsere privaten Habseligkeiten, die wir auf dem Schiff zurücklassen mußten. Noch ein letztes Mal darf ich mich in der Rolle des Querulanten bewähren und setze nach schier endlosen Diskussionen schließlich durch, daß wir zunächst zu unserem Team zurückkehren dürfen und Sizilien erst am nächsten Morgen verlassen. Mit Vollgas fährt man uns kurz nach 21 Uhr durch das Gefängnistor, wo Besatzungsmitglieder, Sympathisanten und Journalisten auf unsere Freilassung gewartet haben. Aus dem Augenwinkel erkenne ich Henryk, den polnischen Motormann der „Cap Anamur", und Felix Schmidt, den Sohn unseres Kapitäns.

+ + + 16./17.07. + + +

Ehe man uns in das Hotel bringt, in dem das Team untergebracht ist, müssen wir uns noch einmal in einer Polizeikaserne über die Entlassungsauflagen belehren lassen. Überraschenderweise herrscht hier jedoch ein ganz anderer Ton, als wir ihn bisher von italienischen Staatsdienern gewohnt sind. Mehrere Beamte zeigen offen ihre Sympathie für uns und äußern ihre Bestürzung darüber, wie man mit den Afrikanern und ihren Rettern umgesprungen ist. Stefan erzählt mir, daß sich bei ihm sogar mehrere Polizisten für das skandalöse Verhalten ihrer Vorgesetzten entschuldigt haben, sobald diese außer Hörweite waren. Auch das medienmächtige und skrupellose Berlusconi-Regime hat die italienische Polizei noch nicht komplett ‚gleichschalten' können. Immerhin eine tröstliche Beobachtung.

In der „Villa Eos" am Stadtrand bereitet uns das Team einen herzlichen, wenn auch traurigen Empfang. Die Besatzung sitzt auf ihren gepackten Koffern; wir alle müssen am nächsten Morgen das Land verlassen. Unsere ‚Boys' befinden sich noch auf Sizilien. Allerdings ist die Regierung wohl fest entschlossen, bis auf Benjamin Robat alle anderen nach Ghana und Nigeria abzuschieben – völlig unabhängig davon, woher sie tatsächlich stammen. Weder die Proteste des UNHCR, noch die anderslautende Empfehlung der Zentralkommission für Asylfragen können das zum Rechtsbruch entschlossene Innenministerium umstimmen. Daß neben Rom zahlreiche weitere italienische Städte angeboten haben, die Männer von der „Cap Anamur" aus humanitären Gründen aufzunehmen, ebenfalls nicht. Gemeinsam hängen wir an diesem letzten Abend unseren düsteren Gedanken nach.

Spät in der Nacht kommen noch Freunde und Unterstützer verschiedener italienischer Menschenrechts- und Flüchtlingsgruppen, Parteien und Gewerkschaften zum Abschiednehmen ins Hotel. Sie haben uns einige jener Plakate mitgebracht, mit denen sie in der ganzen Stadt zur Teilnahme an der Demonstration für unsere Freilassung aufgeordert hatten. Mir überreicht man außerdem eine Plastiktüte mit zwei Handtüchern und einem Bademantel: Sachspenden der Kaufleute von Agrigento, die uns die Gefängnisverwaltung allerdings nicht aushändigen wollte. Nun bekommen wir sie nachträglich. Eine freundliche Geste und ein gutes Gefühl, so viel Anteilnahme und Solidarität zu spüren.

Kurz vor Mitternacht haben uns auch die ersten Journalisten aufgespürt. Cornelia Fuchs, eine Reporterin des *stern,* erweist sich als gut informiert über die Lage der Flüchtlinge auf dem Mittelmeer und stellt mir kluge Fragen. Auch das *RAI*-Fernsehen läßt sich nicht abschütteln. Ich erkläre in einem kurzen Statement daß wir uns gegen jede Kriminalisierung verwahren, gleichzeitig betone ich aber (auf anwaltlichen Rat) mein volles Vertrauen in die unabhängige italienische Justiz: „Die Ermittlungen werden zeigen, daß alle Vorwürfe, die gegen uns erhoben werden, ohne Grundlage sind." Müde, abgekämpft und deprimiert höre ich mich schon reden wie einen Politiker. Es ist halb drei Uhr morgens. Keine weiteren Interviews mehr – ich muß ins Bett.

+ + + 17.07. + + +

Schon kurz nach fünf Uhr ist die Nacht zu Ende. Der Münchner Strafverteidiger Michael Hofmann, den das Kölner Komitee-Büro zu unserer Unterstützung eingeschaltet hat, leistet wertvolle Dienste. Er hat mich nicht nur in seinem Zimmer schlafen lassen (das Hotel ist ausgebucht), sondern leiht mir jetzt auch eines seiner Oberhemden (meine eigenen befinden sich nach wie vor auf dem beschlagnahmten Schiff). Er begleitet mich, als wir im Morgengrauen von Agrigento aus zum Flughafen in Catania fahren. Mein Flug über Rom nach Frankfurt ist für neun Uhr gebucht. Michaels direkte Maschine nach München geht ein paar Minuten früher. Wir verabreden, uns nach dem Einchecken zu einem anwaltlichen Gespräch bei einem Capuccino im Flughafen-Restaurant zu treffen. Doch kommt es – wie so oft in letzter Zeit – wieder ganz anders.

Als ich an den Schalter der *Alitalia* trete, todmüde, niedergeschlagen und mit nichts als meiner Plastiktüte als Handgepäck, sieht mich die Dame vom Bodenpersonal schon mitleidig an. Als sie aber meinen Paß und das Ticket in der Hand hält, ist sie regelrecht bestürzt:

„Ach, herrjeh!… Sind Sie etwa der … von diesem Schiff?", fragt sie voller aufrichtiger Anteilnahme.

„Ja, der bin ich. Ich werde leider gerade aus Ihrem Land gejagt!", gebe ich matt zurück.

„Mein Gott, wie schrecklich! Wenn Sie wüßten, wie leid uns das alles tut!"

Ich bedanke mich und will eigentlich gehen, doch die Dame von der Staats-Airline gibt mir meine Bordkarte noch nicht. Sie hat plötzlich eine bessere Idee: „Wollen Sie nicht eine frühere Maschine nehmen?"

„Aber warum denn?"

QUESTURA D

Ufficio In

Elenco per Sbarco/Rintracc

Data dello Sbarco	*12/07/2004*		*Orario Rint*
Località	*PORTO EMPEDOCLE*	*Totale clandestini*	*37*

Nr	*Nazionalita'*	*Cognome*	*Nome*	*Nato*	*S*
1	Nigeria	BENJAMIN	ROBAT	16/06/1975	
2	Sierra Leone	WEAH SYLVESTER	SETH	15/05/1983	
3	Sudan	A RACHAMAN	JOHN	04/09/1980	
4	Sudan	ABDUL	NASIR ARAUF	02/03/1979	
5	Sudan	ABUBAKARI ABDUL	WAHAB	19/06/1977	
6	Sudan	ADAM	ISSAH	07/07/1981	
7	Sudan	ADAM	YAKUBU	01/01/1970	
			MOSES	23/07/1971	
			HUSEIN	16/03/1976	
			SAAKA	30/09/1974	
			MENSAH	03/05/1975	
			MUNKAILA	10/03/1979	
			JASSAH	10/07/1981	

Abschiebung (Respingimento) *– wohin auch immer. Weah Sylvester Seth hat schon bei der ersten Befragung an Bord Sierra-Leone als seine Heimat angegeben. Obwohl auch die italienischen Behörden diese Herkunftsangabe übernehmen, wird er – ohne Nationalitätsangabe – nach Ghana deportiert.*

GRIGENTO

razione

Provvedimento Adottato

IdSbarco: **1189**

mini 37 *donne* 0 *banbini* 0

Prov. adottato	*Esp.Im*	*Resp.*	*Esp.Acc.*	*Tratt.*	*CPT e A*
Respingimento		986		746	Agrigento
Respingimento		964		724	Agrigento
Respingimento		996		756	Agrigento
Respingimento		992		752	Agrigento

Photo No: 3 **Questonaire No:** 3

First//Family Name: WEAH SYLVESTER SETH

DoB: 15. MAY 1983

County/ Region: SIERRA LEONE / TAFOR

Tribe: [illegible]A

Profession/ education: JUNIOR HIGH /

Take off from shore/ Route: SIERRA LEONE → GHANA → NIGERIA → KHARTOUM → 4 DAYS AGO THEY TAKE OFF FROM SHORE

Date of departure & motivation:

- DOESN'T KNOW ANYTHING, DOESN'T WANT TO REMEMBER
- 4 YEARS ON THE ROAD
- CIVILWAR ETC.

Where does the equipment come from/ who provided it:

- STOLEN

Additional such as personal expectations, relatives/ friends in Europe, Money spent etc.:

- NO RELATIVES etc., BAGGAGE etc.

EMBASSY OF THE REPUBLIC OF GHANA
VIA OSTRIANA, 4
00199 ROME

EMERGENCY TRAVEL CERTIFICATE

Ref. No: **RM. 144/2004**
Date of Issue: **16:07:2004**
Date of Expiry: **15:08:2004**

Q. ROMA

NAME IN FULL: **=WEAH SYLVESTER SETH=**
DATE OF BIRTH: **15:05:1983**
PLACE OF BIRTH:
OCCUPATION / PROFESSION:
RESIDENCE:
NATIONALITY:
HEIGHT:
COLOUR OF EYES: **BROWN**
COLOUR OF HAIR: **BLACK**
SPECIAL PECULIARITIES: -
OBSERVATIONS **VALID FOR ONE-WAY JOURNEY TO GHANA**

VISAS AND ENDORSEMENTS

EMBASSY OF GHANA

„Nun, dann hätten Sie auch beim Umsteigen in Rom Fiumicino mehr Zeit, das könnte nämlich sonst etwas knapp werden!"

„Ja, wenn Sie meinen... Wann müßte ich denn dann abfliegen?"

„Um 7 Uhr – das kriegen wir schon noch hin!"

Mein Blick fällt auf die Uhr in der Abflughalle. Es ist fünf Minuten vor Sieben.

Die energische Frau in dem grünen Kostüm telefoniert kurz, und schon rennt sie vor mir durch die Absperrung, an der die anderen Fluggäste auf die Abfertigung warten. Willenlos folge ich meiner ortskundigen Führerin. In der Schlange steht mein verdutzter Anwalt, dem ich nur noch zurufen kann: „Ich nehme eine frühere Maschine! Wir telefonieren!" Die Sicherheits- und Paßkontrolle entfällt diesmal – und schon sitze ich in einem Kleinbus, der mich aufs Vorfeld bringt, wo der Airbus der *Alitalia* wartet. Ich bin der letzte Passagier, unmittelbar hinter mir wird die Kabinentür zugeschlagen, die Triebwerke laufen bereits. Benommen wanke ich durch den Gang in Richtung zu meinem Sitz in Reihe 16. Auf einmal kommt es mir so vor, als rufe jemand meinen Namen.

„Elias! Elias – wir sind hier!"

Tatsächlich: Im hinteren Teil der Maschine sitzen Sham, Stanley und mindestens zehn weitere Männer aus der Gruppe. Jeder einzelne wird von jeweils zwei Sicherheitsbeamten mit verspiegelten Sonnenbrillen begleitet, die rechts und links neben ihm sitzen. Wie betäubt gehe ich auf Sham zu, mit 17 Jahren der jüngste unter den Geretteten. Einer der Superbullen will sich mir in den Weg stellen. Aber mit den Worten „Entschuldigung, ich kenne diese Herren hier!" komme ich an ihm vorbei. Ich gebe einigen der ‚Boys' die Hand, sie drücken sie heftig. „Elias, was macht man mit uns?", wollen sie wissen. „Ja, hat man euch das denn nicht gesagt?", frage ich zurück. „Sie haben gesagt, wir kommen jetzt nach Rom", sagt Sham, dem die Angst im Gesicht steht. „Das kann ich bestätigen", erwidere ich. „Dies ist wirklich das Flugzeug nach Rom. Da fliege ich nämlich auch hin." Die Maschine ist zum Start bereit, eine Stewardess geleitet mich mit sanftem Nachdruck zu meinem Sitz.

Während des Starts komme ich mir vor wie in einem schlechten Traum. Doch die Szene in den Sitzreihen hinter mir ist real und eindeutig. Hier handelt es sich offenkundig um eine – nach allem was ich am Vorabend gehört habe: illegale – Abschiebung. Ich frage mich, welche Schicksalsmacht dafür gesorgt hat, daß ich nun auch noch diesem schaurigen

Kapitel unserer gemeinsamen Geschichte hilflos zusehen soll – ziemlich genau einen Monat, nachdem die Bootsflüchtlinge von der „Cap Anamur“ gerettet worden waren. In jenen Momenten, hoch über dem Boden eines Europas, das für so viele Menschen auch um den Preis ihres Lebens unerreichbar ist, fühle ich mich kraft- und mutlos wie selten in meinem Leben. Nach wenigen Minuten ist dies gottlob wieder vorüber, und ich überlege fieberhaft, was ich noch tun kann, um der Unbarmherzigkeit an Bord dieses Flugzeugs wenigstens symbolisch entgegenzutreten.

Ich stehe auf und stelle mich wieder in den Mittelgang. Gleich zwei Bewacher wollen sich aus ihren Sitzen schälen. Doch noch einmal bin ich schneller. Ich klatsche in die Hände, wie wir es täglich im Zwischendeck zu tun pflegten, um alle zur abendlichen Versammlung zu rufen. „Meine Herren, ein Gebet!“, rufe ich laut in das monotone Dröhnen der Flugzeugkabine. „Stanley, würdest du bitte beginnen?“ Augenblicklich werden die verspiegelten Wachmänner von ihrem Anführer zurückgepfiffen, als er sieht, daß ausnahmslos alle Häftlinge die Hände falten und der Mann mit dem *Cap Anamur*-Sticker am Revers ebenfalls. Aus dem Augenwinkel sehe ich, daß jetzt auch einige der Polizisten den Kopf zum Gebet gesenkt haben. In seinem schnarrenden Bariton stimmt Stanley den wohlvertrauten Singsang an. Kaum hat er nach etlichen Strophen geendet, schluchzt Sham als erster laut auf: „Bitte helft uns! Sie schlagen uns! Und wo bringen sie uns denn hin? Was soll jetzt aus uns werden?“

Auf dieses Signal hin fangen alle (es sind 14, wie ich jetzt feststelle) an zu weinen. Die martialischen Bewacher, deren Aufgabe wohl normalerweise darin besteht, lästige *clandestini* möglichst unauffällig aus dem Land zu schaffen, wissen nicht mehr, was sie tun sollen. Die organisierte Unmenschlichkeit funktioniert am besten, wenn alle wegsehen. Doch hier ist die Diskretion dahin. Schon kommen andere Passagiere dazu, die erst jetzt zu bemerken scheinen, daß im Heck ihrer Maschine auch noch Menschen sitzen. Einige Geschäftsleute wollen sich offenbar über den ungewohnten Lärm beschweren, andere aber protestieren lauthals gegen die Methoden, die ihre Staatspolizei gegenüber Ausländern anwendet. Erst die Landung beendet diesen basisdemokratischen Disput.

Diesmal schneiden mir die Bewacher aber vorsorglich den Weg ab, als ich mich bei den Abschiebehäftlingen verabschieden will. Ich muß, wie alle anderen Passagiere weißer Hautfarbe, die Maschine über den vorderen Ausgang verlassen, während alle Schwarzen im Heck des tagesschau.de®

Stand: 23.07.2004 18:06 Uhr

"Cap-Anamur"-Flüchtlinge

UNO kritisiert italienische Behörden

Das UN-Flüchtlingshilfswerk (UNHCR) hat Italien wegen der Abschiebung der "Cap Anamur"-Flüchtlinge nach Afrika scharf kritisiert. "Wir sind sehr besorgt über die Art und Weise, in der mit den Männern verfahren wurde", sagte der Chef des europäischen UNHCR-Büros in Genf, Raymond Hall. Die Organisation wirft den italienischen Behörden Missachtung internationaler und europäischer Standards sowie politischen Druck vor. Die Afrikaner hätten keinen Rechtsbeistand gehabt.

30 Flüchtlinge wurden abgeschoben

Die italienischen Behörden hatten am Donnerstag 25 der insgesamt 37 Flüchtlinge nach Ghana abgeschoben. Schon am Dienstag waren fünf Nigerianer des Landes verwiesen worden. Sechs Ghanaer sitzen noch in Abschiebehaft. Nur ein Nigerianer erhielt nach Angaben des italienischen Innenministeriums eine Aufenthaltserlaubnis.

Flüchtlinge rufen Menschenrechtsgerichtshof an

14 der Flüchtlinge legten unterdessen beim Menschenrechtsgerichtshof in Straßburg gegen ihre Abschiebung Beschwerde ein. Das europäische Gericht fordert nun von Italien eine Erklärung zu den Nationalitäten der Flüchtlinge. Sollten Flüchtlinge in den Sudan abgeschoben werden, könnte das Menschenrechtsgericht eine Aufschiebung verlangen. Dies ist möglich, wenn die Asylsuchenden im Land der Abschiebung einer "unmittelbaren körperlichen Gefahr" ausgesetzt sind.

Die "Cap Anamur" der gleichnamigen deutschen Hilfsorganisation hatte die Afrikaner nach eigenen Angaben am 20. Juni aus dem Mittelmeer gerettet und am 12. Juli nach drei Wochen auf See und langem Behördenstreit schließlich nach Sizilien gebracht. Dort war die Besatzung des Schiffes wegen "Begünstigung der illegalen Einwanderung" vorübergehend festgenommen worden.

Letztes Foto am römischen Flughafen: Am Heck der Alitalia-*Maschine aus Catania stehen die Polizeibusse bereit, die 14 der Geretteten von der „Cap Anamur“ abtransportieren sollen.*

Flugzeugs festgehalten werden. Wenigstens ist die Apartheid in Südafrika überwunden, schießt es mir durch den Kopf. Durch das Fliegengitter im Rückfenster des Busses, der mich zum Flughafengebäude bringt, mache ich ein letztes Foto: Es zeigt die Polizeifahrzeuge, die neben dem *Alitalia*-Airbus warten, um ihre menschliche Fracht in das nächste Abschiebelager zu transportieren.

In der Ankunftshalle stehe ich ohne einen Pfennig Geld – und muß unbedingt die italienische Öffentlichkeit darüber informieren, was hier hinter ihrem Rücken geschieht! Ausgerechnet die Beamten der *Guardia di Finanza,* die mit ihren Schnellbooten im Mittelmeer am tödlichen Grenzregime der EU beteiligt sind, helfen mir mit den nötigen Münzen zum Telefonieren aus. So kann ich Christopher Hein erreichen. Er will nicht glauben, was ich ihm berichte „Abschiebung? Bist du sicher? Aber das wäre ein absoluter Bruch des italienischen Rechts!" Am Mittag, als ich mein Flugzeug zum Weiterflug nach Frankfurt besteige, stehen bereits die ersten Menschenrechtler und Kamerateams vor dem Abschiebelager Ponte Galeria, das unmittelbar neben dem römischen Flughafen Fiumicino liegt.

Die lieben Kollegen

Nach der Landung in Frankfurt erwartet mich Karl Kopp von *PRO ASYL*. In der Halle über dem Flughafen-Bahnhof spendiert er mir einen Kaffee. Von ihm höre ich zum ersten Mal, daß das Echo auf unsere Rettungsaktion in der deutschen Medienlandschaft ganz anders ausgefallen ist, als in Italien. „Elias, ich muß es dir leider sagen. Es gibt hier eine regelrechte Kampagne gegen euch. Da wird geheuchelt und gelogen, daß sich die Balken biegen. Und ausgerechnet Rupert Neudeck läßt keine Gelegenheit aus, dich öffentlich in die Pfanne zu hauen. Es ist wirklich zum Kotzen!"

Ich bin also gewarnt, als ich mit dem Zug von Frankfurt zurück nach Köln fahre. Doch als ich noch in der Nacht anfange, mit Hilfe einer Freundin im Archiv des *Hessischen Rundfunks*, die öffentlichen Reaktionen im Spiegel der Presseberichte der vergangenen Woche zum Stichwort „Cap Anamur" durchzuarbeiten, kann ich es dennoch kaum fassen: Von wenigen löblichen Ausnahmen abgesehen, hat das, was da geschrieben steht, mit dem, was wir erlebt und erfahren haben, bestenfalls indirekt zu tun.

Vor allem ein hämischer und verleumderischer Beitrag im *ARD*-Magazin *Panorama* vom 15. Juli ragt aus der Menge der schlecht recherchierten Artikel heraus. Im Internet kann ich mir das Stück ansehen. Die Autoren vertreten darin die These, wir hätten eigens betont, die Geretteten seien aus dem Sudan geflohen, um auf diese Weise, vor dem Hintergrund des Völkermordes in Darfur, für Publicity in eigener Sache zu sorgen. Unsere Beweggründe, das andauernde Sterben auf dem Meer, die Meldungen von untergehenden Booten – nichts von alledem wird auch nur erwähnt. So kann der unbedarfte Zuschauer den Eindruck bekommen, die „Cap Anamur" habe sich auf einer lustigen Werbe-Kreuzfahrt mit afrikanischen Touristen befunden. Dazu werden falsche Daten eingeblendet, eine Karte zeigt einen Verlauf der Reise an, den es nie gegeben hat. Schließlich kommt auch noch ein Mann im *Cap Anamur*-T-Shirt als angebliches „Besatzungsmitglied" zu Wort, den ich nicht kenne und dessen Namen ich noch nie gehört habe.

+ + + 18.07 + + +

Gleich am Sonntagmorgen rufe ich Martin Hilbert von *Aquino-Film* an. Nur von ihm können die „exklusiven Bilder von Bord der ‚Cap Anamur'" stammen, die in *Panorama* zu sehen waren. Er hatte uns die Kamera überlassen,

Ausland

MITTELMEER

Fatale Fischer

Heftige Kontroversen um das gezielte Aufsammeln afrikanischer Flüchtlinge durch die „Cap Anamur“: Die Hilfsorganisation gerät unter Schleuser-Verdacht und in Existenznot.

Es war still geworden um das „Komitee Cap Anamur“. Zu still offenbar für den neuen Chef der Hilfsorganisation, den Ex-Journalisten Elias Bierdel.

Einst hatte man Boatpeople gerettet: Tausende Menschen, die auf Nussschalen vor der kommunistischen Regierung Vietnams ins wilde Südchinesische Meer flüchteten. Jeder kannte das Gutmenschenboot und seine Erfinder Christel und Rupert Neudeck. Prominente Namen zieren den Förderkreis, von Alfred Biolek über Freimut Duve bis Helmut Schmidt.

Elias Bierdel, 43, der nach mutigen Balkan- und Afghanistan-Einsätzen im Dezember 2002 den Vorsitz von Rupert Neudeck übernahm, hatte weniger von sich reden gemacht. Auch die jüngsten Aktionen liefen nicht gut. Die Versuche, afrikanischen Bürgerkriegsflüchtlingen vom Wasser her beizustehen oder medizinische Hilfsgüter in den Irak zu transportieren, schlugen fehl. Zudem hatte der Schiffsmotor im Mitteln[...] Probleme, man dampfte zur Repar[...] nach Malta.

Nun reifte eine ganz neue, viel ver[...] chende Idee: Die „Cap Anamur“ sollte [...] einst ihr Vorgängerschiff Flüchtlinge [...] fischen, die diesmal auf seeuntüchti[...] Kähnen von Afrika nach Italien schip[...] dem Tor zur Festung Europa. Dabe[...] men jährlich Hunderte, wenn nic[...] sende ums Leben.

Mit einer spektakulären Aktio[...] Bierdel ein politisches Zeichen setz[...] gen den unmenschlichen Umgan[...] Flüchtlingen aus den Armuts- und Bü[...] kriegsregionen der Welt und das gr[...] Durcheinander einer europäischen Flüch[...] lingspolitik, der „das Mitgefühl für das einzelne Schicksal“ („Süddeutsche Zeitung“) abhanden gekommen ist. Das entsprechende Großtransparent hatte man, in der passenden Landessprache, an Bord: „Niente guerra contro profughi“, zu Deutsch: Kein Krieg gegen Flüchtlinge.

Die heldenhafte Hilfsaktion wurde zum Debakel: Drei „Cap Anamur“-Männer lan-

Käpt'n vor, er habe sich verfahren. Von seinen Afrikanern an Bord sagte er kein Wort.

Sizilien hieß nun der Kurs. Doch zunächst kreuzte das 92 Meter lange Rettungsschiff tagelang zwischen Malta und Libyen und wartete – auf „Cap Anamur“-Chef Bierdel. Der wollte bei der geplanten Zeichen-Setzung unbedingt persönlich das Kommando führen und reiste per Jet und Schnellboot an. Damit die geplante Aktion zu Hause auch die gewünschte Aufmerksamkeit fände, brachte er von ARD und ZDF gleich ein Reporterteam mit.

Auf der „Cap Anamur“ veranstalteten sie derweil Tischtennis- und Kicker-Turniere, sangen zur Klampfe, hielten das einträchtige Miteinander schwarzer Flüchtlinge und weißer Retter auf Hunderten Fotos und Filmen fest. Als die deutschen VIPs schließlich eintrafen und das Schiff sich italienischen Hoheitsgewässern näh[...] de der heitere Ausflug plöt[...] politisch bris[...]

[...]sein: Boote, die [...]chtlinge illegal nach Italien bringen, werden danach von Amts wegen verschrottet.

Das aber wäre fatal für die Hilfsorganisation. Denn während Neudeck bei seinen Aktionen stets nur gecharterte Schiffe ein-

[...]mit [...]en Zu- [...] nun jede [...]chzeitig [...] ein Ab- [...]tet. [...]n Schmidt [...] durften nach [...]it den Behör- [...] Schiff zurück. [...]nten Zellen, ge- [...]nappten Schleu-

Mens[...]

UMFRAGE: „CAP ANAMUR“

„Kritiker fürchten, dass die Rettungsfahrten der „Cap Anamur“ noch mehr Flüchtlinge zur gefährlichen Meerespassage ermuntern könnten. Befürworten Sie weitere derartige Hilfsaktionen?“

JA	55 %
NEIN	35 %

TNS Infratest für den SPIEGEL vom 13. Juli bis 15. Juli; rund 1000 Befragte; an 100 fehlende Prozent: „weiß nicht“/keine Angabe

lings[...] nicht [...] ta weit[...] tierte sie[...] Hauptstad[...] ner Küstenw[...]

* Am vergangenen Montag vor [...]

zusetzen pflegte, hatte Bierdel eine kostspielige Neuerung durchgepaukt: Die jetzige „Cap Anamur“, ein umgerüsteter Containerfrachter mit elfköpfiger Besatzung, wurde aus dem gemeinnützigen Vereinsvermögen gekauft. Die 1,8 Millionen Euro dafür, so bestätigt der Kölner Büro- [...] Bernd Göken [...] das Gro[...]

92 DER SPIEGEL 30/2004

Demoskopie in Höchstform: Trotz der suggestiven Fragestellung spricht sich eine klare Mehrheit in der Spiegel-*Umfrage für die Fortsetzung der Rettungsfahrten aus.*

mit der Dominik die Filme für sein Video-Tagebuch drehen konnte, und im Gegenzug die Rechte an der Verwertung des Materials erhalten. Martin, der sich über Jahre als Dokumentarfilmer einen guten Namen erarbeitet hat, ist hörbar verzweifelt. „Ich habe den *NDR*-Kollegen unsere Bilder im guten Glauben überlassen, daß sie einen Bericht über die tatsächlichen Abläufe machen wollen. Aber die haben die Dinge glatt ins Gegenteil verkehrt! Wir wurden reingelegt!" Er hat sofort nach der Ausstrahlung eine offizielle Programmbeschwerde an den *Norddeutschen Rundfunk* geschrieben.

Doch der *Panorama*-Beitrag hat längst seine verheerende Wirkung entfaltet. Viele Zeitungen haben sich seine These dankbar zu eigen gemacht

CORRIERE DELLA SERA

Schily: Meine Zweifel hinsichtlich der „Cap Anamur"

„Ich bitte nicht um die Freilassung des Kapitäns. Vielleicht muss Deutschland ermitteln."

Von unserem Berliner Korrespondenten Valentino Paolo

„Ich vertraue auf die italienische Justiz und verlange nicht die Freilassung von Elias Bierdel und den anderen beiden Häftlingen. Das, was wirklich auf der ‚Cap Anamur' geschehen ist, muss geklärt und überprüft werden. Falls der Verdacht bestätigt wird, dass sich Mitglieder der humanitären Organisation bei einer illegalen Einwanderung beteiligt haben, müsste man das sehr ernst nehmen und auch die deutsche Justiz müsste sich damit beschäftigen. Es kann keine rechtlichen Ausnahmen geben, nicht einmal für die ‚Cap Anamur'." Otto Schily hat die Anfragen an die italienischen Behörden, Bierdel, den Kapitän sowie das Besatzungsmitglied, die einige seiner Kollegen und andere Vertreter der Berliner Regierung – unter ihnen auch der Sprecher des Kanzleramts gestern früh – vorgebracht haben, freizulassen, nicht geteilt und war nicht erfreut darüber. Der deutsche Innenminister sagte zum *Corriere della Sera*, dass er „viele Vorbehalte und Zweifel" bezüglich der ganzen Angelegenheit habe, mit der sich seit gestern auch eine deutsche diplomatische Delegation befasst. Vorbehalte und Zweifel, angefangen mit der Entdeckung, dass, anders als von Bierdel vertreten, keiner der 37 Verzweifelten der Cap Anamur aus der Region in Darfur, Sudan, kommt, wo sich einer der schwerwiegendsten humanitären Katastrophen der letzten Jahre abspielt...
Zudem muss auch laut Schily „die Erklärung bewiesen werden, dass an Bord die Situation nunmehr fast außer Kontrolle war, um eine ‚Notlandung' des Schiffes zu begründen". Der deutsche Minister fragt sich schließlich, warum, wenn die Situation an Bord wirklich unkontrollierbar geworden war, Bierdel und der Kapitän, beide Deutsche, nicht entschieden haben, die Flüchtlinge nach Libyen zu bringen. Im Widerspruch mit der Meinung der grünen Partner bestätigt Schily, dass Deutschland in jedem Fall sie nicht aufnehmen kann und will. Zunächst da es keine rechtliche Basis dafür gibt, vor allem aber weil „wenn wir sie aufnehmen würden – so der Minister – das ein Präzedenzfall wäre, der sicher Schule machen würde, einen unkontrollierbaren Zugangsweg schafft, so dass viele Illusionen genährt werden würden und tausende Menschen mit einer verderblichen Täuschung anlockte. Und dann würde sich, wenn Sie mir den Ausdruck gestatten, die humanitäre Aktion dieser Organisationen als unmenschlich herausstellen."

Während wir in Haft sind, gibt Otto Schily der italienischen Tageszeitung Corriere della Sera *ein denkwürdiges Exklusivinterview. (Ausgabe vom 15. Juli 2004/Übersetzung: Angela Huemer)*

und spekulieren über eine vermutete „Medieninszenierung" meinerseits oder gar „schwerwiegenden Verdachtsmomente" gegen uns. Selbst in den vermeintlichen Qualitätsblättern dürfen sich Redakteure darüber auslassen, daß *Cap Anamur* die Flüchtlinge instrumentalisiert habe und mit kaum verhohlener Schadenfreude den „mißlungenen PR-Coup" kommentieren. Was mir bei der Lektüre all der Meldungen, Reportagen und Leitartikel auffällt: Praktisch keiner der Schreiber hat sich die Mühe gemacht, mit Leuten zu sprechen, die selbst dabei waren. So werden weder die italienischen Journalisten noch die katholischen Priester auch nur mit einem Wort erwähnt. Stattdessen sind die Lügen der italienischen Behörden überall zu finden. Sehr beliebt ist auch die Behauptung, wir hätten „die Flüchtlinge fernsehgerecht mit weißen T-Shirts aufgereiht" oder ich sei „mit Victory-Zeichen" oder „Triumphator-Geste" in den Hafen eingefahren. Das entsprechende Foto, das mich bei der Begrüßung unserer Freunde in Porto Empedocle zeigt, wird als Beleg mitgeliefert.

Als Kronzeuge all der Anwürfe und Unterstellungen fungiert entweder Bundesinnenminister Otto Schily („Wenn sich herausstellen sollte, daß die ,Cap Anamur' an Schleusungen beteiligt war, dann wäre das ein sehr schwerwiegender Vorgang, mit dem sich möglicherweise auch deutsche Behörden befassen müßten.") oder eben Rupert Neudeck, der sich vor zwei Jahren auf eigenen Wunsch ganz aus dem von ihm gegründeten Verein zurückgezogen hatte. Selbst der große alte Mann der humanitären Bewegung in Deutschland schafft es nicht, ein paar angemessene Worte zum Massensterben an den EU-Außengrenzen in den Medien zu platzieren. Die Sorge um seinen eigenen Nachruhm ist offenbar größer. Er nennt die Rettungsaktion im Mittelmeer, deren Details er zu diesem Zeitpunkt noch gar nicht kennen kann, wahlweise „eine einzige Rufschädigung" oder sogar „einen Fall von höherer Komik". Während der Tage unserer Inhaftierung hat er wirklich keine Gelegenheit ausgelassen, das Komitee und auch mich persönlich öffentlich zu diskreditieren. Ich erinnere mich an die Worte, mit denen Rupert Neudeck im Dezember 2001 den Vorsitz des Komitees an mich abgegeben hatte: „Ich will diese schwere Verantwortung nicht mehr tragen!" Was das bedeutet, erfahre ich nun. Im Scheinwerferlicht der Fernsehstudios hat hier ein Vater sein eigenes Kind zum Abschuß freigegeben.

Und noch etwas wird mir an diesem Sonntag schnell klar: Wenn ich dem medialen Desaster noch entgegentreten will, dann muß es schnell und gründlich geschehen.

+++ 19.07 +++

Am Montagmorgen sitze ich wieder im *Deutschlandfunk*-Studio und nutze die erste kurze Gelegenheit meine Version der Geschehnisse darzustellen. Es gelingt mir im Wesentlichen sachlich zu bleiben, bis mich Moderator Jürgen Liminski auf die öffentliche Kritik aus dem Munde meines Vorgängers anspricht. Dessen Wort von der „höheren Komik" vor dem Hintergrund des Sterbens auf dem Meer nenne ich (mit der rhetorischen Einschränkung: „wenn er das so gesagt hat") einen „möglichen Fall von senilem Zynismus". Natürlich geht nur dieser eine, böse Satz sofort über die Agenturticker an alle Redaktionen und findet sich anschließend unter der Überschrift „Bierdel gegen Neudeck" oder „Krach bei Cap Anamur" in vielen Nachrichtensendungen und Zeitungen wieder. Offenbar ist so was ungleich spannender als der tausendfache anonyme Tod an den Außengrenzen der EU.

Als ich nach dem Interview am Montagmorgen ins *Cap Anamur*-Büro in der Thebäerstraße komme, erwartet mich eine Überraschung. Noch ehe auch nur ein einziges Wort über die Ereignisse der letzten Wochen gefallen ist, fordern mich meine Vorstandskolleginnen bereits auf, den Vorsitz des Trägervereins niederzulegen. Offensichtlich hat ihnen das teilweise verheerende Presse-Echo in Kombination mit dem Verhalten des immer noch von vielen Vereinsmitgliedern verehrten Rupert Neudeck jeden Mut genommen. Ich kann es ihnen nicht einmal verübeln, denn ich leide wie sie darunter, daß die gute und wichtige Arbeit, die wir gemeinsam in den letzten Jahren mit großem Einsatz geleistet haben, jetzt in den Schmutz gezogen wird. Aber ich will versuchen, das erschütterte Vertrauen wiederzugewinnen und bin entschlossen, weiterzukämpfen. „Ein Rücktritt kommt für mich nicht in Frage, denn das würde gerade in dieser Situation wie ein Schuldeingeständnis wirken", lasse ich Heide, Edith und Bento wissen. „Stattdessen werde ich offensiv in die Öffentlichkeit gehen und die Mißverständnisse aufklären. Auch wenn vieles schiefgelaufen ist, haben wir uns nichts vorzuwerfen!"

+++ 20.07. +++

Schon einen Tag später sitzen wir im Saal der Bundespressekonferenz in Berlin. Stefan Schmidt, Karl Kopp, Matthias Reith (der Reeder, der uns schon vor der Abfahrt in Lübeck so nachdrücklich auf die Tragödie der Boat People hingewiesen hatte) und ich. Der frühere Bundesinnenminister Gerhart Baum, Mitglied unseres Förderkreises, hat mir kurz vor der Veranstaltung abgesagt. Während Karl Kopp und Matthias Reith die gesamte Problematik jeweils aus der Sicht der Flüchtlingsarbeit beziehungsweise der Seeschiffahrt beschreiben, wollen Stefan und ich vor allem Fragen beantworten. Die ersten Wortmeldungen betreffen die haltlosen Vorwürfe seitens der italienischen Justiz, die wir in aller Eindeutigkeit zurückweisen. Anschließend werde ich auf die von *Panorama* aufgestellten Behauptungen angesprochen. Wenig diplomatisch nenne ich den unsäglichen Beitrag „ein Stück Schmierenjournalismus" und kündige an, dagegen „mit allen rechtlichen Mitteln" vorzugehen. Der Nachrichtensender *n-tv* überträgt die Pressekonferenz über weite Teile live in seinem Programm. Deshalb erreichen diesmal viele unserer Argumente die Öffentlichkeit ungefiltert.

Am Ende der Veranstaltung scheint es uns immerhin gelungen zu sein, der laufenden Verleumdungskampagne die Spitze genommen zu haben. Die Zeitungsberichte der nächsten Tage sind jedenfalls im Ton schon deutlich moderater. Dafür stecke ich ab jetzt in einer ganz speziellen Auseinandersetzung mit *Panorama*. Während unsere erste Gegendarstellung in der Rechtsabteilung des *NDR* eintrifft (den Beitrag vom 15.7. muß der Sender schließlich zurückziehen; selbst im Archiv der *ARD*-Homepage findet sich heute keine Spur mehr davon), erfahre ich von Freunden in der *ARD*, daß die Redaktion schon einen weiteren Beitrag über *Cap Anamur* vorbereitet: „Vorsicht, jetzt wollen die euch richtig fertigmachen!" Nach der öffentlichen Schelte in der Bundespresskonferenz soll sich einer der profiliertesten *Panorama*-Journalisten, Stephan Stuchlik, dieses heiklen Themas annehmen. Vorsorglich biete ich mich der Redaktion als Gesprächspartner an, „falls Sie irgendwelche Fragen haben sollten". Tatsächlich treffe ich wenig später Stephan Stuchlik zum Interview am Hamburger Flughafen. Er ist soeben von seiner Recherche-Reise aus Italien zurückgekehrt und konfrontiert mich nun immer wieder mit der Behauptung, die Staatsanwaltschaft in Agrigento verfüge über „Beweise", die uns der Lüge überführten. So sei doch von den Behörden über Funk angeboten worden, die Flüchtlinge in Lampedusa auf kleine Boote umsteigen zu lassen (Stuchlik: „Da gibt es Tonband-Mitschnitte!"), wir hätten außerdem die Rettung der 37 Männer auf den 30. Juni „nachdatiert" und derlei Blödsinn mehr. Ich kann mich nur wundern. Und dementiere selbstverständlich alle Vorwürfe, die uns in die Nähe krimineller Machenschaften rücken sollen.

Auch bei der Ausstrahlung des entsprechenden Beitrags in *Panorama* am 5. August (*Lügen und Widersprüche – italienische Justiz belastet Cap Anmur*) komme ich aus dem Staunen nicht heraus. Der hoch gehandelte Herr Stuchlik, immerhin Träger eines Grimme-Preises für investigativen Journalismus, hat bei seinen Recherchen in Italien wiederum vieles ignoriert, was und wer dort längst zu unseren Gunsten spricht. Kein Wort von den aktenkundigen Rechtsbrüchen der Behörden, von militärischen Drohgebärden, der brutalen Abschiebung und der breiten Solidarität in Italien. Selbstverständlich erfahren die *ARD*-Zuschauer auch diesmal nicht, wieviele unabhängige Augenzeugen an Bord des Schiffes die dramatischsten Stunden miterlebt haben. Und von den angeblichen „Beweisen", über die sich ein polternder Staatsanwalt ausläßt, hat sich der preisgekrönte Reporter aus Deutschland offenbar keinen einzigen zeigen lassen. Denn sonst wäre ihm vielleicht aufgefallen, daß sie gar nicht existieren.

Lange bleibt diese journalistische Meisterleistung für mich rätselhaft. Immer wieder fragen mich Freunde, ob ich mir beim *NDR* vielleicht in früheren Zeiten persönliche Feindschaften eingehandelt hätte. Ich habe zwar vor vielen Jahren einmal in der Hörfunk-Redaktion des *Norddeutschen Rundfunks* (*NDR2*) gearbeitet, kann mich aber an keine Begegnung erinnern, die einen solchen Verdacht nahelegen würde. So muß mir vorerst unbegreiflich bleiben, was die werten Hamburger Ex-Kollegen antreibt. Mit Aufklärung hat das alles jedenfalls gar nichts zu tun. Als ehemaliger *ARD*-Mitarbeiter bedauere ich dies umso mehr, als es sich bei *Panorama* bisher um eines der auch von mir geschätzten Flaggschiffe des öffentlich-rechtlichen Fernsehens handelte.

„Das ist der mediale Dreisprung der Erregungs-Gesellschaft: Ignorieren – skandalisieren – abservieren!", sagt mir ein Freund aus der Journalistenzunft. Ein zynischer Satz, der wohl tröstend gemeint ist. „Nimm's nicht persönlich!" Doch ich mache mir in diesem Augenblick gar keine Sorgen um mich selbst. Dafür wird mir aber umso mehr bange mit Blick auf den Zustand der Medien und ihrer Verantwortung in unserer Gesellschaft. Die *Panorama*-Beiträge, die sich mit unserem ‚Fall' beschäftigen, befinden sich jedenfalls auf einem beklagenswerten Niveau, das ich bis dahin allenfalls in irgendwelchen Radau-Redaktionen des Privatfunks vermutet hätte.

Und dabei ahne ich noch nicht einmal, welche ganz besondere Beziehung der *Panorama*-Redakteur Stephan Stuchlik mit der Staatsanwaltschaft in Agrigento eingegangen ist.

Landgericht Hamburg

Zivilkammer 24

Sievekingplatz 1
20355 Hamburg
Telefon: 040/ 42843 2653
Telefax: 040/ 42843 3935
fristwahrendes Telefax:
040/ 42843 4318 o. -19

324 O 481/04

EINGE
19. AUG. 200
RA. Helm

B E S C H L U S S

vom 19.8.2004

In Sachen

1) **Komitee Cap Anamur / Deutsche Not-Ärzte e.V.,**
vertreten durch den Vorstand, dieser vertreten durch Elias Bierdel und Heide Mantscheff, Thebäerstraße 30, 50823 Köln

2) **Elias Bierdel**
c/o Komitee Cap Anamur / Deutsche Not-Ärzte e.V.,
Thebäerstraße 30, 50823 Köln

- Antragsteller -

Prozessbevollmächtigte — Rechtsanwälte **Helmuth Jipp,**
Köppenstraße 9, 22453 Hamburg,

gegen

Norddeutscher Rundfunk,
Anstalt des öffentlichen Rechts,
vertreten durch den Intendanten Prof. Jobst Plog,
Rothenbaumchaussee 132, 20149 Hamburg

- Antragsgegnerin -

Prozessbevollmächtigte — Rechtsanwälte **Hasche pp.,**
Stadthausbrücke 1-3, 20355 Hamburg,
GK.: 180

beschließt das **Landgericht Hamburg, Zivilkammer 24** , durch

den Vorsitzenden Richter am Landgericht **Buske**

den Richter Dr. Korte

den Richter am Landgericht Hartmann

Panorama *wird zur Verlesung der Gegendarstellung verurteilt. Die neugewählte Vereinsführung von* Cap Anamur *schließt jedoch mit dem* NDR *einen Vergleich. Das Ergebnis: Die Ausstrahlung unterbleibt. Allerdings wird der umstrittene Beitrag vom 15. Juli zurückgezogen – und verschwindet anschließend sogar spurlos aus dem Archiv der Homepage von* dasErste.de.

Seite 2

I. Im Wege einer einstweiligen Verfügung - der Dringlichkeit wegen ohne mündliche Verhandlung - wird der Antragsgegnerin gemäß § 12 Absatz 5 NDR-Staatsvertrag

a u f e r l e g t,

in der nächsten Ausgabe der Sendung "PANORAMA" ohne Einschaltungen und Weglassungen die folgende Gegendarstellung zu verbreiten:

Gegendarstellung

Zur NDR-Sendung „PANORAMA" vom 15.07.2004 mit dem Titel „Rettung als PR-Aktion? – Die Geisterfahrt der Cap Anamur".

1.
Es wurde berichtet: Am 14. Februar 2004 habe Elias Bierdel, der neue Cap Anamur-Vorsitzende, eine Reise des Schiffs durchs Mittelmeer angekündigt.

Hierzu stellen wir fest: Das Ziel des ersten Einsatzes des Schiffes war die westafrikanische Küste. Die Entscheidung, ins Mittelmeer zu fahren, fiel erst Mitte Mai 2004.

2.
Sie behaupten, Elias Bierdel hätten die Angaben zur Herkunft der 37 von der Cap Anamur aufgenommenen Flüchtlinge – angeblich aus dem Sudan, angeblich aus Dafour – gereicht. Von Köln sei die Nachricht um die Welt gegangen: Ein Sudanesisches Flüchtlingsdrama beginne.

Hierzu wird festgestellt:

Wir haben nie behauptet, wir wüssten, woher die Aufgenommenen stammten. Wir haben nur die Darstellung der Schiffbrüchigen zu ihrer Herkunft wiedergegeben.

3.
Sie behaupten weiter: Der Interviewte Hassan Mamri sei Besatzungsmitglied der Cap Anamur.

Dazu wird festgestellt: Hassan Mamri ist uns nicht bekannt. Er war zeitweilig als Besucher an Bord. Er war niemals Besatzungsmitglied der Cap Anamur.

4.
Für den 28. Juni 2004 behaupten Sie: „Die Cap Anamur hat ein neues Ziel: Tunesien ... Auch einen tunesischen Hafen läuft die Cap Anamur nicht an."

Hierzu wird festgestellt: Die Cap Anamur hatte niemals das Ziel, einen tunesischen Hafen anzulaufen.

5.
Sie behaupten zum 1. Juli 2004: „Jetzt, wo alle Kameras in Position sind, will Bierdel die Cap Anamur endlich in einen Hafen (gemeint ist: Porto Empedocle) einlaufen lassen".

Hierzu wird festgestellt, dass das Aufstellen der Kameras die Entscheidung, in den Hafen Empedocle einzulaufen, nicht beeinflusst hat.

6.
Für den 12. Juli 2004 behaupten Sie: „Elias Bierdel verliert die Geduld – er überzeugt den Kapitän, in den Hafen zu fahren. Will nicht, dass die Afrikaner in Boote umsteigen und so an Land gelangen."

Und: „Plötzlich: Die Cap Anamur angeblich in Seenot."

Dazu wird festgestellt: Nicht am 12. sondern bereits am 11. Juli 2004 plädierte Elias Bierdel dafür, auch gegen behördliche Anweisungen in den Hafen einzufahren. Zu keinem Zeitpunkt gab es die Möglichkeit, die Afrikaner in Boote umsteigen zu lassen. An Bord gab es tatsächlich eine Notlage, als an diesem Tage ein Afrikaner versuchte, sich über Bord zu stürzen. Mehrere Aufgenommene kollabierten und mussten im Bordhospital medizinisch versorgt werden.

Köln, 11. August 2004

Komitee Cap Anamur – Deutsche Not-Ärzte e.V.
Vorstand
Elias Bierdel
Heide Mantscheff

Elias Bierdel

II. Die Kosten des Verfahrens fallen der Antragsgegnerin nach einem Streitwert von EUR 15.000,-- zur Last.

Buske **Dr. Korte** **Hartmann**

Ausgefertigt:

(L.S.) Lindner, Justizangestellte
als Urkundsbeamtin der Geschäftsstelle

Wiedersehen in Tamale/Ghana, 20. September 2004: Die „Cap Anamur-Boys" berichten, wie sie aus Italien deportiert wurden (2.v.l. knieend: Mohammed Yussif, †).

Im Oktober 2004 besuchte der deutsche Journalist Christoph Fleischer Tamale. Mit diesem Bild wurde ich im Mai 2006 über den Tod von Mohammed informiert. Seine Freunde haben „died" (gestorben) darauf geschrieben.

Schlepper-Bande

Anfang September nutze ich einen Projekt-Besuch in Liberia zu einem Abstecher. Birgit, die Schiffskrankenschwester, hatte beim Abschied im Hafen von Porto Empedocle einigen der ‚Boys' ihre E-Mail-Adresse zugesteckt. Völlig überraschend meldet sich nun Aminu bei ihr: „Wir sind hier gestrandet und völlig mittellos!" 18 der 37 Geretteten sind nach Ghana abgeschoben worden. Dorthin, in den Norden des Landes, nach Tamale, mache ich mich von Monrovia aus auf den Weg.

An der staubigen Landepiste begrüßt mich eine erste Abordnung; natürlich haben Aminu, Ahmed und die anderen Freunde voller Stolz ihre Cap Anamur-T-Shirts angezogen. Woher sollen sie auch wissen, daß sie das in den Augen wohlgenährter deutscher Schreiberlinge verdächtig machen könnte? Die Lage der Gruppe ist verzweifelt. Nach ihrer gewaltsamen Abschiebung aus Italien hatte man sie zunächst in Accra inhaftiert. Die ghanaische Justiz ermittelte wegen „Beschädigung des Ansehens der Republik Ghana im Ausland". Erst nach massiven Protesten von afrikanischen Menschenrechtsgruppen sind sie wieder freigekommen und haben sich in Richtung Norden durchgeschlagen.

Dort herrschen seit Jahren blutige Kämpfe, nachdem ein Stammesoberhaupt des Dagbon-Volkes mitsamt seiner Familie überfallen und ermordet wurde. Erst jetzt erfahre ich: Sham, der mit gerade einmal 17 Jahren jüngste unter den Geretteten, ist einer der Söhne dieses getöteten Königs. Schon wenige Tage nach seiner zwangsweisen Rückkehr wurde er in Tamale niedergeschossen. Eine Kugel hat seine Schulter durchschlagen, aber er ist außer Lebensgefahr. Der ganze Wahnsinn des europäischen Asylrechts wird an seinem Beispiel sichtbar. Da er nach der Definition der EU ja nicht „politisch verfolgt" ist, sondern nur auf der Todesliste irgendwelcher bewaffneten Banden steht, liefert man einen traumatisierten Jugendlichen seinen potentiellen Mördern frei Haus!

Wenigstens gelingt es mir, in Zusammenarbeit mit dem ghanaischen Kirchenrat (*Christian Council of Ghana, CCG*), eine erste Versorgung für die Gruppe zu organisieren. Sie werden zunächst in einem Haus untergebracht, erhalten etwas zu essen und medizinische Betreuung. Janet Mohammed, die Direktorin des *CCG* in der Provinzhauptstadt Tamale, will sich außerdem dafür einsetzen, daß die jungen Männer eine Ausbildung erhalten.

BUNDESGRENZSCHUTZ

RALF PISTOR
Polizeidirektor im BGS
Ufficiale di Collegamento Tedesco
beim
Ministero dell' Interno
DIPARTIMENTO DELLA PUBBLICA SICUREZZA
Direzione Centrale dell'Immigrazione e della Polizia delle Frontiere

Via Cavour 6
I - 00184 Roma

(0039) 06 / 465 39642 oder
(0039) 348 / 3054459
(0039) 06 / 465 39642

Ministero dell'Interno
Dip. ...bblica Sicurezza
Direz. Centrale dell'Immigrazione e
della Polizia delle Frontiere
c.a. Dott. Pinto

Mein Zeichen (bitte immer angeben): GVB ITA - 181905-372/04
Ort, Datum: Roma, il 06.07.2004

Übersetzung:

> Innenministerium – Abteilung Öffentliche Sicherheit
> Zentraldirektion Einwanderung/Grenzpolizei
>
> Sehr geehrter Dr. Pinto,
>
> HILBERT, Martin war Passagier eines Lufthansa-Fluges von Frankfurt nach Wien am 25. Juni 2004. Laut Flugplan gab es für diese Verbindung einen Anschluß nach Malta mit der Fluggesellschaft Airmalta. Am 27. Juni befand sich Hr. HILBERT auf einem Lufthansa-Flug von Rom nach Frankfurt. Wir verfügen über keine weiteren Informationen bezüglich der Reisebewegungen der anderen, angezeigten Personen.

Ogg.: Cap Anamur

Egr... o Dott. Pinto,

HILBERT, Martin era passeggero di un volo Lufthansa da Francoforte a Vienna il 25.06.2004. Dopo consultazione del piano di volo risulta esservi stata una coincidenza per Malta con la compagnia Airmalta. Il 27.06.2004 il Sig. HILBERT era su un volo Lufthansa da Roma a Francoforte. Non disponiamo di ulteriori informazioni sui movimenti di viaggio delle altre persone indicateci.

Ralf Pistor

Der doppelte Martin Hilbert: Während der Kölner Journalist nach Auskunft des BGS-Direktors Ralf Pistor (Schilys Spitzenbeamter im italienischen Innenministerium) am 25. Juni von Frankfurt über Wien nach Malta geflogen sein soll, saß er in Wahrheit am selben Tag in einer Maschine von Düsseldorf nach Djerba!

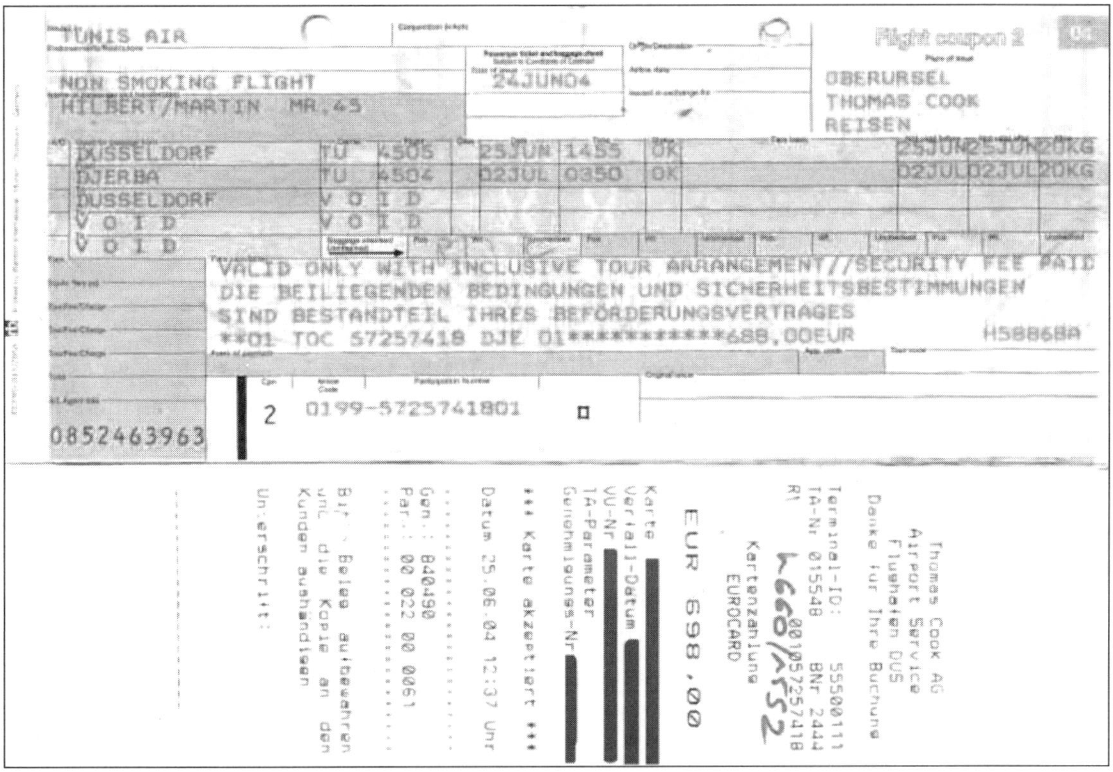
TUNIS AIR
NON SMOKING FLIGHT
HILBERT/MARTIN MR.45
24JUN04
Flight coupon 2
OBERURSEL
THOMAS COOK
REISEN

DUSSELDORF	TU	4505	25JUN	1455	OK		25JUN	25JUN	20KG
DJERBA	TU	4504	02JUL	0350	OK		02JUL	02JUL	20KG
DUSSELDORF	VOID								
VOID	VOID								
VOID									

VALID ONLY WITH INCLUSIVE TOUR ARRANGEMENT//SECURITY FEE PAID
DIE BEILIEGENDEN BEDINGUNGEN UND SICHERHEITSBESTIMMUNGEN
SIND BESTANDTEIL IHRES BEFÖRDERUNGSVERTRAGES
01 TOC 57257418 DJE 01********688,00EUR H58868A
0852463963
2 0199-5725741801

Thomas Cook AG
Airport Service
Flughafen DUS
Danke für Ihre Buchung
Terminal-ID: 55500111
TA-Nr 015548 BNr 2444
R! 0010572574 18
Kartenzahlung
EUROCARD
EUR 698,00
Karte [redacted]
Verfall-Datum [redacted]
VU-Nr [redacted]
TA-Parameter
Genehmigungs-Nr [redacted]
*** Karte akzeptiert ***
Datum 25.06.04 12:37 Uhr
Gen.: 840490
Par.: 00 022 00 0061
Bitte Beleg aufbewahren
und die Kopie an den
Kunden aushändigen
Unterschrift:

„Wenn *Cap Anamur* diese Leute nicht unterstützt“, macht mir Janet unmißverständlich klar, „werden sie über kurz oder lang wieder skrupellosen Milizen in die Hände fallen, die ihnen eine Waffe in die Hand drücken und sie in den Kampf schicken!“ Auch darüber müßte man wohl in Europa noch einmal nachdenken. Wie Waffenlieferungen, Millionen staatliche (Hilfs-) Gelder und die wahllose Rückführung von „Illegalen“ dazu beitragen, die Spirale der Gewalt in so vielen Ländern Afrikas immer weiterzudrehen. Wer profitiert am Ende vom andauernden Elend? Wer hat Interesse daran, daß die Menschen in weiten Teilen des Kontinents ohne Zukunftsperspektiven bleiben?

Nach meiner Rückkehr findet in Köln ein Treffen mit den Anwälten statt, die uns gegen den Verdacht verteidigen sollen, Stefan, Vladimir und ich hätten eine Schlepperbande gegründet, um Flüchtlinge nach Italien zu schleusen. Dabei bekommen wir auch erstmals Einblick in die Ermittlungsakten der Staatsanwaltschaft. Was da zusammengetragen wurde, läßt uns die Haare zu Berge stehen. Es ist eine Sammlung von abstrusen

Unterstellungen, mehr oder weniger absichtlichen Mißverständnissen, Halbwahrheiten und handfesten Falschinformationen. Außerdem sind einige der Dokumente offenkundig manipuliert. So befindet sich beispielsweise unter dem fotokopierten Protokoll der polizeilichen Vernehmung vom 12. Juli meine Unterschrift. An einer Stelle also, wo ich sie – aus gutem Grund – verweigert hatte!

Es fällt selbst dem versammelten juristischen Sachverstand nicht leicht, aus diesem kruden Sammelsurium den Kern der Anklage herauszulesen. Denn schließlich sind die Hauptkennzeichen des kriminellen Schleppertums vor allem, daß es erstens heimlich stattfindet und zweitens zum Zwecke des Gelderwerbs. Von beidem aber kann in unserem Fall nun wahrlich keine Rede sein. Die Ermittler haben sich deshalb vor allem darauf zurückgezogen, uns der „bewußten Täuschung der Behörden" zu überführen. So hätten wir mehrfach falsche Angaben gemacht über den Ort der Rettung ebenso wie über den Zeitpunkt und die Nationalität der Geretteten.

Erstaunliche Schriftstücke finden sich in der mehrere hundert Seiten dicken Akte. Da meldet die Küstenwache, die „Cap Anamur" habe vom 25. bis 30. Juni vor La Valetta geankert. Tatsächlich aber war das Schiff nachweislich in dieser Zeit auf offener See unterwegs. Ein hoher Beamter des deutschen Bundesgrenzschutz im römischen Innenministerium erteilt schriftlich die Auskunft, Martin Hilbert sei am 25. Juni von Frankfurt aus über Wien nach Malta geflogen. Tatsächlich aber saß er am selben Tag mit mir in einer Maschine von Düsseldorf nach Djerba. Schon merkwürdig, wie das eine zum anderen paßt. Obwohl beides nachweislich falsch ist. Ein Schelm, wer Böses dabei denkt. Ohne Zweifel handelt es sich hierbei um rein zufällige, parallele Fehlleistungen. Denn sonst müßte man ja vermuten, daß Bundesinnenminister Otto Schily und sein italienischer Freund und Amtskollege Beppe Pisanu zur Abwehr dieses „gefährlichen Präzedenzfalls" selbst vor unsauberen Tricks nicht zurückgeschreckt hätten.

Einer, der in dieser Hinsicht anscheinened frei von Skrupeln ist, taucht ebenfalls an herausgehobener Stelle in den Ermittlungsakten auf. Es ist der *NDR*-Journalist Stephan Stuchlik, dessen merkwürdiges Verhalten und dessen entsprechender Beitrag in *Panorama* vom 5. August mich zunächst ratlos gelassen hatten. Es dauert einen Moment, ehe ich verstehe, was mir die Anwältin Liana Nesta zu erklären versucht. Aus ihrer Sicht ist Stuchlik der wichtigste Zeuge der Anklage! Wort für Wort gehen wir die Aussage durch, die der Reporter aus Hamburg, am 2. August vor der Staatsanwaltschaft in Agrigento gemacht hat. Er erweckt darin den Eindruck, *Cap Anamur* hätte versucht, mit dem Verkauf von Fernsehbildern das große Geld zu verdienen! Da ist von 80 Stunden Videomaterial die Rede – und einem Minutenpreis von 500 Euro. Kein Wunder, daß die branchenfremde Staatsanwältin Caterina Salusti nun vermutet, hier gehe es möglicherweise um ein Millionengeschäft! Die Wahrheit ist freilich, daß *Cap Anamur* – im Unterschied zu anderen Organisationen, wie etwa *Greenpeace* – grundsätzlich keine Bilder verkauft. Und daß Martin Hilberts Dokumentarfilmunternehmen *Aquino-Film,* von der ja jene Sequenzen stammten, die von *Panorama* angekauft und dann in ihr Gegenteil verkehrt wurden, selbstverständlich auf eigene Rechnung handelt. *Aquino* hat die üblichen Lizenzgebühren für die Ausstrahlung erhalten – ein paar hundert Euro. Und Martin Hilbert wünscht sich heute, er hätte auch auf dieses Geld noch verzichtet.

Es ist für mich schwer zu verstehen, daß sich ein öffentlich-rechtlicher Star-Reporter (Stephan Stuchlik ist heute Korrespondent der *ARD* in Moskau) für so eine abgekartete Sache hergibt. Journalist ohne Story trifft Ermittler ohne Fall. Da erzählt der Reporter dem Staatsanwalt einfach irgendwelchen Mist – und schon hat er seine Geschichte! Am Ende kommt dabei eine Berichterstattung heraus, die für einen kurzfristigen Knalleffekt das Ansehen einer seit Jahrzehnten anerkannten Hilfsorganisation und ihre Arbeit in aller Welt gefährdet. Interessanterweise ist genau dies der Vorwurf, den der nun hinlänglich gelobte Stephan Stuchlik seinerseits gegen mich erhebt: „Medieninszenierung". Meine Güte! Da fragt man sich doch wirklich, wer hier eigentlich wen oder was in Szene setzt. Und vor allem, was seine Motive dabei sein mögen.

Im Komitee sind die Brüche jedenfalls nicht mehr zu kitten. Die Sorgen um das Ansehen der Organisation in der Öffentlichkeit wiegen eindeutig schwerer als jene um die vielen Menschen, die Tag für Tag draußen auf dem Mittelmeer und vor den Kanaren in Lebensgefahr sind. Da ich aber darauf beharre, daß es – gerade angesichts unserer besonderen Geschichte – Aufgabe und Verpflichtung von *Cap Anamur* sein muß, diesen europäischen Menschenrechtsskandal nicht tatenlos hinzunehmen, bleibt den verunsicherten Vereinsmitgliedern nur die letzte Möglichkeit. Einen Rücktritt habe ich abgelehnt, also wählt der Trägerverein im Oktober mit Edith Fischnaller eine neue Vorsitzende, die umgehend klarmacht, daß es keine weiteren Rettungsfahrten im Mittelmeer geben wird.

Im Dezember 2004 verwüsten gewaltige Tsunami-Wellen in einer Jahrhundert-Katastrophe weite Gebiete rund um den indischen Ozean. Mehr als 220.000 Menschen sterben, über 1,7 Millionen Küstenanwohner sind obdachlos geworden. Die Versorgung über Land ist in dem riesigen Katastrophengebiet meistens nicht möglich, da Straßen und Schienenwege zerstört sind. Nur von See aus kann die Bevölkerung hier erreicht werden. Noch einmal versuchen wir mit vereinten Kräften, die „Cap Anamur" freizubekommen. Bento und Heide verhandeln mit dem Auswärtigen Amt. Sogar Wolfgang Schäuble setzt sich nach einem ausführlichen Gespräch mit Stefan und mir in Rom dafür ein, diesen Wahnsinn zu beenden – ohne Erfolg. Die italienischen Behörden bestehen darauf, das perfekt ausgestattete Hilfs- und Rettungsschiff weiterhin als „Tatwerkzeug" festzuhalten!

Zwei Monate später überzeugt die neue Vereinsführung die Staatsanwaltschaft dann doch davon, die „Cap Anamur" auslaufen zu lassen. Gegen die Zusicherung, keine weiteren Einsätze im Mittelmeer zu fahren und die Hinterlegung einer deftigen Kaution kommt das Schiff frei. Allerdings nur, um so schnell wie möglich verkauft zu werden. Auf der Werft im kroatischen Rijeka endet die letzte Fahrt der „Cap Anamur". Ein norwegischer Reeder freut sich, den als solide und zuverlässig bekannten Frachter alsbald wieder mit Stahl, Salz und Holz beladen zu können. Zuvor müssen nur noch die störenden medizinischen Einrichtungen verschwinden. Das ist nach wenigen Wochen geschehen. Als das Schiff den Hafen verläßt, trägt es schon seinen neuen Namen, „Baltic Bettina".

HOME | BILDARCHIV | SPENDEN | SUCHEN | IMPRESSUM

KOMITEE CAP ANAMUR

Radikale Humanität

Komitee Cap Anamur / Deutsche Notärzte e.V.

Schnellnavigator

Wir über uns | Aktuelles | Projekte | Medienecho | Kontakt | Mitarbeit | Sitemap

- Termine
- Meldungen
- Projektberichte
- Newsletter
- Medizin

Newsletter abonnieren

Bitte informieren Sie mich per Mail über News bei Cap Anamur

Ihre@Mailadresse OK

Alle Projekte | 2006 | 2005 | 2004 | 2003 | 2002

25.04.2005 Cap Anamur Office

Der Verkauf des Schiffes ist abgeschlossen

Nach einigen bürokratischen Hürden konnte letzte Woche unser Schiff an den neuen Eigner übergeben werden.

Die Entscheidung sich von unserem Rettungsschiff zu trennen fiel im März. Das Komitee hat sich zu diesem Schritt entschlossen, nachdem das Schiff fast acht Monate als Beweismittel in Italien beschlagnahmt an der Kette lag. In dieser Zeit wurden Verträge mit Transportunternehmen abgeschlossen, die es nun einzuhalten gilt. Aus Kostengründen scheint dies zur Zeit der günstigere Weg zu sein.

Die "Cap Anamur" wurde ohne Verluste verkauft, das frei gewordene Geld wird nun für unsere Medizinprojekte rund um die Welt eingesetzt.

Doch ist mit dem Verkauf des Schiffes das Verfahren gegen die drei Beschuldigten nicht beendet. Die Ermittlungen sind noch nicht abgeschlossen, erst dann entscheidet der Richter, ob ein gerichtliches Verfahren eröffnet wird.

Wir sind der festen Überzeugung, dass sich die erhobenen Vorwürfe "Beihilfe zur illegalen Einreise" als unzutreffend erweisen werden.

Archiv

27.05.2006 Cap Anamur

Cap Anamur schickt Hilfsteam ins Erdbebengebiet auf Java

Artikel lesen

17.11.2005 Cap Anamur Office

"LEBENHELFEN": Das neue Buch über die Arbeit von Cap Anamur

Gemeinsam mit dem Fotografen Jürgen Escher haben wir ein Buch herausgegeben, in dem die Arbeit vom Komitee Cap Anamur exemplarisch dokumentiert wird.

Artikel lesen

08.06.2005 Cap Anamur Office

In stillem Gedenken

Unser langjähriger Freund und Mitarbeiter Henk Arts ist bei einem Einsatz in Indonesien an einem Herzinfarkt gestorben.

Vor Gericht

Die letzten Kapitel im Drama um Flüchtlinge, sinkende Boote und hilflose Helfer spielen sich vor italienischen Gerichten ab. Am 30. September 2005 müssen Stefan, Vladimir und ich zu einer weiteren Vernehmung in Neapel erscheinen. In den Nächten zuvor haben hunderte Afrikaner versucht, die Grenzanlagen zu überwinden, die die spanischen Exklaven Ceuta und Melilla von Marokko trennen. 16 Menschen verbluten in den rasierklingenscharfen Stacheldrähten, die die Europäische Union mit 20 Millionen Euro bezuschußt hat. Das jüngste Opfer ist ein sechs Monate alter Säugling, der Leichnam des Babys weist Schußwunden auf. Selbstverständlich haben nicht die spanischen Elite-Soldaten geschossen, die für die Bewachung des Zauns verantwortlich sind. „Das waren die Marokkaner", erfahren wir. Europa schießt nicht auf wehrlose Migranten, es läßt schießen. Und während wir die immergleichen Fragen nach dem Woher und Wohin der „Cap Anamur" beantworten müssen, geht der Krieg gegen die Armutsflüchtlinge in die nächste Runde.

Im Gerichtssaal Nummer 9 des Justizgebäudes von Agrigento nimmt die Gerechtigkeit ihren Lauf. *La Legge E' Ugguale per Tutti* steht in Lettern aus Edelholz über dem Richterstuhl an der Wand: „Das Gesetz ist für alle gleich." In einer Verhandlungspause erzählt die vom Gericht bestellte Dolmetscherin, warum ihr die Freude am Schwimmengehen schon lange vergangen ist: „Immer wieder kommt die Polizei und sperrt plötzlich ganze Strandabschnitte ab. Dann wissen wir, daß wieder Leichen angetrieben wurden!"

Minuten später fragt mich der Staatsanwalt, ob mir denn nicht klar gewesen sei, daß wir mit der Rettung von Schiffbrüchigen und ihrer Anlandung in Italien möglicherweise mit dem Gesetz in Konflikt geraten würden?

„Ich hätte mir niemals träumen lassen, daß wir für das, was wir getan haben, einmal vor einem europäischen Gericht stehen."

„Die Geschichte endete damit, daß 36 Leute nach Afrika – das deutsche Wort dafür heißt: abgeschoben wurden. Ein Besen vor dem Herbstlaub: Rausgekehrt wie Dreck! (...) Das Gesetz kann ja lauten, die Gerechtigkeit kann ja umschrieben werden, wie sie will. Aber die Gnade ist die Grundlage dafür, daß Verelendete leben können und überleben können. Es ist die Grundlage, Menschen als Menschen zu begegnen – und selber dabei Mensch zu werden. (...) ‚Ausländer raus' ist rechtsradikale Soße. Aber ‚Kein Ausländer rein' ist europäische Politik! Da stehen wir jetzt."

Eugen Drewermann
in einem Vortrag über das
Johannes-Evangelium,
gehalten in der Petrikirche Lübeck,
23. September 2004

HOME | BILDARCHIV | SPENDEN | SUCHEN | IMPRESSUM

KOMITEE CAP ANAMUR

Radikale Humanität

Komitee Cap Anamur / Deutsche Notärzte e.V.

Schnellnavigator

Wir über uns | Aktuelles | Projekte | Medienecho | Kontakt | Mitarbeit | Sitemap

- Geschichte
- Team
- Grundsätze

Die Geschichte von Cap Anamur

Das Komitee Cap Anamur wurde nie geplant. Es entstand, weil es entstehen mußte.

1979 gab es im südchinesischen Meer Tausende von Flüchtlingen, die ertranken, ausgeraubt, vergewaltigt wurden. Wir sahen diese Bilder wie viele andere Menschen auch und dachten, daß doch „irgend jemand" da etwas tun müsse. Aber es gab niemanden, der etwas tat.

Unsere Motivation, spontan zu helfen, entsprang der Tatsache, daß Menschen einfach ertranken und wir nicht zusehen wollten. Wir gingen mit einem ungeheuren Engagement, das mit einer nicht zu überbietenden Naivität gepaart war, an die Sache heran. Hätten wir geahnt, was auf uns zukommen würde, wir wären zumindest vorsichtiger oder nachdenklicher gewesen.

Bei allem zeigte sich, daß man in der Lage ist, ganze viele Menschen hinter eine Idee zu bringen, wenn man selbst fest von einer Sache überzeugt ist. Obwohl wir heute nach 24 Jahren selbst eine kleine Schere im Kopf haben und wissen, was alles schief gehen kann, möchten wir uns doch so viel Naivität bewahren, immer erst mal anzufangen, wenn Hilfe nötig ist und nicht zu verzagen.

Zu unserer Philosophie gehört es ebenfalls, möglichst nah mit den Menschen zu leben, für die wir arbeiten. Das erwarten unsere Spender von uns, die diese Arbeit ermöglichen. Konkret heißt das, keine großen Büros in irgendeiner Hauptstadt zu mieten und dann in die Hilfsgebiete zu fahren und die Hälfte der Zeit im Auto zu verbringen. Nein, unsere Teams wohnen dort, wo die Not am größten ist, nämlich bei den Hilfsbedürftigen. So lernt man nicht nur die Nöte der Menschen hautnah kennen, sondern auch ihre Gastfreundschaft, ihre Dankbarkeit und ihre ganz persönlichen Fähigkeiten, mit ihren Situationen umzugehen.

Die Folgen sind bekannt. Aus dem Schiff wurde eine beherzte, spontane und bis heute unbürokratische Feuerwehr im humanitären Dienst. Wo immer es lichterloh brannte, da mußten wir hin. Wenn Ritter, Tod und eigene oder fremde Regierungen dagegen waren und es verboten, dann war es umso mehr unsere Aufgabe.

Extras

Bildarchiv

Suchen Sie visuelle Eindrücke aus unseren Projekten? Hat Ihnen eins unsere Bilder besonders beeindruck? Sie finden alle zur Verfügung stehenden Bilder in unserem Bildarchiv.

Projekte

Sie interessieren sich für unsere Projekte in Krisengebieten? Im Bereich Projekte finden Sie Projekteberichte, Projekt-beschreibungen und interessante Daten über die Einsatzgebiete.

Cap Anamur unterstützen

Sie wollen unsere Arbeit unterstützen. Für ausgebildete Kräfte bieten wir interessante Tätigkeiten in unseren Projekten. Schauen Sie in unseren Bereich Mitarbeit vorbei.

Selbstdarstellung von Cap Anamur *auf der aktuellen Homepage. Der Text stammt noch aus der Feder von Rupert Neudeck.*

Epilog 2006

Die Geretteten

Mohammed Yussif starb im April 2006 bei einem Versuch, von Libyen aus die italienische Insel Lampedusa zu erreichen. Wegen seiner einschlägigen Erfahrungen hatte man ihn nach Angaben seiner Freunde zum „Kapitän" gemacht. Das Boot, auf dem sich noch zwanzig weitere Flüchtlinge befunden haben sollen, geriet offenbar nach mehreren Tagen auf See in einen Sturm und kenterte. Am 10. September 2006 wäre **Mohammed** 29 Jahre alt geworden.

Er gehörte mit **Rashid Sualey, Fatawu Lasisi, Abubakari Abdul Wahab, Mosses George** und **Abdul Nasir Arauf** zu einer Gruppe von sechs Geretteten, die sich bis zuletzt gegen ihre Abschiebung aus Italien zur Wehr gesetzt hatten. Als bereits 30 der Schiffbrüchigen von der „Cap Anamur" nach Ghana oder Nigeria ausgeflogen worden waren, besuchte Paolo Cento (Abgeordneter der italienischen Grünen) zusammen mit zwei Anwälten die Abschiebehäftlinge am 23. Juli 2004 im Lager von Ponte Galeria am römischen Flughafen. Sie bezeugen, daß **Mohammed Yussif** und **Abdul Nasir Arauf** deutliche Spuren von Mißhandlungen auf ihren Körpern zeigten. **Mohammed Yussif** berichtete außerdem, er werde mit Betäubungsmitteln ruhiggestellt: „Nachts haben mir die Ärzte eine Injektion gegeben. Aus ihrem rollenden Flugzeug heraus haben die Passagiere, die an den Fenstern saßen, zugesehen wie wir behandelt wurden!" Trotz ihrer fortgesetzten Beteuerung, sie seien Sudanesen, sollten auch die letzten sechs Häftlinge am 26. Juli 2004 gewaltsam nach Ghana deportiert werden.

Lediglich **Fatawu Lasisi** gelang es, sich erfolgreich der Abschiebung zu widersetzen, wobei er allerdings so schwer verletzt wurde, daß er zur Behandlung in ein römisches Krankenhaus gebracht werden mußte. Er lebt bis heute mit Unterstützung durch eine Flüchtlingsorganisation in der italienischen Hauptstadt. „Ich wurde 1980 in Halem geboren, einem Dorf in der Provinz Darfur", hat er seinen Helfern berichtet. „Eines Nachts wurden wir angegriffen, viele Menschen wurden getötet, unser Haus verbrannt. Ich hatte mich versteckt, als ich zurückkam, waren meine Eltern tot und unser Vieh geraubt. Also habe ich den Sudan verlassen..."

Sham Sibdu, mit 17 Jahren der jüngste der Geretteten, wurde wenige Tage nach seiner Abschiebung in Tamale/Nord-Ghana auf offener Straße von einer Kugel getroffen und schwer verletzt. Er ist nach glaubwürdigen Berichten Sohn jenes Königs des Dagbon-Volkes, der Ende 2000 von Unbekannten ermordet wurde. Seitdem herrschen in der Region blutige Stammeskämpfe. **Sham** wird heute gemeinsam mit **Ahmed Saaka, Hamza Inusah, Nurideen Idrissu, Mawiya Tungteeya** und dreizehn weiteren Mitgliedern der Gruppe seit Oktober 2004 vom *Christian Council of Ghana* betreut. Für mehrere der jungen Männer konnten Ausbildungs- oder Arbeitsplätze gefunden werden.

Aminu Munkaila hatte nach eigenen Angaben bereits drei erfolglose Versuche hinter sich, nach Europa zu gelangen, als er von der „Cap Anamur" aus Seenot gerettet wurde. Er hat gemeinsam mit Freunden einen Verein gegründet, dessen Ziel es ist, ausreisewillige junge Leute in Ghana vor den großen Gefahren einer solchen Reise zu warnen. Seit Sommer 2006 unterstützt das christliche Hilfswerk *Misereor* diese in ganz Afrika bisher einmalige Organisation.

Dear Mr. Elias,
thank you, I have finally made my investigation about the death of our brother Mohammed Yussif. He left Ghana in November 2005 to Libya and in April 2006 that was on Friday, he left Libya through the mediterranean sea heading to Italy when the boat on which they were travelling got sanked on high seas and they died. According to the Ghanaian brothers in Libya who witness his departure, they said he was even the captain of the boat they were going with. They got to the high seas and the weather became bad, they could not move further nor could they go back to Libya, he tried his best and they finally drown on the sea. When we heard this, I personally called his close friend in Italy whom I knew could know the whereabout of Mohammed Yussif, he told me that he investigated from Libya and they said the man who stood as the connection man to arrange the boat for them confirmed that they really got sanked on the high seas. May his soul rest in perfect peace. We all really miss a loving brother. I have included this pictures for you to really see him by face and recognise him as he was one of us on the ship. I have written his name on him in the picture and indicated dead on him. The picture for you was a group picture we took when Christopher came to visit us in Ghana.
Aminu Munkaila

Durch diese E-Mail aus Ghana erfuhren wir im Mai 2006 vom Tod Mohammed Yussifs. Angehängt waren die beiden Fotos auf den Seiten 5 und 192 unten.

Der einzige der „Cap Anamur"-Boys, der problemlos in Italien bleiben konnte, ist **Benjamin Robat**. Er wohnt und arbeitet heute in einer kirchlichen Einrichtung in Palermo. Nach Darstellung der Behörden sollte er mit dem Aufenthaltsrecht für seine „Ehrlichkeit" belohnt werden, da er von Anfang an sein Herkunftsland Nigeria korrekt angegeben habe. (Diese Begründung scheint allerdings wenig glaubwürdig, da ja beispielsweise auch **Weah Sylvester Seth** stets wahrheitsgemäß Sierra-Leone als seine Heimat nannte – und dennoch nach Ghana abgeschoben wurde).

Von fünf Geretteten um **Stanley Musa**, die am 21. Juli 2004 von Italien nach Nigeria ausgeflogen worden sind, gibt es bis heute keine Nachricht.

Das Abschiebelager **San Benedetto** bei Agrigento mußte wegen unhaltbarer Zustände nach dem Besuch einer Delegation des Europaparlaments im Oktober 2004 geschlossen werden.

Die Crew

Erhard Behet starb im Dezember 2005 an einem Herzinfarkt. Bei der Beerdigung in Wilhelmshaven, zu der zahlreiche Marine-Kameraden erschienen waren, lag auf dem Sarg seine „Cap Anamur"-Mütze.

Birgit Geiger arbeitet für einen internationalen Pharma-Konzern in Frankfurt.

Jutta Wahlen studiert in Rostock Nautik – mit dem Berufsziel Kapitän.

Tennis Manu und **Joseia Vaelai** sind in ihre Heimat Tuvalu im Südpazifik zurückgekehrt.

Günter Schröder ist nach der Rückkehr aus Italien schwer erkrankt und wird nie mehr zur See fahren können.

Fussum „Ben" Beyene lebt in seiner Wahlheimat Hamburg.

Henryk Remblewski, fährt bis heute auf dem Schiff, das nun unter dem Namen „Baltic Bettina" in der Ostsee unterwegs ist.

Mike Bratzke war zuletzt als Aufbauhelfer im Erdbebengebiet von Pakistan unterwegs.

Dominik Berg arbeitet in Köln an seiner Karriere als Kameramann.

Rillo Reynaldo ist zu seiner Familie auf den Philippinen zurückgekehrt.

Henk Arts starb im Frühjahr 2005 bei einem Einsatz in Südostasien.

Stefan Schmidt wird im September für sein vorbildliches Engagement mit der „PRO ASYL-Hand 2006" ausgezeichnet.
Er steht gemeinsam mit **Vladimir Daschkewitsch** und **Elias Bierdel** ab November 2006 wegen „Beihilfe zur illegalen Einreise in einem besonders schweren Fall" auf Sizilien vor Gericht.

Seite 10 / Süddeutsche Zeitung Nr. 145
Dienstag, 27. Juni 2006

„Es ist schade, wenn man Freunde verliert"

Cap-Anamur-Gründer Rupert Neudeck über neue Hilfsprojekte und die umstrittene Flüchtlingsaktion vor genau zwei Jahren

Seit 27 Jahren schickt Cap Anamur Ärzte, Pfleger, Techniker oder Handwerker los, um vor Ort zu helfen. Wegen einer umstrittenen Rettungsaktion ihres damaligen Chefs Elias Bierdel stand die Hilfsorganisation vor zwei Jahren in der Kritik. Doch jetzt betreuen die Helfer weltweit mehr Projekte denn je – wie in Afghanistan oder Monrovia. Ein Gespräch mit Rupert Neudeck, 67, dem Gründer von Cap Anamur.

SZ: *Herr Neudeck, wie geht es Ihnen, zwei Jahre nach dem Wirbel um die Hilfsaktion im Mittelmeer? Fährt die Cap Anamur noch?*

Neudeck: Ein Schiff mit dem Namen Cap Anamur besitzen wir nicht mehr. Das wurde verkauft. Momentan ist überhaupt kein Schiff unterwegs. Den Mythos, dass wir immer nur auf den Meeren herumfahren, den bekommt man nicht aus der Welt. Jüngst erzählte mir ein Freund, in einem Buchladen habe man ihm gesagt, ich sei der Kapitän der Cap Anamur.

SZ: *Die Geschichte der Organisation begann ja mit diesem Schiff.*

Neudeck: Anfangs waren wir drei Jahre auf einem gemieteten Schiff unterwegs, ja. Danach charterterten wir monateweise Schiffe für andere Projekte und nannten die – werbewirksam – ebenfalls Cap Anamur. Normalerweise aber helfen wir auf dem Land.

SZ: *Haben Sie noch Kontakt mit Elias Bierdel?*

Neudeck: Nein. Bierdel war mein Kandidat für den Vorsitz. Ich habe ihn im Kosovo so unglaublich geschätzt. Er war so ungeheuer mutig. Es ist schade, wenn man Freunde, mit denen man durch dick und dünn gegangen ist, verliert.

SZ: *Vor zwei Jahren fürchteten Sie wegen Bierdel um das Ansehen der Hilfsorganisation.*

Neudeck: Ich bin über meine Rolle, die ich dort gespielt habe, nicht sehr glücklich. Ich würde nicht sagen, dass ich da immer toll war. Jetzt ist Edith Fischnaller Chefin. Ich kenne sie seit vielen Jahren. Sie hat als Krankenschwester begonnen und später Medizin studiert. Sie ist eine unheimlich starke Frau.

SZ: *Und Sie? Welche Rolle spielen Sie im Moment?*

Neudeck: Vereinsrechtlich bin ich seit 2003 bei Cap Anamur gar nichts mehr. Bis an das Ende meiner Tage aber bleibe ich der Gründer. Obwohl ich mit den Grünhelmen mittlerweile eine andere Hilfsorganisation gegründet habe, wird die Cap Anamur von mir immer wieder unterstützt.

SZ: *Was machen die Grünhelme?*

Neudeck: Wir suchen im Sinne eines radikalen Engagements für drei Monate Handwerker und Ärzte, die ohne Bezahlung helfen. Einfach nur um des Helfens Willen. Zudem versuchen wir, durch unsere Unterstützung den Dialog der Religionen und Kulturen voranzutreiben.

SZ: *Reisen Sie noch oft?*

Neudeck: Ja. Kaschmir, Afghanistan, Vietnam – wir haben überall Projekte.

Interview: Martin Zips

37 schiffsbrüchige Afrikaner sitzen im Sommer 2004 in Sizilien auf der Cap Anamur tagelang fest. Foto: dpa

Anhang

Die Geretteten

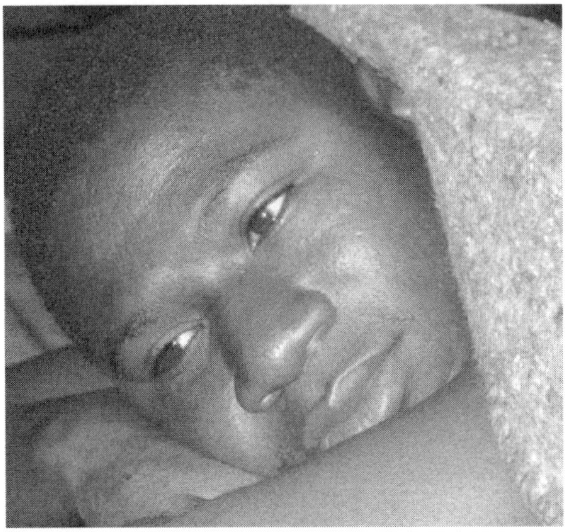

Adam Issah

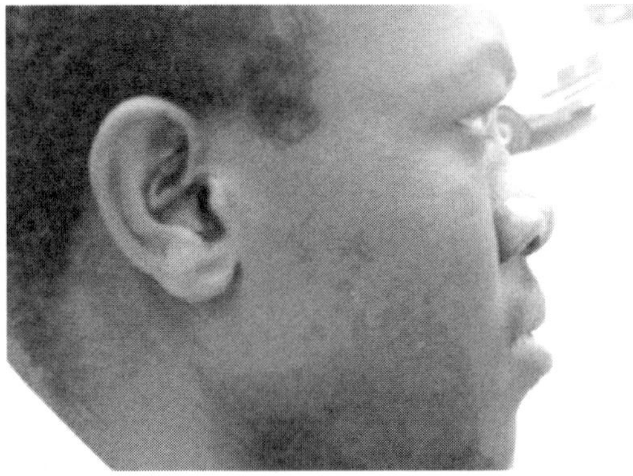

Dan Mohamed Aziz

Weah Sylvester Seth

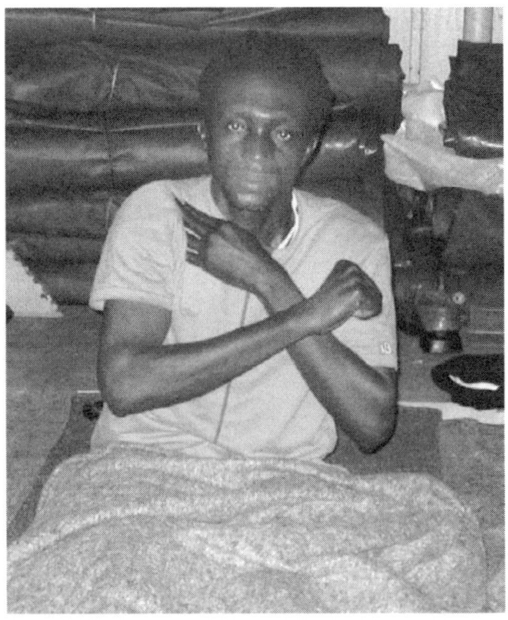

Ahmed Husein

Stanley Musa

Hamza Inusah

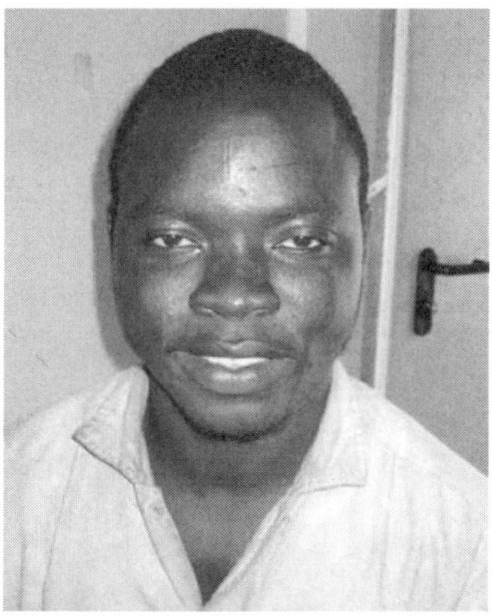

Aminu Munkaila

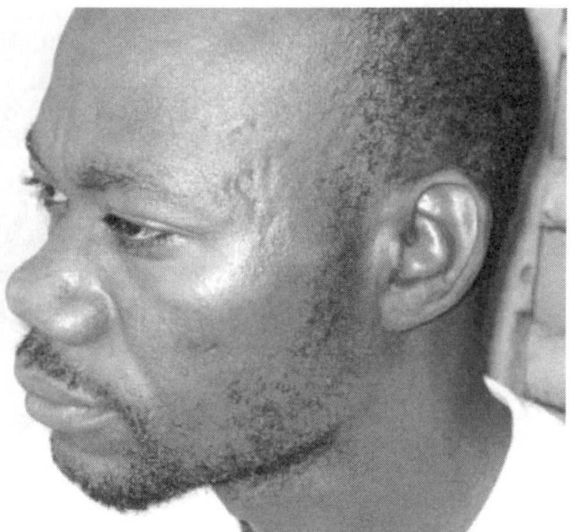

Ahmed Saaka

Orlando Osaro

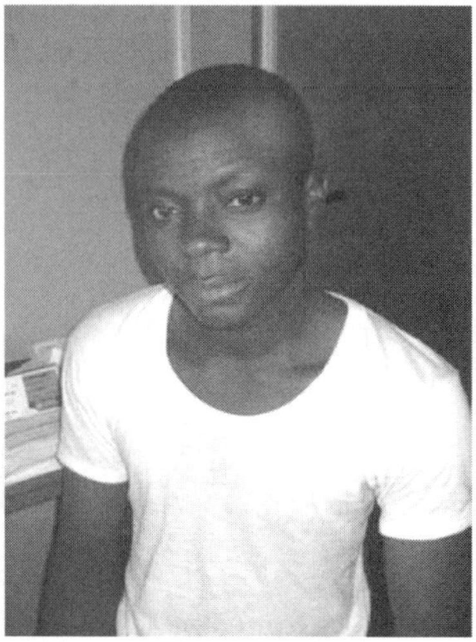

Hakeem Hassan

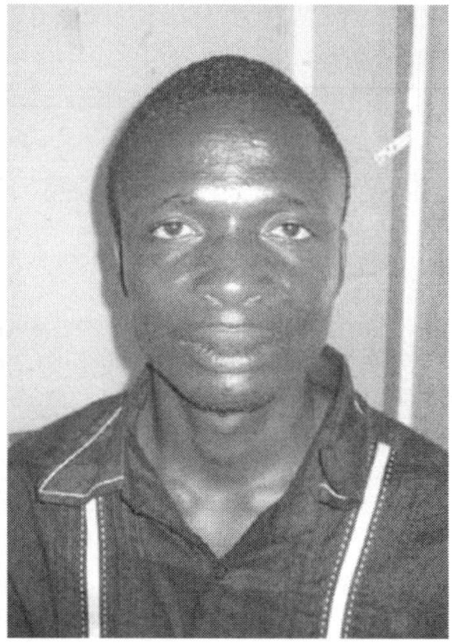

Alex Mensah

Mawiya Tungteeya

Eisig (Isaac) Bendo

Gebred Sondi

Yamusah Hudu

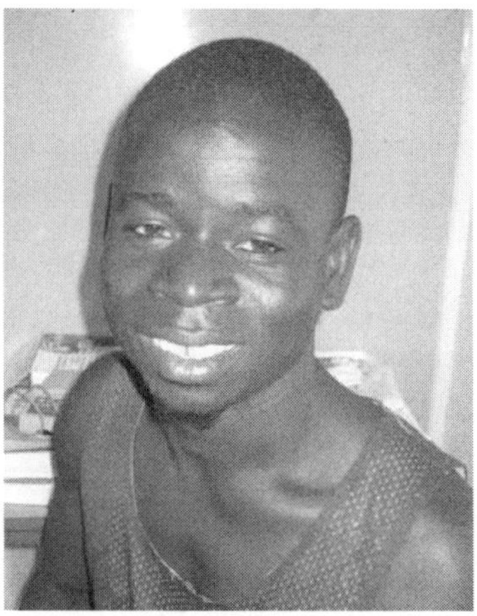

Mohammed Yussif (†)

Abubakari Abdul Wahab

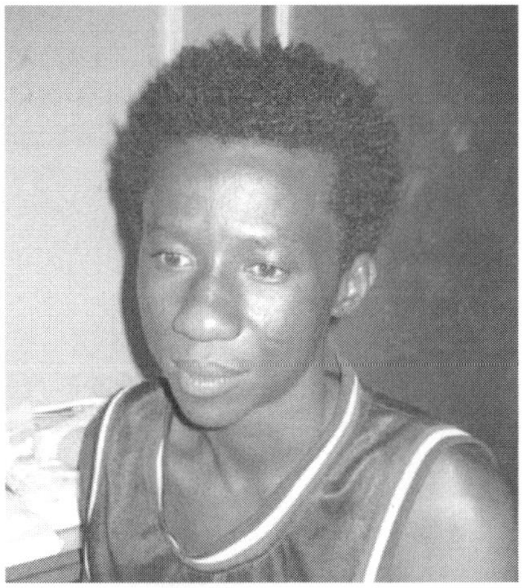

Sham Sibdu

Moses Mensah

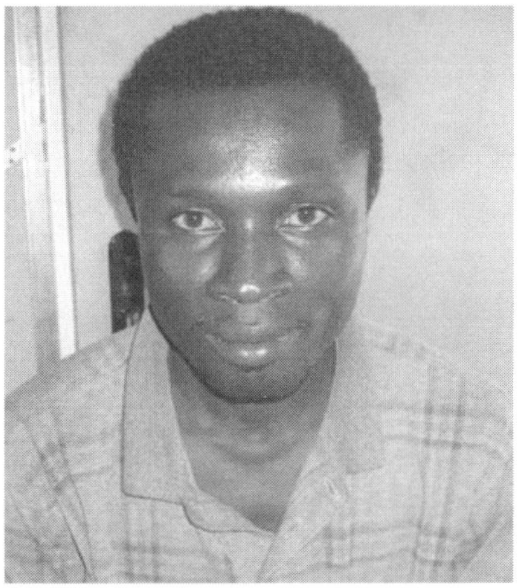

Fatawu Lasisi

Adam Yakubu

Tanko Ramadan

Benjamin Robat

Bawa Jassah

Michael Soholi

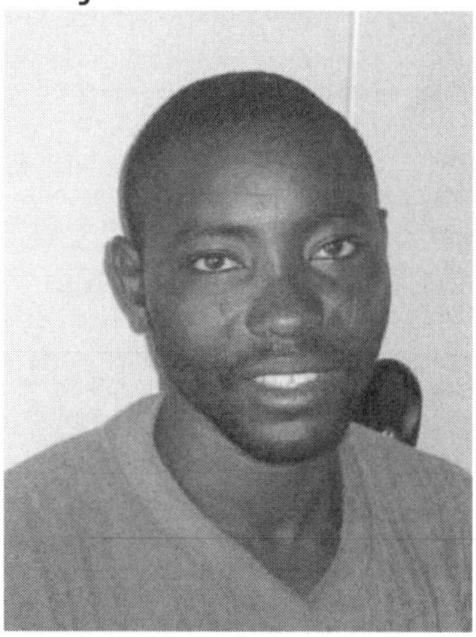

Nurideen Iddrisu

Dan Christopher

Mosses George

Abdul Nasir Arauf

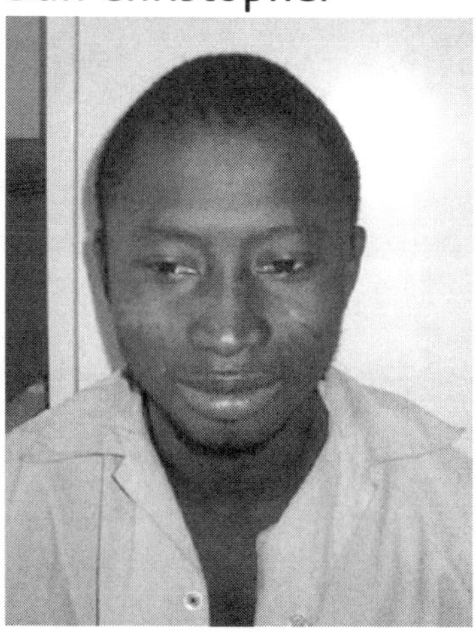

Seidu Alhassan

Hamid Yahaya

Salau Deen

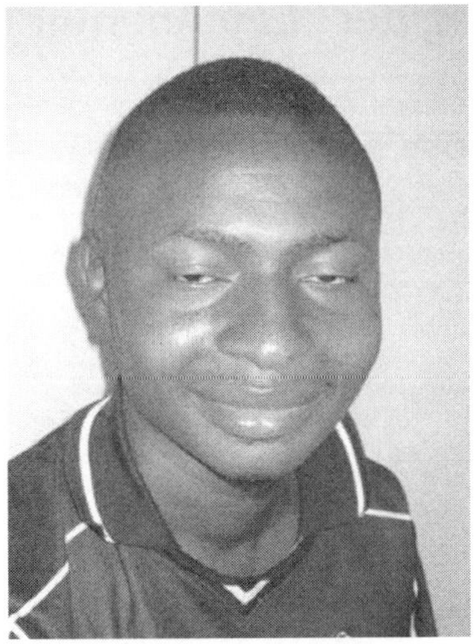

A-Rachaman John

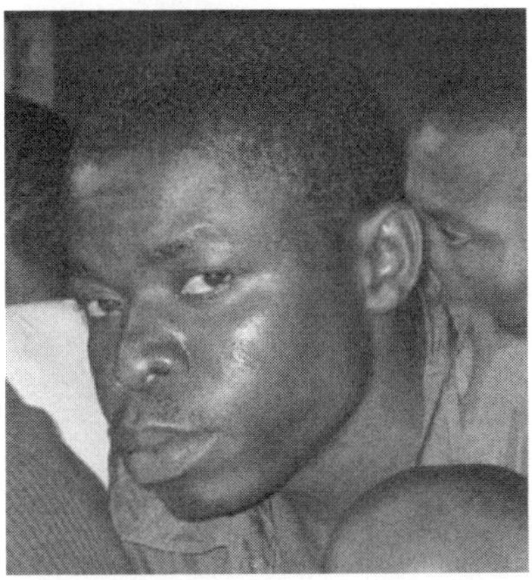

Adams Moses

Mohammed Abdallah

Ismail Yakub

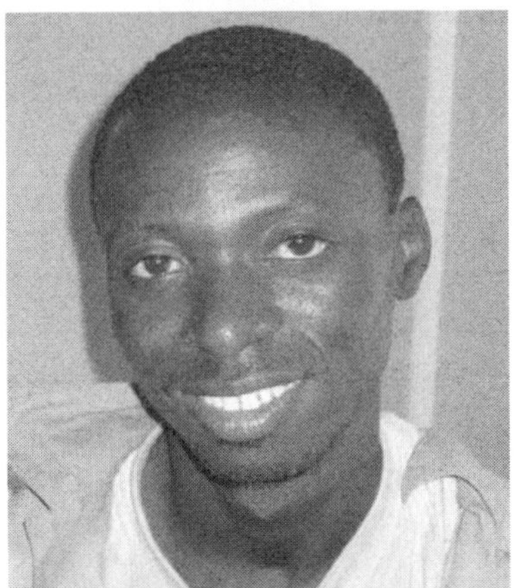

Rashid Sualey

Die Besatzung der „Cap Anamur“

Die Besatzung der „Cap Anamur“ am 18. Juni 2004 in den Malta Drydocks,

v.l.n.r:

Erhard Behet (2. Offizier, †)
Birgit Geiger (Krankenschwester)
Josea Vaelei (Matrose)
Elias Bierdel
Mike Bratzke (Techniker)
Henryk Remblewski (Motormann)
Günter Schröder (Ingenieur)
Vladimir Daschkewitsch (1. Offizier)
Jutta Wahlen (Schiffsmechanikerin)
Tennis Manu (Bootsmann)
Stefan Schmidt (Kapitän)
Fusum „Ben“ Beyene (Matrose)
Rillo Reynaldo (Koch)
Dominik Berg (Medientechniker)

Tuvalu

– der Name steht für eine der großen humanitären und politischen Herausforderungen der nahen Zukunft

Mit nur 26 Quadratkilometern Fläche eines der kleinsten UN-Mitgliedsländer, gehört die ozeanische Inselrepublik zu den ersten Opfern des Klimawandels. Mit wachsender Sorge sehen die knapp 11.000 Einwohner, wie das Wasser ringsum Jahr für Jahr steigt – und die Stürme gleichzeitig an Zahl und Stärke zunehmen. Der höchste Punkt des Inselstaats liegt gerade einmal noch drei Meter über dem mittleren Meeresniveau. Immer häufiger werden deshalb die neun Atolle vom Salzwasser überspült – mit dramatischen Folgen für den Lebensraum, der schon in wenigen Jahren unbewohnbar sein wird. Mangelernährung und entsprechende Krankheiten sind heute schon verbreitet.

Der Vorgang betrifft zunächst nur eine vergleichsweise kleine Bevölkerung, ist jedoch von weitreichender Bedeutung: Zum ersten Mal in der Geschichte der Menschheit versinkt eine komplette Nation nachweislich durch das Verschulden der Industriestaaten! Experten warnen seit Jahren vor einem drohenden „klimapolitischen Atlantis" im Pazifik, dessen Inselstaaten das bereits besiegelte Schicksal weit größerer Küstenländer lediglich vorwegnehmen. So gilt beispielsweise Bangla-Desh (mit fast 140 Millionen Einwohnern eines der bevölkerungsreichsten Länder der Erde) ebenfalls als akut gefährdet. Solange es keine internationalen Vereinbarungen darüber gibt, wohin die von der Flut verdrängten Menschen ausweichen können, sind hier die Kriege der kommenden Jahre programmiert.

Doch die „erste Welt" will sich bislang ihrer Verantwortung nicht stellen. So werden Klimafolgen weltweit nicht als Fluchtgrund anerkannt – und selbst der Versuch der tuvalesischen Regierung, eine höhergelegene Insel zur Neuansiedlung zu kaufen, ist bislang an der Weigerung der Nachbarländer gescheitert.

Auf einer ihrer nächsten Fahrten sollte die „Cap Anamur" den vom Untergang ihrer Heimat bedrohten Menschen Hilfe bringen und gleichzeitig – in Zusammenarbeit mit *Greenpeace* – auf das unbemerkte Drama im Pazifik aufmerksam machen. So ist es keineswegs Zufall, daß sich mit Tennis und Josea gleich zwei tuvalesische Seeleute in der Besatzung des Schiffes befanden: Unser Kapitän Stefan Schmidt, der selbst einige Jahre in Ozeanien gelebt hat, war bis 2003 Konsul von Tuvalu in Deutschland.

Der Fall „Luigi Padre"

Am 23. Juni 2004, nur drei Tage nach der Rettung der 37 Schiffbrüchigen, fängt die Brücke der „Cap Anamur" gegen 12 Uhr mittags einen dramatischen Funkspruch auf. Ein italienischer Fischer meldet 153 Seemeilen (ca. 270 Kilometer) südlich von Lampedusa ein Boot mit afrikanischen Passagieren, das sich offensichtlich in Schwierigkeiten befindet. Er bittet dringend um Unterstützung. Doch die Zentrale der Küstenwache in Rom erklärt sich „unzuständig" – und verweist an die ‚Kollegen' in Libyen. Doch auch von dort kommt keine Hilfe.

Der Fischer, dessen Kutter den Namen „Luigi Padre" trägt, schildert mit eindringlichen Appellen die Tragödie, die sich vor seinen Augen abzeichnet: An Bord des nur fünf bis sechs Meter langen Bootes drängen sich über 30 Menschen in Todesangst, darunter auch mindestens zehn Frauen und mehrere Kinder. Doch die Behörden lassen die „Luigi Padre" im Stich.

Unmittelbar nach Empfang des Notrufs setzt sich die „Cap Anamur" mit voller Kraft in Richtung auf die angegebene Position (sie lag in der Nähe der Rettungsstelle vom 20. Juni) in Bewegung. Doch als unser Schiff dort in den Abendstunden des 23. Juni ankommt, findet die Besatzung nur noch das winzige weiße Boot, das unmittelbar unter der Wasseroberfläche treibt. Wenig später versinkt das Wrack. Von den Menschen fehlt jede Spur.

Aufgrund einer neuen Not-Meldung nimmt die „Cap Anamur" wieder Kurs Richtung Norden – und stößt dort wenig später auf ein kleines Holzboot mit elf Somaliern, die in Richtung Malta unterwegs sind.

Erst Monate später konnten wir den Ablauf der Ereignisse rund um die „Luigi Padre" anhand der staatsanwaltlichen Ermittlungsergebnisse lückenlos rekonstruieren: Anstatt umgehend eine Rettungsaktion einzuleiten, hatten die italienischen Behörden den Fall zunächst nur dem Innenministerium (Immigrationsabteilung) als Versuch der „illegalen Einreise" sowie verschiedenen militärischen Stellen gemeldet.

Es vergingen mehr als sechs (!) Stunden, ehe die „Lahib", ein Schiff der libyschen Kriegsmarine, an der Position eintraf und die Bootsflüchtlinge (es ist unklar, ob alle gerettet werden konnten) sowie den Außenbordmotor übernahm. Die „Lahib" kehrte anschließend nach Tripolis zurück. Was dort aus den Überlebenden wurde, ist bis heute unbekannt.

Aktuell

Sie sind hier: **Home » Aktuell » Presseinfos Österreich**

UNHCR.at | Montag, 03. Juli 2006

Flucht übers Meer: Neue Staaten-Pflicht gegen das Massensterben

8-Punkte-Papier von UNHCR: Menschenrechte gelten für Flüchtlinge und Migranten

Genf/Wien, 30.6.2006 – Ab morgen gibt eine Neuerung im internationalen Recht allen Menschen in Seenot einen besseren Schutz und mehr Chancen zu überleben. Wenn Schiffe Schiffbrüchige retten, sind Staaten ab 1. Juli verpflichtet, deren Kapitäne ohne Verzögerung anlegen zu lassen. Die Länder müssen ab dann die humanitären Verpflichtungen des Kapitäns – wie eine humane Behandlung - übernehmen, um dem Schiff die Weiterfahrt mit möglichst kurzer Verzögerung zu ermöglichen. So sollen Schiffbrüchige rasch an einen sicheren Ort gelangen können, und das Massensterben von Flüchtlingen, aber auch von Migranten auf hoher See eingedämmt werden. Tausende Männer, Frauen und Kinder sind ja in den vergangenen Jahren bei dem Versuch ertrunken, vor Verfolgung oder vor Armut übers Meer zu fliehen, nicht zuletzt von Nordafrika nach Südeuropa.

Bisher sahen das Internationale Übereinkommen zum Schutz des menschlichen Lebens auf See (1974) und das Internationale Abkommen für Notfallortung und Rettung auf See (1979) keine derartige Verpflichtung der Staaten vor; ein Zusatz, der am 1. Juli in Kraft tritt, schließt diese Lücke. „Nun bekommen diejenigen, die diese Opfer skrupelloser Schlepper aus Seenot retten, die Kapitäne und Reeder, die Möglichkeit, die Anrainerstaaten in die Pflicht zu nehmen", erklärt dazu Roland Schönbauer, Sprecher des UN-Flüchtlingshochkommissariats UNHCR. „Und damit es auch alle wissen, informiert die Internationale Seeschiffahrtsorganisation IMO gemeinsam mit uns schon bald in einem Falter über alle wichtigen rechtlichen Informationen."

UNHCR bezieht Position zu Migration

„Politisch Verfolgte und Wirtschaftsmigranten sitzen dabei im selben Boot", sagt Schönbauer, „ob jemand Asyl braucht oder nur einwandern will, kann erst ein Asylverfahren zeigen. Aber Menschenrechte haben beide." Das ist auch ein zentrales Anliegen des 8-Punkte-Grundsatzpapiers der UN-Flüchtlingsorganisation zum aktuellen Thema Migration und Entwicklung, das heute erstmals der Öffentlichkeit vorgestellt wird. Darin fordert UNHCR, dass die besonderen Bedürfnisse und Rechte von Flüchtlingen respektiert werden müssen. Die legitime Migrationskontrolle kann immer nur Ergänzung, nie Ersatz für Flüchtlingsschutz sein.

UNHCR unterstreicht in diesem Grundsatzpapier auch, dass Entwicklung nicht nur Wirtschaftswachstum sei, sondern soziale, kulturelle und politische Elemente umfasse. Anerkannte Flüchtlinge könnten Triebfedern für Entwicklung sein, wenn sie im Asylland die Chance bekämen, ihre Talente und Fähigkeiten einzubringen. Das setzt aber voraus, dass sie nicht an den Rand von Wirtschaft und Gesellschaft gedrängt werden. Wo Flüchtlinge und Migranten mit Rassismus und Fremdenangst leben müssen, bestehe dagegen Gefahr für den sozialen Zusammenhalt. Daher appelliert UNHCR an die Staaten, alle Formen von Intoleranz zu bekämpfen.

Rückfragen: Mag. Roland Schönbauer, UNHCR-Sprecher, Tel. 01/260 60-5307

veröffentlicht am: Freitag, 30. Juni 2006

Klingt gut, muß aber erst noch zeigen, was es in der Praxis wert ist: Neues Abkommen, in dem sich Küstenstaaten ab dem 1. Juli 2006 verpflichten, Schiffbrüchige nach der Rettung auch an Land zu lassen!

Süddeutsche Zeitung vom 20. Juli 2006

Neue Kutter voller Flüchtlinge

Zustrom der Afrikaner über den Atlantik ungebrochen

Von Peter Burghardt

Madrid – Unmittelbar vor Beginn schärferer Kontrollen an der westafrikanischen Küste durch die EU hat die Zahl der illegalen Immigranten wieder zugenommen. Seit dem Wochenende erreichten mehrere hundert Menschen in kleinen Booten Südspanien und die Kanarischen Inseln, auf dem Archipel wurden allein seit Montag mehr als 300 Flüchtlinge gemeldet. Auf Fuerteventura starb ein Baby nach den Strapazen der tagelangen Überfahrt an Herzversagen, Erwachsene wurden mit Hitzschlag, Sonnenbränden und Dehydrierung in Krankenhäusern behandelt. Dramatisch war die Lage bis zuletzt auch auf einem spanischen Fischkutter, der vor Malta 51 Einwanderer aufgenommen hatte, aber keinen Hafen anlaufen durfte.

Angesichts des Zustroms aus Ländern wie Mali, Senegal und Mauretanien hatte die EU bei einem Treffen mit afrikanischen Staaten in der marokkanischen Hauptstadt Rabat eine eingehendere Überwachung des Atlantiks zwischen Westafrika und den Kanaren beschlossen. Vom 21. Juli an sollen Schiffe, Flugzeuge und Hubschrauber aus Spanien und anderen EU-Mitgliedsländern patrouillieren, nachdem seit Mai zwischenzeitlich 3500 Ausländer pro Monat ohne Papiere auf dem Seeweg zu der Inselgruppe gelangt waren. Angesichts des riesigen Gebiets gilt die Aktion als schwierig und ist besonders bei Menschenrechtlern umstritten. Zudem werden immer neue Routen gemeldet. Bei einem iberoamerikanischen Gipfel zum Thema Immigration unterstützte der spanische Ministerpräsident Jose Luis Rodriguez Zapatero „innovative Formeln" zur Lösung des Problems. Er schlug Visa für qualifizierte Einwanderer vor und erinnerte daran, dass seine Regierung 600 000 illegal eingereiste Ausländer mit Aufenthalts- und Arbeitsgenehmigungen ausgestattet hat.

Eingepferchte Körper

Das Drama vor Malta hatte am Freitag begonnen, als der Kapitän eines Schiffes aus Andalusien 51 Männer und Frauen 100 Seemeilen südlich der Insel von einer sinkenden Barkasse barg. Dem Vernehmen nach stammen die meisten aus dem Bürgerkriegsland Eritrea und hätten somit Anspruch auf Asyl. Malta und Libyen lehnten die Landung auf ihrem Territorium ab, obwohl Spanien und das UN-Flüchtlingshilfswerk UNHCR beide Staaten um Hilfe baten. Während von Bord unerträgliche Zustände gemeldet wurden, gab das Madrider Außenministerium am Mittwoch bekannt, die Schiffbrüchigen unter Umständen aufnehmen zu wollen. Zwar wurden nach einer Inspektion drei Passagiere in eine Klinik der maltesischen Hauptstadt La Valetta gebracht, aber auf 50 Quadratmetern drängten sich inklusive Besatzung noch immer 58 Menschen.

„Beunruhigend" sei die Lage, erklärten Beamte. Ein über Mobiltelefon übermitteltes Foto von Kapitän Dura zeigte eingepferchte Körper. Trotz Arbeitsausfalls und großer finanzieller Verluste erklärten Dura und der Besitzer des Schiffes, jederzeit wieder in Seenot geratenen Menschen beistehen zu wollen. Sie boten an, angeforderte Lebensmittel selbst zu bezahlen. Internationale Organisationen lobten den Einsatz als humanitären Akt.

Fünf Staaten teilen 51 Afrika-Flüchtlinge auf

Madrid (AP/AFP) – Spanien und vier weitere Staaten haben sich auf die Aufnahme von 51 auf dem Mittelmeer aufgegriffenen afrikanischen Flüchtlingen verständigt. Spanien werde 15 von ihnen aufnehmen, Italien und Libyen jeweils zehn sowie Malta und Andorra jeweils acht, teilte das spanische Außenministerium am Donnerstag mit. Die überwiegend aus Eritrea stammenden Flüchtlinge waren am vergangenen Freitag von einem spanischen Fischkutter vor Malta aufgenommen worden. Der Inselstaat verweigerte jedoch die Aufnahme aller 51 Afrikaner. Die Flüchtlinge waren von Libyen aus nach Europa aufgebrochen.

Süddeutsche Zeitung vom 21. Juli 2006

Offensichtlich hat sich an der Rechtsunsicherheit für Kapitäne nichts geändert. Wer Menschenleben rettet, muß auch weiterhin mit Repressalien rechnen. Das Schicksal der Flüchtlinge spielt dabei für Europas Grenzwächter nur eine untergeordnete Rolle.

Zehn Fragen:

1. Was genau ist der Auftrag der diversen militärischen und paramilitärischen Einheiten an der europäischen Südgrenze?

2. Wie gehen die europäischen Küstenwachen, Zoll oder Marine vor, wenn sie „Flüchtlingsboote zur Umkehr bewegen"?

3. Wer überprüft, ob die zurückgewiesenen Boote seetüchtig und in welchem Zustand ihre Passagiere sind?

4. Haben die Flüchtlinge ausreichend Trinkwasser, Nahrungsmittel und Treibstoff an Bord um die Rückfahrt zu bewältigen?

5. Wird die voraussichtliche Wetterentwicklung berücksichtigt, ehe Flüchtlingsboote zur Umkehr gezwungen werden?

6. Was geschieht, wenn Bootsführer die Umkehr verweigern?

7. Woher genau stammen die überaus detaillierten NAVTEX-Meldungen über Boote in Not – wer sieht da etwas, hilft aber nicht?

8. Immer mehr Kreuzfahrtschiffe sind in den Zonen unterwegs, in denen mit Flüchtlingen auf seeuntüchtigen Gefährten zu rechnen ist. Wie stellen die Besatzungen sicher, daß es – vor allem nachts – nicht zu Kollisionen mit den für das Radar praktisch unsichtbaren Booten kommt?

9. Gibt es besondere Anweisungen der Kreuzfahrt-Reedereien z.B. für die Seegebiete zwischen Tripolis, Malta und Lampedusa oder rund um die Kanaren?

10. Warum gibt es Strafverfolgung bisher nur für Kapitäne, die Schiffbrüchige aufnehmen – aber niemals für jene, die vorüberfahren?

Chronologie

15.12.03	Kauf der „Andra“
14.02.04	Indienststellung „Cap Anamur“/Lübeck
29.02.04	Auslaufen Lübeck
01.03.04	Ankunft Kiel
03.03.04	Laden Rotterdam
05.03.04	Durchfahrt Ärmelkanal/Biskaya
09.03.04	Laden Lissabon
12.03.04	Bunkern (Tanken) Las Palmas/Gran Canaria
18.03.04	Freetown/Sierra-Leone
22.03.04	Monrovia/Liberia (Hilfsgüter für Bong-Klinik)
05.04.04	Walvis Bay/Namibia (Hilfsgüter für Angola-Projekt)
15.04.04	Monrovia/Liberia (Maschine überhitzt)
07.05.04	Reparaturen Las Palmas/Gran Canaria
14.05.04	Gibraltar/Einfahrt ins Mittelmeer
22.05.04	Driften vor Lampedusa (Maschinenprobleme)
26.05.04	*Malta Drydocks*/La Valletta
04.06.04	1. Auslaufen Malta zu Testfahrt
13.06.04	Sicherheits-Audits, Reparaturen/Malta
19.06.04	2. Auslaufen Malta, Maschinentests
20.06.04	Rettung von 37 Schiffbrüchigen vor Lampedusa
23.06.04	Rettungsaktion „Luigi Padre“
24.06.04	„Cap Anamur“ eskortiert Flüchtlingsboot mit Somaliern
28.06.04	Elias Bierdel und Begleiter von Djerba aus an Bord
29.06.04	Mehrere NAVTEX-Meldungen von sinkenden Booten Vorbereitungen für Hafen Porto Empedocle
30.06.04	Übermittlung aller Daten an italienische Behörden
01.07.04	8.00 Uhr: Einfahrtgenehmigung Porto Empedocle 8.15 Uhr: Genehmigung ohne Begründung widerrufen Kriegsschiffe, Küstenwachtkreuzer und Polizeiboote umringen die „Cap Anamur“, ein Hubschrauber filmt uns
02.07.04	Erste Unterstützergruppe traut sich nicht an Bord
03.07.04	*MSF* Italien schickt Ärzte-Team auf die „Cap Anamur“
05.07.04	Immer mehr italienische Journalisten besuchen uns
07.07.04	Pressekonferenz an Bord

08.07.04	Erster Bericht im deutschen Fernsehen (L. Leinhos/*ZDF*)
09.07.04	Bischof von Sizilien schickt zwei katholische Priester zur Hilfe
10.07.04	Mehrere Afrikaner an Bord drohen, sich ins Meer zu stürzen
11.07.04	Kapitän erklärt Notstand und verlangt Hafeneinfahrt
12.07.04	9.00 Uhr Einfahrtgenehmigung in Porto Empedocle; Gerettete werden in Abschiebehaft genommen. Kapitän, 1. Offizier und Bierdel wegen „Verdachts auf Schlepperei" verhaftet, das Schiff beschlagnahmt
12.02.05	„Cap Anamur" verläßt Porto Empedocle
20.04.05	Verkauf der „Cap Anamur" als „Baltic Bettina"

Moralische Bankrotterklärung

Nachwort von Karl Kopp

Europareferent der Menschenorganisation PRO ASYL
Vorstandsmitglied des Europäischen Flüchtligsrates ECRE

Mit Erleichterung und Freude hat PRO ASYL am 16. Juli 2004 die Nachricht von der Freilassung von Elias Bierdel, Stefan Schmidt und Vladimir Daschkewitsch aufgenommen. Der Versuch jedoch, Zivilcourage und humanitäres Handeln zu kriminalisieren und zu diffamieren, bleibt ungeheuerlich. Auf die Anklagebank gehören nicht die Retter der Schiffbrüchigen, sondern vielmehr eine verfehlte europäische Asyl- und Migrationspolitik. Die Auseinandersetzung um die „Cap Anamur" hat die dringlichste Frage auf die europäische Agenda gesetzt: Können demokratische Staaten und ihre Bürger weiter damit leben, dass um sie herum in der Adria, in der Ägäis, in der Meerenge von Gibraltar und vor den Kanarischen Inseln Friedhöfe entstehen, die von Tag zu Tag größer werden?

Die europäischen Innenminister negieren weiterhin ihre Mitverantwortung für den skandalösen Sachverhalt, dass dieses Sterben an den Außengrenzen weitergeht. Die damaligen Innenminister Otto Schily und Giuseppe Pisanu haben mit dem Versuch der Kriminalisierung von humanitärer Hilfe ein Exempel statuiert. Die Botschaft lautet: Schiffsbesatzungen sollen in Zukunft wegschauen und weiterfahren, Flüchtlingsunterstützungsgruppen eingeschüchtert und künftigen Schutzsuchenden vermittelt werden, dass sie, falls sie es übehaupt bis zu unseren Küsten schaffen, Lager und Haft zu erwarten haben. Die Dramen, die sich in Ceuta, Melilla, auf den Kanaren und auf Lampedusa regelmäßig abspielen, zeigen, dass die EU-Staaten bei der Durchsetzung ihres Flüchtlingsbekämpfungsprogramms bereit sind, elementare Menschenrechtsstandards aufzugeben. Europa forciert das Outsourcing des Flüchtlingsschutzes ohne Rücksicht auf internationale Schutzabkommen oder die Menschenrechtssituation in den Transitstaaten und Herkunftsregionen.

Die gemeinsame Initiative des ehemaligen deutschen Innenministers Schily mit seinem italienischen Amtskollegen Pisanu vom Sommer 2004 zur Schaffung von Flüchtlingslagern in Nordafrika war die Ouvertüre zu massenhaften völkerrechtswidrigen Abschiebungen von Italien nach Libyen seit Oktober 2004. Dem gleichen menschenverachtenden Muster folgte im Herbst 2005 die spanische Regierung.

Spaniens Verstoß gegen die Menschenrechte

Die von Spanien durchgeführten Abschiebungen nach Marokko bedeuteten nichts anderes als den Bruch der Genfer Flüchtlingskonvention und der Europäischen Menschenrechtskonvention. Danach müsste den Schutzsuchenden die Gelegenheit gegeben werden, einen Asylantrag zu stellen, der nach fairen und rechtsstaatlichen Kriterien geprüft wird – was nicht geschehen ist. Außerdem hat Spanien die Menschenrechtskonvention verletzt, weil es die Abgeschobenen Misshandlungen und menschenrechtswidriger Behandlung in Marokko ausgesetzt hat. Nach den gezielten Schüssen auf Flüchtlinge, den zahlreichen Todesfällen und den ständigen Misshandlungen durch das Militär wurden Flüchtlinge und Migranten im marokkanischen Transit vollends zu Freiwild erklärt. Etwa 1.000 afrikanische Flüchtlinge wurden nach Razzien in den Wäldern vor Melilla von Soldaten in Bussen in die Sahara verbracht. Erst nach heftigen internationalen Protesten ließ Marokko die Flüchtlinge zumindest teilweise wieder aus der Wüste abtransportieren und in Lager in Oujda und Bouarfa bringen. Mittlerweile hat Marokko, ausgestattet mit den nötigen EU-Finanzmitteln, weit über 1.000 afrikanische Flüchtlinge in ihre Herkunftsländer abgeschoben.

Vorbild Italien

Italien ist hierbei das Vorbild. Ohne Prüfung der Fluchtgründe wurden seit Oktober 2004 Tausende Schutzsuchende nach Libyen abgeschoben – in ein Land, das die Genfer Flüchtlingskonvention nicht unterzeichnet hat und in keiner Weise Flüchtlingsstandards einhält. Die Boatpeople wurden nach ihrer Ankunft auf der Insel Lampedusa inhaftiert und dann gefesselt in Militärmaschinen nach Tripolis abgeschoben. Die libyschen Behörden schoben sie ihrerseits weiter in ihre mutmaßlichen Herkunftsländer. Einen Teil der Abgeschobenen setzte das Regime im Grenzgebiet zu Niger aus. Bei einer ähnlichen Aktion im August 2004 verdursteten 18 Menschen.

Dem italienischen Journalisten Fabrizio Gatti ist es gelungen, einige Tage lang, getarnt als kurdischer Flüchtling, im italienischen Internierungslager auf Lampedusa zu recherchieren. Er berichtet in Form eines Tagebuchs von schweren Misshandlungen, die die Flüchtlinge bei den Vernehmungen durch die italienischen Polizisten erdulden mussten. Ein Flüchtling aus Tunesien musste mehrere Stunden lang nackt vor einem Polizisten stehen, wurde schikaniert und geschlagen. Keiner der Lagerinsassen wurde einem Richter vorgeführt, was nach italienischem Recht vorgeschrieben ist. Die hygienische Situation im Lager beschreibt Gatti als katastrophal. Aus den Wasserhähnen fließt nur Salzwasser, es gibt keine Türen, kein Toilettenpapier, keinen Strom. Die Lagerinsassen werden von Mücken und Flöhen gepeinigt.

Neue Türsteher – Neue Wallanlagen

Mittlerweile ist die Flüchtlingspolitik der Regierung Berlusconi aufgewertet worden, denn im Juni 2005 wurde sie in etwas moderaterer Sprache zum EU-Ansatz auserkoren. Eine neue Wallanlage um die Festung Europa wird errichtet. In Zukunft soll der libysche Diktator Muammar al-Gaddafi die Grenzen Europas verteidigen. Die EU-Innenminister halten sich nicht lange bei der üblichen EU-Menschenrechtsrhetorik auf. Es gilt die Maxime: Wenn die neuen Türsteher Europas sich schon nicht zur Einhaltung der Menschenrechte bewegen lassen, möchten die EU-Innenminister zumindest den Grenzschutz, das Militär und die Polizei dort besser für die vorgelagerte Abwehr schulen. Leichensäcke für die Opfer der gescheiterten Fluchtversuche nach Europa, Wärmebildkameras, Jeeps, Schnellboote, Wolldecken für die willkürlich inhaftierten Flüchtlinge, neue Lager – das sind die europäischen Exportartikel seit dem Beginn der neuen Partnerschaft.

Libyen hat nach Angaben des „Ministeriums für Nationale Sicherheit" im Jahr 2005 mehr als 23.000 afrikanische Flüchtlinge und Migranten an der Weiterreise nach Europa gehindert. Von Anfang 2004 bis Ende Juli 2005 hat das Land sogar mehr als 70.000 Menschen in ihre Herkunftsländer abgeschoben.

Brüsseler Weichspüler: „Regionale Schutzprogramme"

Die Innenminister und -senatoren unterstützen die Pläne (...) für regionale Schutzprogramme, mit denen Schutz und dauerhafte Lösungen für Flüchtlinge möglichst nahe an ihren Herkunftsregionen geschaffen werden sollen ... (Sie) sehen jedoch keine Notwendigkeit für Neuansiedlungsprogramme im Gebiet der EU; die vorhandenen Instrumente des Flüchtlingsschutzes sind ausreichend (Innenministerkonferenz der Länder am 8. und 9. Dezember 2005 in Stuttgart). Die Forderung nach »heimatnaher Unterbringung« ist ein Evergreen bei Sicherheitspolitikern. Dabei ist sie längst Realität: Über 85 Prozent aller Flüchtlinge leben in der jeweiligen Herkunftsregion – meist in Elendslagern unter erbärmlichen Bedingungen. Für die meisten europäischen Innenminister geht es um die Frage, wie man den verschwindend geringen Anteil der Flüchtlinge, die das Territorium der EU erreichen, auch noch los wird.

Die von den deutschen Innenministern so gepriesenen Vorschläge der EU-Kommission zu regionalen Schutzprogrammen dienen sicherlich auch dem Ziel der Auslagerung. Verpackt wird das Ganze in eine flüchtlingsfreundliche Phraseologie. Im Gegensatz zu den deutschen Innenministern setzt sich die Kommission im Rahmen dieses Schutzprogramms immerhin auch für ein humanitäres Flüchtlingsaufnahmeprogramm (Neuansiedlungs- bzw. »Resettlement«-Programm) der EU ein.

Die regionalen Schutzprogramme sollen jedoch vor allem »die Schutzkapazitäten in der Nähe der Ursprungsregionen« stärken, womit die Verbesserung der Aufnahmebedingungen, der Aufbau von Asylsystemen, aber auch Maßnahmen der Migrationkontrolle gemeint sein können. Besonders problematisch wird es, wenn man sich anschaut, wo die Pilotprojekte durchgeführt werden sollen, nämlich in der Ukraine, Moldawien und Belarus – alles unmittelbare Nachbarstaaten der erweiterten EU. Hinsichtlich Belarus gesteht die EU-Kommission noch verschämt zu, dass die Maßnahmen dort von der Unterstützung durch Nichtregierungsorganisationen abhingen. Die Kontakte mit den Regierungsstellen, das heißt mit dem autoritären Präsidenten Alexander Lukaschenko, sollten sich auf das unbedingt Notwendige beschränken. Diese Orte des »regionalen Schutzprogramms« drohen bereits in naher Zukunft zu neuen »sicheren Drittstaaten« der EU deklariert zu werden.

Für eine Handvoll Euro

Neben den Nachbarstaaten hat die EU auch Pläne für das Gebiet der Großen Seen in Afrika. Ein Pilotprojekt soll in Tansania entstehen. Der Flüchtlingshochkommissar der UN hat vor einiger Zeit in einem dramatischen Appell an die westlichen Geberländer darauf hingewiesen, dass beispielsweise die Essensrationen für 400.000 Flüchtlinge in Tansania wegen fehlender Finanzmittel drastisch reduziert werden müssten. Dem Welternährungsprogramm (WFP) fehlten im letzten Jahr 219 Millionen Dollar und dem UN-Hochkommissariat für Flüchtlinge (UNHCR) 182 Millionen Dollar. Das WFP sei Monaten gezwungen gewesen, Lebensmittelrationen für Hunderttausende Flüchtlinge zu kürzen, vor allem in Westafrika und in der Region der Großen Seen. Die Mittel der EU zur Ermöglichung dauerhafter Lösungen für Flüchtlinge im subsaharischen Afrika sind allerdings bescheiden – sie betragen ganze vier Millionen Euro.

Das Gerede von »regionalen Schutzprogrammen« bleibt verlogen, solange die EU nicht maßgeblich dazu beiträgt, die Not und Perspektivlosigkeit in den zahlreichen Flüchtlingslagern in Afrika zu beenden. Im Zuge der Debatte über diese vermeintlichen »Schutzkonzepte« hat sich nur die Gewichtung verschoben: Europa baut Menschenrechts- und Schutzstandards ab und verlagert die Verantwortung für den Flüchtlingsschutz in Transitstaaten und noch mehr als bisher in die Herkunftsregionen.

Schnelle Eingreiftruppe vor Westafrika

Die Scham ist vorbei. Wer über Flüchtlinge und Migranten in militärischen Kategorien redet und Fluchtverhinderung mit militärischen Mitteln betreibt, stößt kaum noch auf Widerspruch. Anfang Juni 2006 hat EU-Kommissar Frattini die Entsendung einer „schnellen Eingreiftruppe" auf die Kanarischen Inseln angekündigt. Mehrere EU-Staaten haben sich bereit erklärt, kurzfristig Flugzeuge und Schiffe an die afrikanische Küste zu verlegen, um dort Flüchtlinge zu orten und abzufangen.

Der verstärkte Einsatz von Satellitenüberwachung ist ebenso geplant wie der Einsatz unbemannter Überwachungsflugzeuge – so genannter Drohnen – an den Land- und Seegrenzen. Spanien will „temporäre Aufnahmezentren" in Mauretanien und Senegal aufbauen. Was an den südlichen Außengrenzen passiert, ist eine moralische Bankrotterklärung der Europäischen Union.

Die Kritik von Bundesinnenminister Schäuble an seinem Vorgänger Schily, „Internierungslager am Rande der Sahara" seien keine Lösung, hat innerhalb von zwei Jahren nichts von ihrer Richtigkeit verloren. Bedauerlicherweise schweigt Schäuble seit seinem Amtsantritt zu der Brutalisierung an den südlichen Außengrenzen. Nachdem es im Herbst 2005 in den spanischen Enklaven Ceuta und Melilla zu massiven Menschenrechtsverletzungen und völkerrechtswidrigen Zurückweisungen kam, haben sich die Fluchtrouten in Richtung Mauretanien und Senegal verlagert. Die Folge: Die Wege nach Europa werden länger und gefährlicher. Über 1.200 Menschen verloren nach Angaben des spanischen Innenministeriums in den ersten drei Monaten des Jahres 2006 auf der Überfahrt zu den Kanarischen Inseln ihr Leben.

Kein Friedhof vor Europas Toren

Der neue „Eiserne Vorhang" Europas muss weg. Mehr Soldaten, höhere Stacheldrahtzäune, mehr Grenzüberwachungstechnik etc. produzieren weiteres Leid und stellen eine massive Menschenrechtsverletzung dar.

Europa ignoriert den täglich größer werdenden Friedhof vor seinen Toren. Was Europa mehr denn je braucht, ist:

- ein Europäisches Asylrecht:
  Flüchtlinge müssen zu allererst gefahrenfrei und legal das EU-Territorium erreichen können, wo ihr Asylantrag geprüft wird.
- eine gemeinsame Einwanderungspolitik:
  Wir brauchen eine Öffnung der europäischen Grenzen und legale Einwanderungsmöglichkeiten, damit Migranten nicht mehr die lebensgefährlichen Wege nach Europa beschreiten müssen.
- ein großzügiges humanitäres Aufnahmeprogramm (Resettlement):
  Afrika braucht alles – nur keine weiteren Flüchtlingslager. Millionen von Flüchtlingen leben dort seit Jahren schutzlos und ohne Perspektive in Großlagern. In einem Akt der internationalen Solidarität sollte die EU großzügig Flüchtlingen im Rahmen eines humanitären Aufnahmeprogramms in den Mitgliedsstaaten Schutz gewähren. Dieser zusätzliche Schutzmechanismus darf nicht zu Lasten des individuellen Asylrechts installiert werden.
- eine partnerschaftliche EU-Entwicklungspolitik:
  Europa zerstört mit seinen Agrarsubventionen die Märkte auf dem afrikanischen Kontinent und produziert damit Elend, Hunger und neue Fluchtursachen. Diese Subventionen und der Protektionismus gegenüber afrikanischen Produkten müssen abgebaut werden.

Würdigung

«Ich habe nur getan, was ein Kapitän eines Schiffes machen musste, von Anfang bis zum Ende.» Es habe schlicht keine andere Möglichkeit gegeben, als die Männer an Bord der „Cap Anamur" zu nehmen. Stefan Schmidt hat das getan, wozu ein Kapitän gesetzlich verpflichtet ist: Schiffbrüchige in einen sicheren Hafen zu bringen. Wegen der Rettung von 37 Menschen aus dem Mittelmeer steht Stefan Schmidt ab 27. November 2006 mit Elias Bierdel und Vladimir Daschkewitsch vor einem italienischen Gericht. Wie die meisten Beobachter hoffen wir auf einen Freispruch und auf ein Ende des Rachefeldzuges gegen die Lebensretter. Die Stiftung PRO ASYL wird Kapitän Schmidt am 9. September 2006 ehren, weil er Zivilcourage bewies und die Humanität über alles stellte. Oder um es mit den Worten des Flüchtlings Benjamin Robat zu sagen: „Cap Anamur hat mir das Leben gerettet."

Die Fotos

in diesem Buch wurden größtenteils von Besatzungsmitgliedern gemacht. Es sind Momentaufnahmen von Amateuren, die nicht für eine Publikation vorgesehen waren. Dies erklärt auch, warum nicht alle Abbildungen dem üblichen Standard gedruckter Bilder entsprechen. Daß sie dennoch hier veröffentlicht werden, verdanken sie ihrem hohen dokumentarischen Wert. Die meisten Fotos stammen von Birgit Geiger. Einige Abbildungen wurden aus Videomaterial der Firma *Aquinofilm* entnommen. Die Aufnahmen von den Kanarischen Inseln stellte Burkhard Lehde/INFOCANARIAS zur Verfügung. Das Bild auf Seite 58 schickten Regina und Jörn Fries aus Backnang.
Die Karten im Vor- und Nachsatz geben – maßstabsbedingt – nur die ungefähre Fahrtroute der „Cap Anamur" wieder.

Autor und Verlag danken:

Stephan Bergmann, Petra Blömeke, Anneliese Brückner, Rainer Burchhardt, Jürgen Escher, Dorothea Hartung, Martin Hilbert, Angela Huemer, Annette Huhmann, Helmut Jipp, Charlotte Liebe, Laszlo Mattyasovszky, Aminu Munkaila, Hanan Salem, Ralf Schlossarek, Deeb Shaheen, Ursula Swinka sowie Barbara und Günter Wallraff.

© *Bernd Arnold*

Elias Bierdel

geboren 1960 in Berlin. Studium der Wirtschafts-und Sozialwissenschaften in Dortmund, Volontariat und erste Stelle als politischer Redakteur bei der Tageszeitung *Westfälische Rundschau*. Seit 1985 unter anderem für *WDR, hr, NDR* und *Deutschlandfunk* tätig. 1998-2001 Korrespondent im *ARD*-Studio Wien (Südosteuropa). Januar-Juli 2002 als Projektmitarbeiter für *Cap Anamur* in Afghanistan, anschließend bis November 2004 Vorstand und Geschäftsführer des Komitees. Lebt als Autor und Journalist in Köln.

CAP ANAMUR

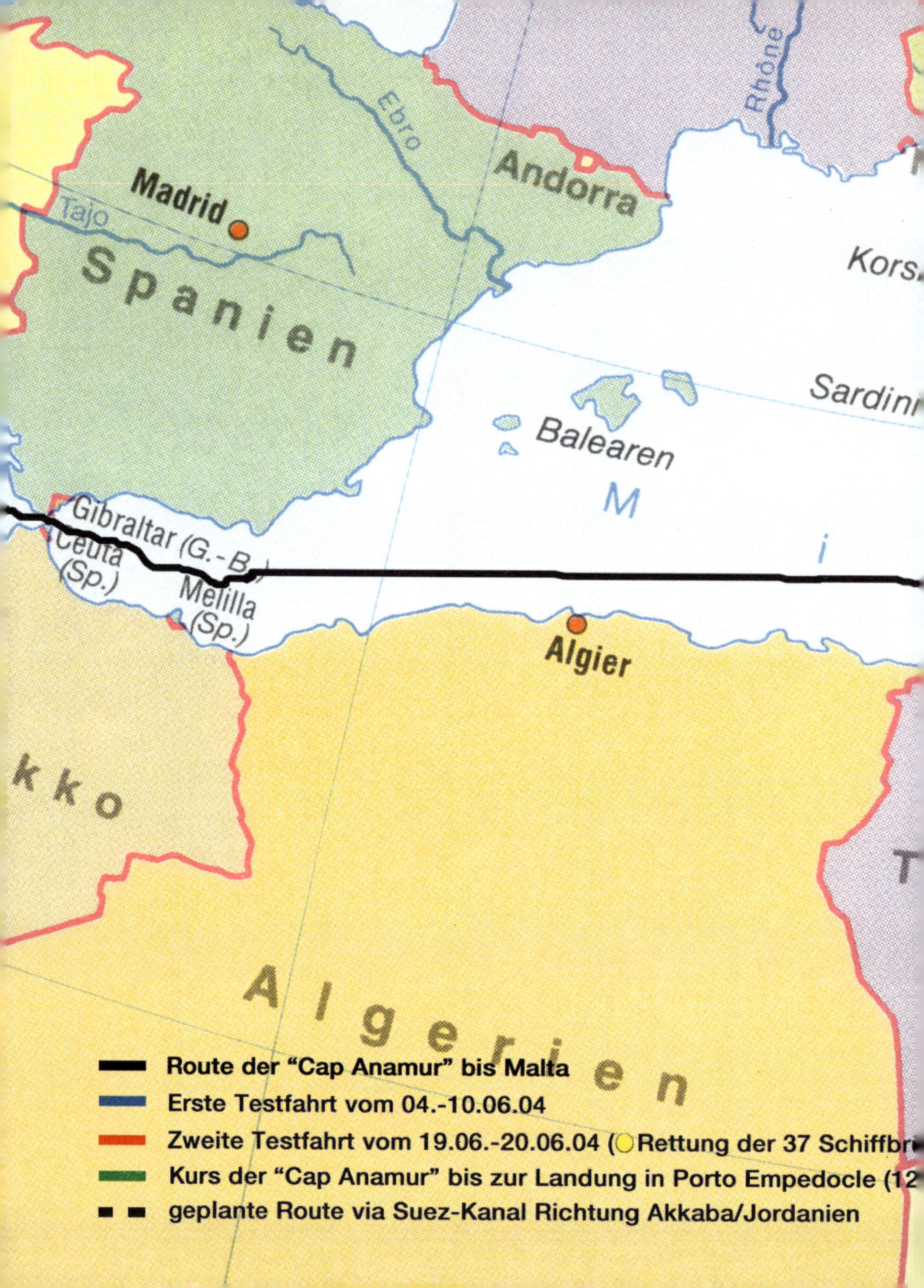
Madrid
Tajo
Ebro
Rhône
Andorra
Spanien
Kors
Sardini
Balearen
M
i
Gibraltar (G.-B.)
Ceuta (Sp.)
Melilla (Sp.)
Algier
kko
Algerien
Route der "Cap Anamur" bis Malta
Erste Testfahrt vom 04.-10.06.04
Zweite Testfahrt vom 19.06.-20.06.04 (Rettung der 37 Schiffbr
Kurs der "Cap Anamur" bis zur Landung in Porto Empedocle (12
geplante Route via Suez-Kanal Richtung Akkaba/Jordanien

Laibach
Zagreb
Ruman
Po
Kroatien
Bosnien und Herzegowina
Belgrad
Bukare
San Marino
Serbien
aco
Sarajevo
Italien
Sofia
Rom
Bulg
Skopje
Mazedonien
Tirana
Albanien
Griechenlar
Sizilien
Ath
Porto Empedocle
Valletta
ampedusa
MALTA
K
esien
jerba
m
Tripolis
n)